新日本有限責任監査法人──編

為替換算調整勘定
の会計実務【第2版】

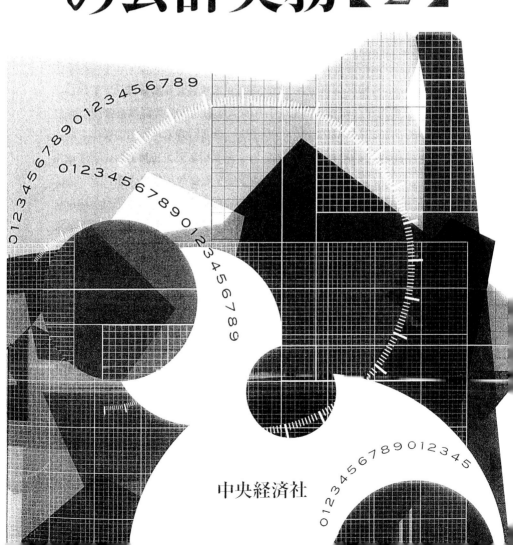

中央経済社

刊行にあたって

　平成24年12月の政権交代後，安倍内閣が推し進めるアベノミクスの影響により，それまでの長く続いた円高から一転して円安水準へと移行しました。為替相場の変動が企業業績に与える影響にはさまざまなものがありますが，初版では連結財務諸表に計上される「為替換算調整勘定」に絞り，掘り下げて解説しました。本書は，初版を平成25年9月に公表された改正連結会計基準に対応して改訂したものです。初版に引き続き経理実務に従事する皆さまや監査実務に関わる皆さまのご期待に添う，まさに実務家向けの書籍となりました。

　在外子会社の財務諸表の換算から生じる為替換算調整勘定は，平成22年度から導入された「包括利益の表示」との関係で，これまでよりも注目を集めることが多くなりました。また，円安によって輸出企業の業績が回復を見せる中で，さらなる成長マーケットを求めて国外へと進出していく企業が増加する傾向が続いていることとあいまって，為替換算調整勘定が企業財務へと与える影響を理解し，正しく会計処理を行うことがより重要となってきています。

　本書は初版と同様，為替換算調整勘定に関する会計上の論点に絞って解説する実務書であり，平成28年3月期から原則適用となる改正連結会計基準などの定めに完全対応しています。また，在外子会社の保有時・持分移動時の会計処理のほか，為替換算調整勘定の増減への対応策も紹介しています。本書が連結決算の実務において皆さまのお役に立つ場面があれば，執筆した当法人としても何よりの幸せです。

　最後に，初版に引き続き，本書籍をご担当いただいた中央経済社の末永芳奈氏に心より御礼申し上げます。

　平成27年2月

新日本有限責任監査法人
理事長　英　公一

【略記等】

正式名称	略称
「外貨建取引等会計処理基準」	外貨建会計基準
「外貨建取引等会計処理基準の改訂に関する意見書」（平成11年10月22日）	外貨建意見書
「税効果会計に係る会計基準」	税効果会計基準
「連結キャッシュ・フロー計算書作成基準」	連結キャッシュ・フロー作成基準
企業会計基準第10号「金融商品に関する会計基準」	金融商品会計基準
企業会計基準第16号「持分法に関する会計基準」	持分法会計基準
企業会計基準第21号「企業結合に関する会計基準」	企業結合会計基準
企業会計基準第22号「連結財務諸表に関する会計基準」	連結会計基準
企業会計基準第25号「包括利益の表示に関する会計基準」	包括利益会計基準
企業会計基準適用指針第10号「企業結合会計基準及び事業分離等会計基準に関する適用指針」	企業結合適用指針
実務対応報告第18号「連結財務諸表作成における在外子会社の会計処理に関する当面の取扱い」	実務対応報告第18号
会計制度委員会報告第4号「外貨建取引等の会計処理に関する実務指針」	外貨建実務指針
会計制度委員会報告第6号「連結財務諸表における税効果会計に関する実務指針」	連結税効果実務指針
会計制度委員会報告第7号「連結財務諸表における資本連結手続に関する実務指針」	資本連結実務指針
会計制度委員会報告第7号（追補）「株式の間接所有に係る資本連結手続に関する実務指針」	間接所有実務指針
会計制度委員会報告第8号「連結財務諸表等におけるキャッシュ・フロー計算書の作成に関する実務指針」	連結キャッシュ・フロー実務指針
会計制度委員会報告第14号「金融商品会計に関する実務指針」	金融商品実務指針
「連結財務諸表の用語，様式及び作成方法に関する規則」	連結財規
国際財務報告基準	IFRS

(注) 本書における会計基準，法令は，平成26年12月31日現在のものを使用している。なお，適用となる会計基準は，原則として平成26年4月1日以後開始する連結会計年度において適用されるものを前提としているが，平成25年9月に公表された改正企業会計基準第22号「連結財務諸表に関する会計基準」（平成27年4月1日以後開始する連結会計年度から原則適用）については，改正後（原則適用後）の定めが適用されるものとして記述している。

目　次

序章　為替換算調整勘定をめぐる昨今の動き……………1
1　本書のテーマと目的……………………………………1
2　為替換算調整勘定の取扱いの変遷……………………1
　(1)　外貨建会計基準設定当時（昭和54年）の取扱い　1
　(2)　外貨建会計基準の平成7年改正　2
　(3)　外貨建会計基準の平成11年改正　2
　(4)　その後の動き　3
3　為替換算調整勘定とその影響…………………………3
　(1)　為替換算調整勘定が財政状態・経営成績に及ぼす影響　3
　　設例0-1　投資時とその後の為替相場の変動と為替換算調整勘定　4
　(2)　わが国企業における為替換算調整勘定の発生状況　6
　　①　為替換算調整勘定の絶対値・上位10社　6
　　②　為替換算調整勘定の推移（5年間）　7
　　③　為替換算調整勘定の純資産額へのインパクトの改善状況　8
4　為替換算調整勘定の増減への対応策……………………8
　(1)　純資産額の減少策　8
　(2)　その他の対応策　10
5　本書の構成………………………………………………10

第1章　在外子会社等の財務諸表項目の換算と為替換算調整勘定の発生……………13
1　為替換算調整勘定とは…………………………………13
2　換算に用いる為替相場の概念…………………………14

3 在外子会社および在外関連会社の財務諸表項目の換算 ········ 15
(1) 在外子会社および在外関連会社の財務諸表項目の換算　15
(2) 在外子会社等の記帳通貨　17
(3) 機能通貨　17

4 為替換算調整勘定の発生 ································· 18
(1) 為替換算調整勘定の算定　18

| 設例1－1 | 為替換算調整勘定の発生 | 19 |

(2) 為替換算調整勘定の持分への按分と表示　20
　① 親会社持分割合　20
　② 非支配株主持分割合　20

| 設例1－2 | 為替換算調整勘定の各持分への按分 | 20 |

(3) 為替換算調整勘定の処理に関するその他の論点　21

5 在外支店の財務諸表項目の換算 ························· 23

第2章　在外子会社の株式取得・売却の際の為替換算調整勘定 ························· 25

1 みなし取得日に係る為替換算調整勘定の留意点 ············· 25
(1) 「みなし取得日」および「みなし売却日」の考え方　25
(2) 在外子会社の株式の取得につきみなし取得日の定めを用いた場合の為替換算調整勘定の留意点　26

| 設例2－1 | みなし取得日に係る為替換算調整勘定
（非支配株主なし，のれん発生なし） | 27 |
| 設例2－2 | みなし取得日に係る為替換算調整勘定
（非支配株主あり，のれん発生あり） | 29 |

2 みなし売却日に係る為替換算調整勘定の留意点 ············· 30

| 設例2－3 | 在外子会社の株式の売却につきみなし売却日の定めを採用した場合の為替換算調整勘定の当期発生額と組替調整額 | 32 |

3 在外子会社の株式を外貨建で取得する際に予定取引のヘッジを行った場合の為替換算調整勘定に関する実務上の論点 ········ 37

(1)　予定取引に対するヘッジ　38
　(2)　予定取引に対するヘッジと為替換算調整勘定の実務上の論点　38
　　①　具体的な論点　38
　　②　想定する状況　39
　　| 設例2－4 | 在外子会社株式の取得にあたり予定取引に対するヘッジを行う場合 | 39 |
　　③　論点の検討　43

第3章　子会社投資の各ステージにおける為替換算調整勘定の会計処理 ……………………………………47

1　在外子会社の資本連結手続における為替換算調整勘定の処理
　　……………………………………………………………………… 47
　(1)　在外子会社への投資と資本の相殺消去のための換算方法および財務諸表項目の換算　47
　(2)　在外子会社の簿価修正に伴う資産・負債および評価差額の換算　48
　(3)　為替換算調整勘定の按分および為替換算調整勘定の連結財務諸表における表示　48
　(4)　のれんの換算方法　49
　　| 設例3－1 | 支配を獲得した場合の会計処理（新規設立の場合） | 49 |
　　| 設例3－2 | 支配を獲得した場合の会計処理（買収による子会社化の場合） | 55 |

2　連結範囲に異動がない持分変動における為替換算調整勘定の処理 ……………………………………………………………… 60
　(1)　子会社株式の追加取得の場合　60
　(2)　子会社株式の一部売却の場合　61
　　| 設例3－3 | 子会社株式の追加取得の場合 | 62 |
　　| 設例3－4 | 支配の喪失を伴わない持分の一部売却の場合 | 65 |

3　持分法適用会社から連結子会社に移行した場合における為替換算調整勘定の処理 ……………………………………………… 70

| 設例3−5 | 持分法適用会社から連結子会社への移行の場合 | 70 |

4 連結子会社の連結除外を伴う持分変動における為替換算調整勘定の処理 ································ 75

(1) 連結子会社から持分法適用会社への移行における為替換算調整勘定の処理　76

| 設例3−6 | 連結子会社から持分法適用会社への移行の場合 | 76 |

(2) 連結子会社にも関連会社にも該当しなくなった場合における為替換算調整勘定の処理　80

(3) 子会社株式を売却または清算することにより損失が発生する場合の追加の検討事項　81

| 設例3−7 | 連結子会社から原価法適用会社になる場合 | 82 |
| 設例3−8 | 連結子会社を清算する場合 | 86 |

5 在外子会社における（時価発行）増資に伴う持分変動 ········ 89
6 有償減資を行った場合の為替換算調整勘定の処理 ············· 91

コラム① 企業結合会計基準の改正(1)　93

第4章　在外子会社の財政状態が悪化した場合の為替換算調整勘定 ··· 105

1 非支配株主が存在する債務超過の子会社に関する為替換算調整勘定の取扱い ··· 105

| 設例4−1 | 在外子会社が債務超過となった場合の為替換算調整勘定の取扱い | 107 |

2 業績不振の在外子会社への債権に対する貸倒引当金の換算　114

(1) 貸倒引当金の換算　114
(2) 業績不振の在外子会社への債権に対する貸倒引当金　114

| 設例4−2 | 業績不振の在外子会社への債権に対する貸倒引当金 | 115 |

目　次　v

第5章　債権債務の相殺と為替換算調整勘定 …………… 121

1　債権債務の相殺 …………………………………………… 121
(1) 債権債務の相殺処理の必要性　121
(2) 実務上の取扱い　122
(3) 個別財務諸表上の決算時の外貨換算の処理と債権債務の相殺　122
(4) 円貨建債権（債務）と外貨建債務（債権）を相殺する場合　123
　設例5-1　円貨建債権と外貨建債務の相殺消去　123
(5) 外貨建債権（債務）と外貨建債務（債権）を相殺する場合　124
　設例5-2　外貨建債権債務を相殺する場合　125
(6) 貸倒引当金の調整と為替換算調整勘定　126

2　連結会社間取引をヘッジ対象とする場合 ………………… 127
(1) 原則的な会計処理　127
　① ヘッジ会計を適用した場合　127
　設例5-3　連結会社間取引に対するヘッジ取引　127
　② 振当処理を採用した場合　129
　設例5-4　振当処理を採用している場合の連結会社間取引に対するヘッジ取引　129
(2) 連結財務諸表上もヘッジ指定を行った場合　131
　設例5-5　外部取引についてあらかじめヘッジ指定を行う場合　132

3　未実現利益の消去と為替換算調整勘定 …………………… 133
(1) 外貨建取引により生じた未実現利益の消去　134
(2) 外貨建未実現利益と為替換算調整勘定　134

第6章　受取配当金の相殺と為替換算調整勘定 …………… 137

1　在外子会社等の個別財務諸表上の為替換算調整勘定 ……… 137
　設例6-1　支払配当金と為替換算調整勘定の関係　138

2　受取配当金の相殺で為替換算調整勘定が発生する場合 …… 139

(1) 適用する直物為替相場が異なる場合　139
　　| 設例6－2 | 配当金の換算相場が異なる場合の取扱い | 140 |
　(2) 在外子会社等が記帳通貨以外の通貨で配当金を受け取る場合　141
　　| 設例6－3 | 在外子会社等が記帳通貨以外の通貨で配当金を受け取る場合 | 142 |

第7章　決算期ズレ・決算期変更の場合の取扱い……… 145

1　決算期ズレと債権債務の相殺……………………………………… 145
　| 設例7－1 | 決算期ズレの場合の連結会社間債権債務の相殺 | 148 |
　| 設例7－2 | 決算期ズレの場合の連結会社間債権債務の相殺（子会社間の取引） | 150 |

2　決算期ズレと受取配当金の相殺………………………………… 153
　| 設例7－3 | 決算期ズレの場合の配当金の相殺消去 | 153 |

3　決算期変更と為替換算調整勘定……………………………… 155
　(1) 決算期変更による決算期の統一　155
　　① 決算期が相違する連結子会社　155
　　② 決算期変更による決算期の統一　155
　　③ 決算期変更（統一）を行う時期　155
　(2) 決算期が変更された場合の具体的な会計処理　156
　　① 利益剰余金で調整する方法　157
　　② 損益計算書を通して調整する方法　157
　　③ 為替換算調整勘定の取扱い　158
　(3) 決算期変更の際の在外子会社の財務諸表項目の換算相場　158
　　① 利益剰余金で調整する方法を採用した場合　159
　　② 損益計算書を通して調整する方法を採用した場合　159

第8章 連結キャッシュ・フロー計算書での取扱い……… 161

1　連結キャッシュ・フロー計算書の作成と為替換算調整勘定の調整………………………………………………………… 161
2　在外子会社のキャッシュ・フローの換算方法……………… 162
3　連結キャッシュ・フロー計算書（原則法）の為替換算調整勘定の調整…………………………………………………… 164

> 設例8－1　原則法による連結キャッシュ・フロー計算書の作成　165

4　連結キャッシュ・フロー計算書（簡便法）の為替換算調整勘定の調整…………………………………………………… 174

> 設例8－2　簡便法による連結キャッシュ・フロー計算書の作成　175

　コラム②　企業結合会計基準の改正(2)（IFRSとの差異）　177

5　新規連結・連結除外に係るキャッシュ・フローの算定における為替換算調整勘定の調整………………………………… 180

(1)　新規連結　180
(2)　連結除外　181

> 設例8－3　連結範囲の異動（連結子会社の売却）による為替換算調整勘定の調整　182

第9章 持分法会計と為替換算調整勘定…………………… 187

1　在外持分法適用会社の財務諸表の換算……………………… 187
2　在外持分法適用会社の為替換算調整勘定の連結財務諸表への取込み……………………………………………………… 188

> 設例9－1　持分法適用会社の為替換算調整勘定の取込み　188

3　段階取得により新たに持分法の適用範囲に含まれることとなる場合の関連会社の為替換算調整勘定の取扱い………… 190

(1)　持分法適用会社の資産および負債の時価評価　191
　①　持分法適用会社の資産および負債の時価評価　191

② 部分時価評価法の原則法と簡便法　191
　　③ 段階取得に係る損益　192
　(2) 段階取得により新たに持分法の適用範囲に含まれることとなる場合の関連会社の為替換算調整勘定の取扱い　193
　　① 部分時価評価法（原則法）を適用した場合　193
　　② 持分法適用開始日を基準日として部分時価評価法（簡便法）を適用した場合　193
　　③ 使用する為替相場　193

| 設例9－2 | 株式の段階取得により持分比率が10％から30％になった場合の関連会社における為替換算調整勘定の取扱い | 194 |

4　関連会社株式の一部売却により残存投資がその他有価証券となった場合の関連会社の為替換算調整勘定の取扱い　203

| 設例9－3 | 関連会社株式の一部売却により残存投資がその他有価証券となった場合 | 203 |

5　持分法適用開始後，関連会社株式を追加取得し，引き続き持分法を適用することとなる場合の関連会社の為替換算調整勘定の取扱い　206

| 設例9－4 | 株式の追加取得により持分比率が30％から40％になった場合の関連会社における為替換算調整勘定の取扱い | 207 |

6　持分法適用会社の業績悪化に伴う為替換算調整勘定の取崩し　211

第10章　為替換算調整勘定に係る税効果　213

1　在外子会社への投資に係る連結財務諸表固有の一時差異　213
　(1) 在外子会社への投資に係る一時差異の発生原因　213
　(2) 一時差異の解消のタイミング　214

2　為替換算調整勘定に係る税効果　215

(1)　為替変動による在外子会社への投資に係る一時差異の発生　215
　(2)　税効果会計上の取扱い　216
　　| 設例10－1 | 売却の意思が明確でない場合の為替換算調整勘定に係る税効果 | 217
　　| 設例10－2 | 会計上・税務上の評価損と為替換算調整勘定の税効果 | 218

3　留保利益と為替換算調整勘定に係る税効果 …………… 221
　(1)　在外子会社の利益計上による一時差異の発生　221
　(2)　税効果会計上の取扱い　221
　　① 配当による解消　221
　　② 投資の売却による解消　222
　(3)　繰越損失の取扱い　223
　　| 設例10－3 | 在外子会社の留保利益に係る税効果 | 223
　　| 設例10－4 | 売却決定時の為替換算調整勘定に係る税効果（投資を全て売却する場合）| 224
　　| 設例10－5 | 売却決定時の為替換算調整勘定に係る税効果（支配が継続する場合）| 228

4　在外子会社の有償減資と為替換算調整勘定に係る税効果 … 231
　(1)　個別財務諸表上の一時差異の発生原因　231
　(2)　連結財務諸表上の取扱い　232
　　| 設例10－6 | 在外子会社の有償減資の税効果 | 232

第11章　在外子会社の記帳通貨・換算相場の変更等 ……… 235

1　在外子会社等の記帳通貨の変更 ………………………… 235
　(1)　在外子会社等が記帳通貨として採用する通貨　235
　　① 日本基準を採用している在外子会社等　235
　　② 国際財務報告基準または米国会計基準を採用している在外子会社等　236
　(2)　記帳通貨の変更と会計方針の変更　237
　　① 会計方針の変更とは　237

② 記帳通貨の変更が会計方針の変更に該当する場合　238
　　③ 記帳通貨の変更が会計方針の変更に該当しない場合　238
　　④ 会計方針の変更に該当しないものとして整理された場合　239
　　設例11-1　在外子会社の記帳通貨の変更（外貨→円貨）　240
　　設例11-2　在外子会社の記帳通貨の変更（外貨→外貨）　243
2　在外子会社等の換算相場の変更···245
　(1)　決算時相場から期中平均相場への変更　245
　　① 変更の際の会計上の取扱い　245
　　② 換算相場を変更した場合の具体的な取扱い　246
　　設例11-3　在外子会社等の収益および費用の換算相場の変更（遡及適用）　247
　(2)　期中平均相場内での変更　250
　(3)　在外子会社等の収益および費用の換算相場変更の影響　251
3　重要性の増加による新規連結子会社や新たに連結財務諸表を作成する場合の取扱い···252
　(1)　新規連結における取得後利益剰余金の換算　252
　　① 取得後利益剰余金の換算が論点となるケース　252
　　② 原則的な取扱い　253
　　③ 実務上の論点　253
　(2)　新規連結財務諸表作成会社に適用される過去の会計基準　255

第12章　在外孫会社の間接所有···257

1　直接連結方式と間接連結方式における為替換算調整勘定····257
　(1)　直接連結方式と間接連結方式　257
　　設例12-1　直接連結方式を採用している場合の為替換算調整勘定の認識　258
　　設例12-2　間接連結方式を採用している場合の為替換算調整勘定の認識　262
　(2)　連結方式の相違に係る考察　264
　(3)　株式保有比率と実質持分比率　265

2 間接所有している在外孫会社を売却・清算した際の為替換算調整勘定の取扱い……………………………………………… 266

(1) 直接連結方式および間接連結方式における在外孫会社に関連する為替換算調整勘定の認識額　266

① 直接連結方式における在外孫会社に関連する為替換算調整勘定　267

② 間接連結方式における在外孫会社に関連する為替換算調整勘定　268

③ 直接連結方式と間接連結方式の比較　270

(2) 間接所有している在外孫会社を売却・清算した場合の為替換算調整勘定の取扱い　272

① 在外子会社と在外孫会社の記帳通貨が同一である場合　272

設例12−3　在外子会社と在外孫会社の記帳通貨が同一である場合　272

② 在外子会社と在外孫会社の記帳通貨が異なる場合　276

設例12−4　在外子会社と在外孫会社の記帳通貨が異なる場合　276

③ 実務上の取扱い　279

3 連結方式を変更する場合の実務上の取扱い…………………… 280

4 在外孫会社ののれんに係る為替換算調整勘定………………… 283

(1) 在外孫会社ののれんの換算　283

(2) 在外孫会社ののれんに係る為替換算調整勘定　284

5 子会社同士の合併における為替換算調整勘定の取扱い…… 284

(1) 吸収合併存続会社における受入れの処理　284

(2) 為替換算調整勘定の取扱い　285

設例12−5　持分比率の異なる在外子会社の合併における為替換算調整勘定の取扱い　286

6 在外子会社を有する会社を取得した場合の為替換算調整勘定の取扱い……………………………………………………………………… 287

第13章　在外子会社・関連会社の持分ヘッジ取引………… 289

1 在外子会社等の持分ヘッジ取引……………………………………… 289

(1) 子会社等の持分投資に係る為替変動リスク　289
　(2) 持分投資をヘッジする取引の仕組み　290
　　① 持分ヘッジ取引の考え方　290
　　② 持分ヘッジ取引に用いられる金融商品（ヘッジ手段）　291
　　設例13－1　プット・オプションの買い　292
　(3) 持分ヘッジ取引におけるヘッジ対象　294
　(4) 持分ヘッジ取引における文書化と有効性の評価　295
　　① ヘッジ会計の要件（一定の文書化など）　295
　　② 有効性の評価の省略　296
2　持分ヘッジ取引に係る基本的会計処理 297
　(1) 持分ヘッジ取引に係る連結財務諸表上の会計処理　297
　(2) 持分ヘッジ取引に係る個別財務諸表上の会計処理　298
　(3) 持分を売却した場合などの取扱い　298
　　① 連結財務諸表上の処理　298
　　② 個別財務諸表上の処理　299
　(4) 設例による解説　299
　　① 100％子会社に対する持分のヘッジ　299
　　設例13－2　持分ヘッジ取引の基本的会計処理①（100％持分のケース）　299
　　② 100％子会社の持分売却の場合の取扱い（ヘッジ後の処理）　302
　　設例13－3　持分ヘッジ取引の基本的会計処理②（持分の売却による実現）　302
　　③ 非支配株主が存在する子会社に対する持分のヘッジ　305
　　④ 持分法適用会社に対する持分のヘッジ　306
3　持分ヘッジ取引に係る実務上の諸論点 307
　(1) 個別財務諸表におけるヘッジ会計の適用範囲　307
　　① 具体的な論点　307
　　② 想定される状況　307
　　③ 論点の検討　308

(2) **為替予約等をヘッジ手段とする場合の金利部分などの取扱い** 310
　① 為替予約をヘッジ手段とした場合の損益のマッチング 310
　設例13−4　持分ヘッジ取引のヘッジ手段に為替予約を用いた場合　310
　② オプションの時間的価値の取扱い 312
(3) **オーバーヘッジ部分の算定** 312
　① 連結財務諸表におけるオーバーヘッジ部分の算定 312
　設例13−5　オーバーヘッジの判定プロセス　313
　② オーバーヘッジ部分がある場合の個別財務諸表上の取扱い 317
(4) **将来の持分取得を予定取引とするヘッジ会計** 317
　① 具体的な論点 317
　② 想定される状況 318
　③ 論点の検討 318
(5) **決算期ズレの場合の取扱い** 320
(6) **在外子会社からの配当金をヘッジ対象とする場合** 321
(7) **持分ヘッジ取引に係る税効果会計** 322
　① 持分ヘッジ取引に係る税務上の取扱い 322
　② 持分ヘッジ取引に係る税効果会計の取扱い 322
　設例13−6　持分ヘッジ取引と税効果会計（財税一致）　323
　③ 税務上ヘッジ会計が適用されない場合の税金費用の表示 325
　設例13−7　持分ヘッジ取引と税金費用（財税不一致）　325

第14章　開示（包括利益・組替調整額） 329

1　会計基準・開示規則における取扱い 329

(1) **連結貸借対照表** 329
　① 表示および開示 329
　② 背景 331
(2) **連結包括利益計算書** 332

① 表示および開示　332
② 背景　334
(3) **連結株主資本等変動計算書**　335
① 表示および開示　335
② 背景　336

2　数値例による解説 …………………………………………… 337

| 設例14－1 | 為替換算調整勘定の開示と計算書間の関係 | 338 |

3　第1章から第13章までの論点に係る表示・開示 ………… 364

(1) **持分変動（第3章）**　364
(2) **持分法会計と為替換算調整勘定（第9章）**　364
(3) **為替換算調整勘定に係る税効果（第10章）**　365

第15章　為替換算調整勘定の残高検証方法 ……………… 367

1　連結貸借対照表上の為替換算調整勘定残高の検証方法 …… 367

(1) **在外子会社の損益計算書が期中平均相場で換算されるケース**　368
① 検証方法　368

| 設例15－1 | 為替換算調整勘定変動額の検証 | 368 |

② 差異原因の分析　370
(2) **在外子会社の損益計算書が決算時の為替相場で換算されるケース**　371
① 検証方法　371
② 差異原因の分析　371
(3) **持分法適用会社の検証**　372

2　開示の整合性の検証 ……………………………………… 372

(1) **為替換算調整勘定の連結財務諸表間における整合性**　372
(2) **数値例による解説**　373

序章

為替換算調整勘定をめぐる昨今の動き

1 本書のテーマと目的

　本書のテーマは「為替換算調整勘定」である。為替換算調整勘定とは，在外子会社等の財務諸表の換算により生じる調整項目であり，在外子会社等への投資に係る為替の含み損益を示す項目である。

　本書では，この為替換算調整勘定が発生するメカニズムを整理するとともに，具体的な会計処理や実務上の論点について，設例も用いて詳細に解説することを目的とする。

　なお，為替換算調整勘定の発生のメカニズムについては，「第1章　在外子会社等の財務諸表項目の換算と為替換算調整勘定の発生　4　為替換算調整勘定の発生」で解説している。

2 為替換算調整勘定の取扱いの変遷

(1) 外貨建会計基準設定当時（昭和54年）の取扱い

　為替換算調整勘定は，昭和54年6月26日に企業会計審議会から公表された「外貨建取引等会計処理基準」において，在外子会社等の財務諸表の換算の結果として生じる差額と定められ，資産の部または負債の部に記載することとされた。このように，為替換算調整勘定を資産の部または負債の部に記載するこ

ととしたのは，以下の理由による（外貨建意見書 二 3）。

- 現地通貨による子会社等の資本の増減が認識された場合にのみ，連結財務諸表上も資本の増減を認識することが適当と考えられたため
- 為替換算調整勘定は，あくまで子会社等の財務諸表の換算過程で生じるものであり，これを資本の部に記載すると，損益計算書を経由しない留保利益の増減が認識され，当時の制度上の基本的な考え方と相容れなかったため

また，外貨建会計基準の設定当初の在外子会社等の財務諸表項目の換算は，いわゆる「修正テンポラル法」と呼ばれる方法であった。この方法では，各項目の属性に応じた換算を行う「テンポラル法」（テンポラル法の解説については「第1章 在外子会社等の財務諸表項目の換算と為替換算調整勘定の発生 2 換算に用いる為替相場の概念 図表1－1 換算に用いる為替相場の考え方」参照）を基礎として，当期純利益について決算時相場で換算する形となっていた。

(2) 外貨建会計基準の平成7年改正

在外子会社等の財務諸表項目の換算に係る修正テンポラル法については，実務上で多大な手間が掛かることにより，作成者側の評判が必ずしもよいものではなかった。この点について，国際的な会計基準と平仄を合わせる形で，平成7年改正により現在のいわゆる「決算日レート法」へと改められることとなった。

(3) 外貨建会計基準の平成11年改正

わが国では，平成10年度以降，会計基準をグローバル・スタンダードに近づけるため，金融商品会計，退職給付会計，税効果会計等の新しい会計基準が次々と導入され，また，個別財務諸表主体の体制から連結財務諸表主体の体制へと移行した。これはいわゆる「会計ビッグバン」と呼ばれるものであるが，この中で外貨建取引の取扱いについても見直すこととされた。

具体的には，平成13年3月期より，一部の時価のある有価証券の評価差額

(その他有価証券評価差額金)が損益計算書を経由せずに資本の増減として認識されるように制度自体が改正された。これに併せて,為替換算調整勘定についても,同様に損益計算書を経由せずに,資本の部(現在の純資産の部)へと計上することへと改められた。

(4) その後の動き

その後,平成17年(2005年)からEU域内の上場会社に対して国際財務報告基準(IFRS)が強制適用された。昨今ではIFRSが世界100カ国以上で採用されており,今やIFRSは国際標準の地位を確立したともいえる。これらを受け,わが国においても,経済・産業のグローバル化に対応するため,一部の企業ではすでにIFRSを任意適用しているほか,その採用に関する動きも見られる。

本書の目的は,現行の日本基準における為替換算調整勘定の会計処理についての解説であるが,今後,IFRSへのコンバージェンスが進むであろうことも考慮し,いくつかの論点についてはIFRSにも言及している。

3　為替換算調整勘定とその影響

(1) 為替換算調整勘定が財政状態・経営成績に及ぼす影響

為替換算調整勘定は,前述したように在外子会社等への投資に対して生じる為替の含み損益である。すなわち,当該子会社等の資本がプラスであること(債務超過ではないこと)を前提に,決算時の為替相場が円高になると資産と負債の差額である資本が目減りするため,為替換算調整勘定はマイナス方向へ変動する。一方,決算時の為替相場が円安になると,為替換算調整勘定はプラス方向へと変動する(図表0-1参照)。

図表0－1　為替相場の変動と在外子会社等の換算との関係

決算時の為替相場	当期純利益	包括利益	純資産額
円高方向	影響なし	減少（※3）	減少
円安方向	影響なし	増加	増加

（※1）在外子会社等の純資産額がプラスであることを前提とする。
（※2）在外子会社等の換算によって，当期純利益，包括利益，純資産額へ与える影響を示しており，為替相場の変動がその他の本業などへ与える影響は無視している。
（※3）包括利益とは，ある企業の特定期間の財務諸表において認識された純資産の変動額のうち，当該企業の純資産に対する持分所有者との直接的な取引（いわゆる資本取引）によらない部分をいう（包括利益会計基準4項）。

設例0－1　投資時とその後の為替相場の変動と為替換算調整勘定

ポイント

- 円安時に投資し，その後為替相場が円高方向に変動した場合，純資産額は減少し，為替換算調整勘定は減少（マイナスであれば絶対額は増加）する。
- 円高時に投資し，その後為替相場が円安方向に変動した場合，純資産額は増加し，為替換算調整勘定は増加（マイナスであれば絶対額は減少）する。
- 為替換算調整勘定（純資産額）の増減により，負債も同様の比率で増減するため自己資本比率は変わらないが，自己資本利益率（ROE）には影響を及ぼす。

前提条件

(1) 親会社であるP社は，新たに米国に進出するため，X1年4月1日に子会社S社（3月決算）を米国に設立した。設立時の資本金は1億米ドル，設立時の為替レートは110円/米ドルであった。
(2) 設立後，S社の業績は順調に推移し，5年経過時（X6年3月31日）の同社の貸借対照表は以下のとおりであった。

(外貨（米ドル）：億米ドル）

科目	外貨	科目	外貨
資産	20	負債	10
		資本金	1
		利益剰余金(※)	9

（※）直近の決算期（X6年3月期）の当期純利益は3億米ドルであった。

(3) ケース1は，X6年3月31日の直物為替相場が80円/米ドル，X6年3月期の期中平均相場（当期純利益の換算相場）が90円/米ドルであったものとする。一方，ケース2は，X6年3月31日の直物為替相場が140円/米ドル，X6年3月期の期中平均相場（当期純利益の換算相場）が130円/米ドルであったものとする。

＜ケース1＞

S社換算後貸借対照表（X6年3月31日）

(外貨（米ドル）：億米ドル，円貨：億円）

科目	外貨	レート	円貨	科目	外貨	レート	円貨
資産	20	80	1,600	負債	10	80	800
				資本金	1	110	110
				利益剰余金	9	(※)	900
				為替換算調整勘定	ー	ー	△210

（※）発生時の為替相場により換算した積上げで算定される。

自己資本利益率（円ベース）：（当期純利益3億米ドル×期中平均相場90円/米ドル）÷自己資本800億円＝33.75％

自己資本比率（円ベース）：自己資本800億円÷総資産1,600億円＝50％

<ケース2>

S社換算後貸借対照表（X6年3月31日）

(外貨（米ドル）：億米ドル，円貨：億円)

科目	外貨	レート	円貨	科目	外貨	レート	円貨
資産	20	140	2,800	負債	10	140	1,400
				資本金	1	110	110
				利益剰余金	9	(※)	1,080
				為替換算調整勘定	−	−	210

(※) 発生時の為替相場により換算した積上げで算定される。

自己資本利益率（円ベース）：（当期純利益3億米ドル×期中平均相場130円／米ドル）÷自己資本1,400億円＝27.86％

自己資本比率（円ベース）：自己資本1,400億円÷総資産2,800億円＝50％

　この含み損益（為替換算調整勘定）は，当該子会社等の株式売却などにより実現し，これまで連結貸借対照表の純資産の部で繰り延べられてきた累積の金額が当期純利益に含まれることになる。設例0－1の数値を例に，投資後円高に振れたケース1の場合には，例えばX6年4月1日にS社を売却したとすると，為替換算調整勘定相当の為替の含み損が実現する。一方，投資後円安に振れたケース2の場合には，売却時に為替換算調整勘定相当の為替の含み益が実現することになる。

(2)　わが国企業における為替換算調整勘定の発生状況

①　為替換算調整勘定の絶対値・上位10社

　図表0－2は，平成25年4月～平成26年3月決算における為替換算調整勘定の絶対値上位10社について，過去3年間の為替換算調整勘定計上額の推移を示したものである。

序　章　為替換算調整勘定をめぐる昨今の動き　7

図表0－2　為替換算調整勘定計上額（絶対値）上位10社

会社名	会計基準(※1)	金額（億円）		
		当期(※2)	前期	前々期
本田技研工業㈱	米国	△6,491	△9,695	△13,850
トヨタ自動車㈱	米国	△5,165	△8,134	△12,481
日産自動車㈱	日本	△4,692	△7,801	△11,210
㈱三菱UFJフィナンシャル・グループ	日本	4,072	△1,954	△4,941
ソニー㈱	米国	△3,990	△5,560	△7,190
国際石油開発帝石㈱	日本	2,662	903	△161
パナソニック㈱	米国	△1,672	△2,970	△4,821
㈱電通	日本	1,559	△17	△113
日本電信電話㈱	米国	1,208	△56	△961
JXホールディングス㈱	日本	1,132	32	△630
上位10社合計		△11,377	△35,254	△56,364

（※1）IFRS適用会社は，その初度適用時に過年度の為替換算調整勘定を引き継がないことができる（遡及して為替換算調整勘定を算定せず，ゼロとしてIFRSの適用を開始できる）旨の定めがあり，累積の為替換算差額を示していない可能性があることから，調査の対象より除いている。
（※2）平成25年4月～平成26年3月決算を当期としている。

　この表からは，円安の進行により，10社合計ベースでマイナスの為替換算調整勘定残高が徐々に減少していっている傾向が見て取れる。また，10社全てにおいて前々期はその残高がマイナスだったが，直近では半数の5社の残高がプラス（含み益）となっている。

② 　**為替換算調整勘定の推移（5年間）**

　図表0－3は，平成25年4月～平成26年3月決算を当期とし，調査日時点の全上場会社について，過去5年間の為替換算調整勘定残高の合計値の推移を示したものである。なお，図表0－2と同様，IFRS適用会社は調査対象外とした。

| 図表0－3 | 過去5年間の為替換算調整勘定の推移（上場会社） |

	金額（億円）				
	当期(※)	前期	前々期	3年前	4年前
残高	1,443	△95,820	△173,377	△153,101	△111,369
会社数	1,889	1,794	1,709	1,626	1,562
平均残高	0	△53	△101	△94	△71

(※) 平成25年4月～平成26年3月決算を当期としている。なお，調査日（平成26年8月8日）時点の全上場会社を集計の対象としているため，例えば，3年前に上場しており，現在は非上場となっている会社の残高は上表には含まれていない。

直近の2年間でマイナスの為替換算調整勘定残高がほぼゼロベースになっている理由は，平成24年12月の民主党から自由民主党への政権交代により，政権交代前の80～85円/米ドル，100～110円/ユーロという水準から，100円/米ドル前後，130円/ユーロ前後へと，一気に円安傾向へ変動したことが考えられる。

③ 為替換算調整勘定の純資産額へのインパクトの改善状況

図表0－4では，平成23年6月～平成24年5月決算において，マイナスの為替換算調整勘定による純資産額の毀損状況につき，インパクトが大きかった上位10社に関して，その後2年間（決算期変更のあった1社は1年9か月間）の改善状況をリストにしている。具体的には，（為替換算調整勘定（マイナス）÷株主資本）という算式により，マイナスの為替換算調整勘定（為替の含み損）が純資産額にどの程度のインパクトを与えたかを測定し，その変動状況を示している。

円安の進行によって，各社とも株主資本の毀損が改善していることが見てとれる。

4 為替換算調整勘定の増減への対応策

(1) 純資産額の減少策

為替換算調整勘定は，在外子会社等の財務諸表の換算により生じる調整項目

図表０－４ 為替換算調整勘定による純資産の毀損割合（上位10社）の変動								
会社名 (※1)	決算期	H23/6～H24/5決算			H25/12・H26/3決算			改善した割合 (A)-(B)
		金額（億円）		割合 (B)	金額（億円）		割合 (A)	
		為替換算調整勘定 (※2)	株主資本		為替換算調整勘定	株主資本		
富士通コンポーネント㈱	3月	△13	5	△251.82%	△1	1	△98.3%	153.51%
オリンパス㈱	3月	△1,020	1,520	△67.12%	△134	3,368	△4.0%	63.14%
スミダコーポレーション㈱	12月	△129	195	△65.91%	△59	194	△30.5%	35.44%
ティアック㈱	3月	△47	84	△56.43%	△34	79	△43.9%	12.58%
㈱グッドマン (※3)	3月	△71	127	△56.13%	－	－	－	－
グローブライド㈱	3月	△42	85	△49.83%	△12	129	△9.7%	40.15%
パイオニア㈱	3月	△771	1,646	△46.86%	△596	1,545	△38.6%	8.24%
DIC㈱	12月(※4)	△1,059	2,332	△45.43%	△400	2,681	△14.9%	30.50%
兼松㈱	3月	△315	698	△45.14%	△207	906	△22.9%	22.25%
㈱新日本科学	3月	-31	71	△44.18%	△22	126	△18.0%	26.15%

（※１） すべて日本基準の適用会社である。
（※２） 為替換算調整勘定の残高がマイナス10億円以下の会社を調査対象としている。
（※３） 平成25年7月23日をもって上場を廃止しており，平成26年3月期の有価証券報告書は提出されていない。
（※４） 平成25年12月決算より，従来の3月決算から決算期変更を行っている。

であり，純資産額（資本）が大きければ大きいほど，その変動幅は大きくなる。このため，純資産額を減少させることがそのインパクトを軽減することに繋がる。具体的には，純資産額を減少させるために，以下に挙げる方策を実行することが考えられる。

- 剰余金の配当（具体的な会計処理は，「第6章 受取配当金の相殺と為替換算調整勘定」参照）
- 有償減資（具体的な会計処理は，「第3章 子会社投資の各ステージにおける為替換算調整勘定の会計処理」参照）
- 出資から借入（親会社では貸付）への移行（債権債務の相殺について，具体的な会計処理は，「第5章 債権債務の相殺と為替換算調整勘定」参照）など

(2) その他の対応策

(1)に挙げた方法は，実務上必ずしも対応可能なものばかりではない。ただし，(1)に記載した方策が仮に実行できない場合でも，ヘッジ会計を適用することにより，為替換算調整勘定の変動インパクト（リスク）を軽減することが考えられる。具体的には，為替相場が円高に振れた場合に益が出るような金融商品（デリバティブ取引（外貨売りの為替予約等）・借入金など）を保有し，為替換算調整勘定の変動を相殺することが考えられる（詳細は，「第13章　在外子会社・関連会社の持分ヘッジ取引」参照）。

5　本書の構成

前記「3　為替換算調整勘定とその影響」に記載のとおり，為替換算調整勘定は，近ごろの円安の進行により，日本企業の財政状態・経営成績に及ぼす影響が引き続き大きい。

本書では，前記「4　為替換算調整勘定の増減への対応策」に記載した為替換算調整勘定の増減への対応策に関する会計処理や実務上の論点のほか，為替換算調整勘定に係る会計処理および開示について網羅的に詳述している。このことで，財政状態や経営成績に及ぼす影響を理解するのに役立つよう構成されている（図表0－5参照）。なお，本書で示している会計処理は，平成27年4月1日以後開始する連結会計年度から原則適用となる連結会計基準に準拠したものとなっている。

また，本書の各設例における会計処理のうち，「為替換算調整勘定」に関しては，勘定科目の後ろのカッコ書きで連結財務諸表の表示箇所（科目）及び注記上の取扱いを示している。（当期発生額），（組替調整額）は連結包括利益計算書（その他の包括利益）に「為替換算調整勘定」として表示されるものであり，注記上はそれぞれ「当期発生額」「組替調整額」として開示される。また，（持分法適用会社に対する持分相当額：当期発生額），（持分法適用会社に対する持分相当額：組替調整額）は連結包括利益計算書（その他の包括利益）に

図表0−5　本書の構成

論点・状況		章	
保有時（異動含む）の会計処理			
	在外子会社等の換算	第1章	在外子会社等の財務諸表項目の換算と為替換算調整勘定の発生
	取得・売却・持分変動等	第2章	在外子会社の株式取得・売却の際の為替換算調整勘定
		第3章	子会社投資の各ステージにおける為替換算調整勘定の会計処理
	持分法会計	第9章	持分法会計と為替換算調整勘定
	連結キャッシュ・フロー計算書	第8章	連結キャッシュ・フロー計算書での取扱い
	間接所有	第12章	在外孫会社の間接所有
	税効果	第10章	為替換算調整勘定に係る税効果
	表示・開示	第14章	開示（包括利益・組替調整額）
	その他	第4章	在外子会社の財政状態が悪化した場合の為替換算調整勘定
		第7章	決算期ズレ・決算期変更の場合の取扱い
		第11章	在外子会社の記帳通貨・換算相場の変更等
		第15章	為替換算調整勘定の残高検証方法
増減への対応策		第3章	子会社投資の各ステージにおける為替換算調整勘定の会計処理（有償減資）
		第5章	債権債務の相殺と為替換算調整勘定
		第6章	受取配当金の相殺と為替換算調整勘定
		第13章	在外子会社・関連会社の持分ヘッジ取引

「持分法適用会社に対する持分相当額」として表示されるものであり，注記上はそれぞれ「当期発生額」「組替調整額」として開示される。さらに，（連結株主資本等変動計算書）は同計算書の当期変動額に含められ，（期首残高）は同計算書の当期首残高を調整するものとなっている。

第1章

在外子会社等の財務諸表項目の換算と為替換算調整勘定の発生

1 為替換算調整勘定とは

 ポイント

- 為替換算調整勘定とは,在外子会社等の純資産に係る換算差額であり,在外子会社等に対する投資持分から発生した未実現の為替差損益としての性格を有している。
- 為替換算調整勘定は,在外子会社等の経営成績とは無関係に発生するものであるため,純資産の部に独立項目として表示することとされている。

　為替換算調整勘定とは,在外子会社等の財務諸表の換算手続において発生する,決算時の為替相場で換算される資産および負債項目の円貨額と,取得時または発生時の為替相場で換算される純資産項目の円貨額との差額のことをいう。すべての貸借対照表項目を同一の為替相場で換算すれば換算差額は発生しないが,外貨建会計基準の定めでは資産および負債の換算に用いる為替相場と純資産項目の換算に用いる為替相場が異なるため,このような換算差額が発生する。為替換算調整勘定は,在外子会社等に対する投資持分から発生した未実現の為替差損益としての性格を有している。

　このように,為替換算調整勘定は,在外子会社等の貸借対照表項目の円貨へ

の換算手続の結果発生し、在外子会社等の経営成績とは無関係に発生するものであるため、純資産の部のその他の包括利益累計額の独立項目として累積額を表示することになる（外貨建実務指針75項）。

2　換算に用いる為替相場の概念

ポイント

- 換算に用いる為替相場には、①流動・非流動法、②貨幣・非貨幣法、③テンポラル法、④決算日レート法の4つの概念がある。

換算に用いる為替相場については、図表1-1の4つの概念がある。

図表1-1　換算に用いる為替相場の考え方

概念	内容
①流動・非流動法	流動項目を決算時の為替相場で、固定項目を取得時または発生時の為替相場で換算する方法
②貨幣・非貨幣法	貨幣項目(※)を決算時の為替相場で、非貨幣項目(※)を取得時または発生時の為替相場で換算する方法
③テンポラル法	財務諸表項目の属性に応じて、取得時または発生時の価額で測定されている項目については取得時または発生時の為替相場で換算し、決算時の価額で測定されている項目および貨幣項目については決算時の為替相場で換算する方法
④決算日レート法	全ての財務諸表項目を決算時の為替相場で換算する方法

(※)　貨幣項目とは、最終的に現金による決済を予定している資産および負債であり、現預金や金銭債権債務がこれにあたる。一方、非貨幣項目とは、貨幣項目に該当しない項目であり、棚卸資産・固定資産・前渡金・前払費用・前受金・前受収益等がこれにあたる。

現行の外貨建会計基準においては、個別財務諸表（本店および国内支店）の換算には②貨幣・非貨幣法の概念が、在外支店の財務諸表項目の換算には③テンポラル法の概念が、在外子会社等の換算には④決算日レート法の概念が、それぞれ採用されている。

なお，この点，IFRSにおいては，在外支店と在外子会社等を区別しておらず，すべての在外営業活動体の財務諸表は④決算日レート法の考え方を基に換算することとされている。

3　在外子会社および在外関連会社の財務諸表項目の換算

> 📌 **ポイント**
>
> - 外国通貨で表示されている在外子会社および在外関連会社の財務諸表項目の換算は，以下の為替相場を用いて行う。
>   ①　資産および負債：決算時の為替相場
>   ②　株式の取得時における資本項目：株式取得時の為替相場
>   ③　株式の取得後に生じた資本項目：発生時の為替相場
>   ④　収益および費用：原則として期中平均相場（親会社との取引については，親会社が換算に用いる為替相場）

(1)　在外子会社および在外関連会社の財務諸表項目の換算

在外子会社および在外関連会社の財務諸表項目の換算は，図表1－2に示した為替相場を用いて行うと定められている（外貨建会計基準　三　1～3，企業会計基準適用指針第8号「貸借対照表の純資産の部の表示に関する会計基準等の適用指針」7項(1)～(3)）。

図表1－2　在外子会社および在外関連会社の財務諸表項目の換算に用いる為替相場

項目		換算に用いる為替相場
A．資産および負債		決算時の為替相場
B．株主資本	(1)親会社による株式の取得時における資本項目	株式取得時の為替相場
	(2)親会社による株式の取得後に生じた資本項目	発生時の為替相場

C. その他の包括利益累計額	(1)親会社による株式の取得時における項目	株式取得時の為替相場
	(2)親会社による株式の取得後に生じた項目	決算時の為替相場
D. 時価評価による資産・負債の評価差額		株式取得時の為替相場
E. 新株予約権		発生時の為替相場
F. 収益および費用	(1)親会社との取引	親会社が換算に用いる為替相場（※）
	(2)親会社との取引以外	原則：期中平均相場 容認：決算時の為替相場

（※）この場合に生じる差額は当期の為替差損益として処理する。

図表1－2のうちB.(2)については，一般的に増資・当期純利益（損失）・支払配当金等の事由が想定される。その具体的な換算方法は図表1－3のとおりである。

図表1－3	在外子会社および在外関連会社の株式取得後に生じた資本項目の換算に用いる為替相場	
事由	純資産項目に及ぼす影響	換算に用いる為替相場
増資	資本金・資本剰余金の増加	払込時の為替相場を用いることになると考えられる
非支配株主との取引（子会社株式の追加取得・一部売却（支配継続の場合））	資本剰余金の増減	取引時（持分変動時）の為替相場を用いることになると考えられる
当期純利益（損失）	利益剰余金の増加（減少）	収益・費用の換算方法に準じる 原則：期中平均相場 容認：決算時の為替相場
支払配当金	利益剰余金の減少	原則として配当決議日の為替相場

また，図表1－2のうちC.(2)については，株式の取得後に生じたその他の包

括利益累計額(その他有価証券評価差額金,繰延ヘッジ損益等)を決算時の為替相場により換算し,期首の円換算額と期末の円換算額との変動額を,連結包括利益計算書(または連結損益及び包括利益計算書)におけるその他の包括利益として認識する。

加えて,図表1−2のうちF.(2)では,親会社との取引以外で生じた収益および費用を原則として期中平均相場で換算することとされているが,四半期決算においては,以下のとおり,いずれの四半期決算手続を採用するかにより適用すべき期中平均相場が異なる。

- 「四半期単位積上げ方式」の場合
  各四半期会計期間(3か月)の期中平均相場で換算した円貨額を積み上げる。
- 「累計差額方式」の場合
  四半期累計期間の期中平均相場で換算し,前四半期の換算を洗い替える。

(2) 在外子会社等の記帳通貨

在外子会社等の財務諸表は,一般的に当該在外子会社等が所在する国の現地通貨により記録された会計帳簿により作成される。しかし,現地通貨以外の外貨建債権債務および当該外貨の保有状況ならびに決済方法等から外貨建取引を当該現地通貨以外の外国通貨により記録することが合理的であると認められる場合には,取引発生時の外国通貨により記録する方法を採用することができる(外貨建実務指針31項本文)。

なお,現地通貨以外の外国通貨による取引が中心で,当該通貨が決済に恒常的に用いられており,当該現地通貨以外の外国通貨により記録している場合には,在外子会社等の財務諸表を直接円貨に換算することができる。この換算によって生じた換算差額は,為替換算調整勘定とする(外貨建実務指針31項なお書き)。

(3) 機能通貨

IFRSにおいては,表示通貨(財務諸表が表示される通貨)と機能通貨(企

業が営業活動を行う主たる経済環境の通貨）という2つの概念が明確に区別されているが，日本基準では現状，機能通貨に関する明文規定はない。また，IFRSにおいて外貨建取引は，「機能通貨以外の通貨で表示されているか，またはそれによる決済を必要とする取引」とされているのに対して，日本基準では，「売買価額その他取引価額が外国通貨で表示されている取引」とされており（外貨建会計基準注解 注1），円建取引以外の取引を意味している。

4 為替換算調整勘定の発生

ポイント

- 換算の結果，在外子会社および在外関連会社の貸借対照表上で生じた換算差額は，「為替換算調整勘定」として純資産の部に記載する。
- 為替換算調整勘定は，株式所有比率に基づき親会社持分と非支配株主持分に按分され，非支配株主持分に按分された金額は，連結貸借対照表の「非支配株主持分」に含めて計上される。
- 為替換算調整勘定は，貸借対照表各項目の換算差額として単純に算定されるが，その発生の原因となる取引はさまざまであり，その処理に関しては複雑な論点を含んでいる。

(1) 為替換算調整勘定の算定

前項で述べたとおり，在外子会社および在外関連会社の貸借対照表項目の換算において，資産および負債は決算時の為替相場で換算されるのに対し，純資産項目は株式取得時または発生時の為替相場で換算される。

このように貸借対照表項目ごとで異なる為替相場が適用されることにより，換算前は貸借がバランスしていた貸借対照表が，換算後では貸借に差額が生じることになる。この換算により生じた差額は，「為替換算調整勘定」として純資産の部に記載することとされている（外貨建会計基準 三 4）。

設例1－1　為替換算調整勘定の発生

ポイント

- 為替換算調整勘定は資産，負債および純資産項目の換算差額として算定される。

前提条件

(1) P社（親会社）はX1年3月31日に米国所在のS社株式の発行済株式総数の100%を30百万米ドルで取得した。なお，支配獲得時の為替相場は120円/米ドルであった。

(2) S社のX1年3月31日現在の貸借対照表は以下のとおりである。

（外貨（米ドル）：百万米ドル，円貨：百万円）

科目	外貨	レート	円貨	科目	外貨	レート	円貨
資産	100	120	12,000	負債	70	120	8,400
				資本金	10	120	1,200
				利益剰余金	20	120	2,400

(3) S社のX2年3月期の当期純利益は60百万米ドル，支払配当金は15百万米ドルであった。

(4) X2年3月期の期中平均相場は115円/米ドル，配当決議時の為替相場は117円/米ドル，決算時の為替相場は110円/米ドルであった。

S社換算後貸借対照表（X2年3月31日）

（外貨（米ドル）：百万米ドル，円貨：百万円）

科目	外貨	レート	円貨	科目	外貨	レート	円貨
資産	145	110	15,950	負債	70	110	7,700
				資本金	10	120	1,200
				利益剰余金	65	－	(※1) 7,545
				為替換算調整勘定	－	－	(※2) △495

（※1）利益剰余金期末残高7,545百万円＝利益剰余金期首残高2,400百万円＋当期純利益60百万米ドル×115円/米ドル（期中平均相場）－支払配当金15百万米ドル×117円/米ドル（配当決議時の為替相場）

(※2) 為替換算調整勘定△495百万円＝資産15,950百万円－負債7,700百万円－（資本金1,200百万円＋利益剰余金7,545百万円）

(2) 為替換算調整勘定の持分への按分と表示

連結貸借対照表上では，為替換算調整勘定は株式所有割合に応じて，親会社持分割合と非支配株主持分割合に按分して処理される（外貨建実務指針41項）。

① 親会社持分割合
原則として，連結貸借対照表の純資産の部に為替換算調整勘定として計上される。

② 非支配株主持分割合
非支配株主持分に振り替えられ，連結貸借対照表の非支配株主持分に含めて計上される。

設例1－2　為替換算調整勘定の各持分への按分

ポイント
- 為替換算調整勘定は株式所有比率に基づき，親会社持分と非支配株主持分に按分される。

前提条件
P社（親会社）はX1年3月31日に米国のS社株式の80％を24百万米ドルで取得した。

上記以外の前提は，設例1－1と同様とする。

為替換算調整勘定の非支配株主持分への按分仕訳（単位：百万円）

(借) 非支配株主持分	99	(貸) 為替換算調整勘定	99
		（連結株主資本等変動計算書）	

△99百万円＝為替換算調整勘定△495百万円×非支配株主持分比率20％

(3) 為替換算調整勘定の処理に関するその他の論点

　為替換算調整勘定とは，貸借対照表の各項目を会計基準等に従い換算した結果の差額であり，設例1－1で記載したように，

　　（資産の決算日レート換算額）　　　　　　　　　　　15,950百万円
　＋（負債の決算日レート換算額）　　　　　　　　　　　△7,700百万円
　＋（純資産の発生日レート換算額）　　　　　　　　　　△8,745百万円
　　（為替換算調整勘定）　　　　　　　　　　　　　　　△495百万円

と単純に算定される。
　しかし，その発生は複数の換算処理を原因としている。例えば，設例1－1の為替換算調整勘定残高の内訳は，図表1－4のような換算差額から生じている。

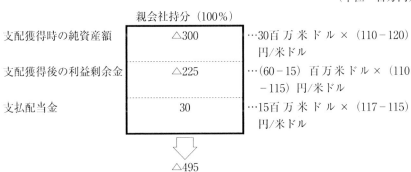

図表1－4　設例1－1における為替換算調整勘定の分析
（単位：百万円）

このように為替換算調整勘定の処理に関しては，各財務諸表項目の換算処理と関連しているため，各項目の換算処理に伴い，さまざまな論点がある。

また，外貨建会計基準および外貨建実務指針における主な為替換算調整勘定に関する処理の個別の定めは，図表1－5のとおりである。

図表1－5　為替換算調整勘定に係る様々な論点

項目	内容	基準	本書での記載
子会社持分投資に係るヘッジ取引	子会社に対する持分への投資をヘッジ対象としたヘッジ手段の換算差額は為替換算調整勘定に含めて処理	外貨建会計基準注解注13	第13章
在外子会社ののれんに係る非支配株主持分の計算	全額を在外子会社持分として処理し，在外孫会社の非支配株主持分には振り替えない	外貨建実務指針39項また書き	第12章
為替換算調整勘定の按分と表示	株式所有割合に応じて，親会社持分と非支配株主持分割合に按分	外貨建実務指針41項	第3章
持分変動に伴う為替換算調整勘定の処理	支配の喪失を伴わない場合，持分変動に係る差額は資本剰余金とされ，支配を喪失する持分減少の場合，為替換算調整勘定が株式売却損益として実現する	外貨建実務指針42項	第3章
為替換算調整勘定に関する税効果	為替換算調整勘定は将来加算（減算）一時差異として税効果の対象となる	外貨建実務指針43項	第10章
在外持分法適用会社の換算等	在外持分法適用会社の換算から生ずる為替換算調整勘定のうち持分相当額を純資産に計上する	外貨建実務指針46項	第9章

5　在外支店の財務諸表項目の換算

 ポイント

- 在外支店の財務諸表項目を換算した際には為替換算調整勘定は発生しない。

　在外支店の財務諸表項目は，原則として本店と同様に処理することとされている（外貨建会計基準　二）。ただし，外国通貨で表示されている在外支店の財務諸表に基づき本支店合併財務諸表を作成する場合には，在外支店の財務諸表の換算にあたり，収益および費用については期中平均相場で換算することができるとされており，また，非貨幣性項目の額に重要性がない場合にはすべての貸借対照表項目について決算時の為替相場により換算することができるとされている。

　この際，本店と異なる方法により換算することにより生じた換算差額は，為替換算調整勘定ではなく為替差損益として処理することとされているため，在外支店の財務諸表項目を換算した際には為替換算調整勘定は発生しない（外貨建会計基準　二 3）。

第2章

在外子会社の株式取得・売却の際の為替換算調整勘定

1 みなし取得日に係る為替換算調整勘定の留意点

 ポイント

・みなし取得日の定めを用いると,在外子会社を新たに連結の範囲に含めた時点で為替換算調整勘定が計上される。

(1) 「みなし取得日」および「みなし売却日」の考え方

　子会社の支配獲得日,株式の取得日または売却日等(以下,本章において「支配獲得日等」という)が子会社の決算日以外の日である場合,原則として,当該支配獲得日等を基準日とする仮決算を行う必要がある。しかし,支配獲得日等ごとに仮決算を行うことは実務上多大な負担を要すため,支配獲得日等が子会社の決算日以外の場合には,支配獲得日等の前後いずれかの決算日(四半期決算日または中間決算日を含む)に支配獲得,株式の取得または売却等が行われたものとみなして処理することができる(連結会計基準(注5),資本連結実務指針7項)。支配を獲得または株式を取得したとみなした決算日を「みなし取得日」,株式を売却したとみなした決算日を「みなし売却日」という(図表2-1参照)。

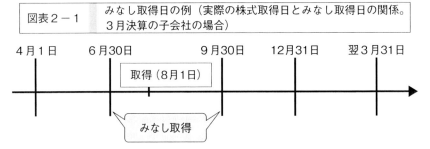

(※) 四半期報告書を提出している会社が，3月決算である在外子会社の株式を8月1日に取得した場合，6月30日または9月30日をみなし取得日とすることができる。

　連結対象となる子会社の財務諸表の範囲は，いずれの時点において支配の獲得または喪失が生じたとみなすかにより異なることとなる。子会社の貸借対照表は支配を獲得したとみなした時点以後連結し，支配を喪失したとみなした時点以後は連結しない。子会社の損益計算書は，支配を獲得したとみなした時点を開始日とする期間を連結し，支配を喪失したとみなした時点から後の期間は連結しない。

(2) 在外子会社の株式の取得につきみなし取得日の定めを用いた場合の為替換算調整勘定の留意点

　在外子会社の支配を獲得またはその株式を取得した場合にみなし取得日の定めを用いると，個別財務諸表においては子会社株式が実際の取得日のレートで換算されるが，連結財務諸表においては子会社の貸借対照表がみなし取得日の為替相場で換算されるため，両者の間に為替換算差額が生じる。よって，在外子会社を新たに連結の範囲に含めた時点で為替換算調整勘定が計上されることとなる。

　在外子会社の株式を取得したケースを用いて，在外子会社の株式の取得日と当該子会社の決算日および仮決算の実施の有無の関係と，それに対応した為替換算調整勘定に関する論点の有無を整理すると，図表2－2のとおりとなる。

図表2-2 在外子会社の株式の取得日と当該子会社の決算日(仮決算含む)の関係と為替換算調整勘定の発生の有無

パターン	株式取得日	仮決算の実施の有無	新規連結時点で為替換算調整勘定が発生するか否か
A	子会社決算日と同日	仮決算は行えない	発生しない(※)
B	子会社決算日と異なる	仮決算を行う(みなし取得日の定めを用いない)	発生しない(※)
C	子会社決算日と異なる	仮決算を行わない(みなし取得日の定めを用いる)	発生する

(※) 当該株式の取得が予定取引に該当し、当該取得に係る為替の変動リスクをヘッジするために為替予約等を締結してヘッジ会計を適用した場合は、採用した会計方針により、新規連結時点で為替換算調整勘定が発生するか否か異なる。詳細は本章「3 在外子会社の株式を外貨建で取得する際に予定取引のヘッジを行った場合の為替換算調整勘定に関する実務上の論点」参照。

設例2-1 みなし取得日に係る為替換算調整勘定(非支配株主なし、のれん発生なし)

ポイント

- みなし取得日の定めを用いると、在外子会社を新たに連結の範囲に含めた時点で為替換算調整勘定が計上される。

前提条件

(1) P社(親会社)はX0年5月1日に、S社株式100%を40百万米ドルで取得し、S社を連結子会社とした。
(2) 決算日は、P社、S社ともに3月31日である。
(3) S社の資産・負債で時価と簿価が乖離しているものはない。
(4) P社は、連結財務諸表の作成において、S社株式をX0年6月30日に取得したとみなして会計処理することとした。
(5) 為替相場は以下のとおりとする。
　　X0年5月1日:105円/米ドル

X0年6月30日：100円/米ドル
(6) X0年5月1日におけるS社の貸借対照表は以下のとおりである。

(外貨（米ドル）：百万米ドル)

科目	外貨	科目	外貨
資産	100	負債	60
		資本金	10
		利益剰余金	30

（会計処理（単位：百万円））

[P社個別（S社株式取得仕訳）（X0年5月1日）]

（借）S社株式	4,200	（貸）現金	4,200

4,200百万円＝株式取得価額40百万米ドル×105円/米ドル（取得時相場）

[S社換算後貸借対照表（X0年6月30日）]

(外貨（米ドル）：百万米ドル，円貨：百万円)

科目	外貨	レート	円貨	科目	外貨	レート	円貨
資産	100	100	10,000	負債	60	100	6,000
				資本金	10	100	1,000
				利益剰余金	30	100	3,000

[P社の投資とS社の資本の相殺消去（X0年6月30日）]

（借）資本金	(※1) 1,000	（貸）S社株式	(※2) 4,200
利益剰余金	(※1) 3,000		
為替換算調整勘定	(※3) 200		
（連結株主資本等変動計算書）			

(※1)[S社換算後貸借対照表（X0年6月30日）]より
(※2) 4,200百万円＝株式取得価額40百万米ドル×105円/米ドル（取得時相場）
(※3) 差額で算出，または△200百万円＝（取得時資本金10百万米ドル＋取得時利益剰余金30百万米ドル）×（100円/米ドル（みなし取得日の為替相場）－105円/米ドル（実際取得時の為替相場））

第2章 在外子会社の株式取得・売却の際の為替換算調整勘定

設例2－2　みなし取得日に係る為替換算調整勘定（非支配株主あり，のれん発生あり）

ポイント
- 非支配株主が存在する場合や新規連結によりのれんが発生する場合でも，設例2－1と同様，在外子会社を新たに連結の範囲に含めた時点で為替換算調整勘定が発生する。
- 非支配株主持分は決算日レート（みなし取得日のレート）で換算されるため，為替換算調整勘定が発生するのは親会社持分に対してのみである。

前提条件
(1) 下記以外の条件は設例2－1と同様とする。
(2) P社（親会社）はX0年5月1日に，S社株式80％を34百万米ドルで取得し，S社を連結子会社とした。

会計処理（単位：百万円）

[P社個別（S社株式取得仕訳）（X0年5月1日）]

(借) S社株式	3,570	(貸) 現金	3,570

3,570百万円＝株式取得価額34百万米ドル×105円／米ドル（取得時相場）

[S社換算後貸借対照表（X0年6月30日）]

（外貨（米ドル）：百万米ドル，円貨：百万円）

科目	外貨	レート	円貨	科目	外貨	レート	円貨
資産	100	100	10,000	負債	60	100	6,000
				資本金	10	100	1,000
				利益剰余金	30	100	3,000

[P社の投資とS社の資本の相殺消去（X0年6月30日）]

(借) 資本金	(※1) 1,000	(貸) S社株式	(※2) 3,570
利益剰余金	(※1) 3,000	非支配株主持分	(※4) 800
のれん	(※3) 200		
為替換算調整勘定 （連結株主資本等変動計算書）	(※5) 170		

(※1)〔S社換算後貸借対照表(X0年6月30日)〕より
(※2)3,570百万円＝株式取得価額34百万米ドル×105円/米ドル(取得時相場)
(※3)200百万円＝外貨ベースののれん2百万米ドル×100円/米ドル(みなし取得日の為替相場)

　　外貨ベースののれん2百万米ドル＝株式取得価額34百万米ドル－((取得時資本金10百万米ドル＋取得時利益剰余金30百万米ドル)×80%(親会社持分比率))

　　のれんは、原則として支配獲得時(みなし取得日を用いる場合には子会社の決算日(みなし取得日))に外国通貨で把握し、外国通貨で把握されたのれんの期末残高については決算時の為替相場により換算する、とされている(外貨建実務指針40項)。

(※4)800百万円＝(取得時資本金10百万米ドル＋取得時利益剰余金30百万米ドル)×20%(非支配株主持分比率)×100円/米ドル(みなし取得日の為替相場)

　　支配獲得時点のP社の投資とS社の資本の相殺消去の仕訳においては、非支配株主持分は、対応する純資産の部と同様に決算時の為替相場により換算するため(外貨建実務指針39項参照)、非支配株主持分の為替換算調整勘定は発生しない。

(※5)差額で算出、または170百万円＝(取得時資本金10百万米ドル＋取得時利益剰余金30百万米ドル)×(100円/米ドル(みなし取得日の為替相場)－105円/米ドル(実際取得時の為替相場))×80%(親会社持分比率)＋外貨ベースののれん2百万米ドル×(100円/米ドル(みなし取得日の為替相場)－105円/米ドル(実際取得時の為替相場))

なお、(※5)については、為替換算調整勘定を、のれんから発生するものとそれ以外に分けて計算している例である。のれんは、そもそも親会社持分のみ連結財務諸表に計上されるため(連結会計基準第24項)、当該為替換算調整勘定の算出において再度持分比率を考慮しない。

2　みなし売却日に係る為替換算調整勘定の留意点

ポイント

- みなし売却日の定めを用いる場合、個別財務諸表上の関係会社株式売却損益に含まれる為替差損益(実現損益)と、為替換算調整勘定の発生額が異なるため、包括利益計算書のその他の包括利益の内訳として注記される為替換算調整勘定の当期発生額と組替調整額の算定が論点となる。
- 当該当期発生額と組替調整額として、連結決算プロセスにおいて換算された子会社の貸借対照表に計上された為替換算調整勘定の金額を用いる

方法と，実際の連結決算上の関係会社株式売却損益に含まれる為替換算差額の金額を用いる方法が考えられる。

みなし売却日の考え方については，本章「1　みなし取得日に係る為替換算調整勘定の留意点(1)「みなし取得日」および「みなし売却日」の考え方」に記載のとおりである。

在外子会社の株式を売却した場合，売却時点までに連結財務諸表に計上されていた為替換算調整勘定は，売却により実現することになる。在外子会社の株式の売却日と当該子会社の決算日および仮決算の実施の有無の関係と，それに対応した為替換算調整勘定の組替調整に関する論点の有無を整理すると，図表2－3のとおりとなる。

図表2－3　在外子会社の株式の売却日と当該子会社の決算日（仮決算含む）の関係と為替換算調整勘定の組替調整に関する論点の整理

パターン	株式売却日	仮決算の実施の有無	為替換算調整勘定の組替調整に関する論点の整理
A	子会社決算日と同日	仮決算は行えない	（※1）
B	子会社決算日と異なる	仮決算を行う（みなし売却日の定めを用いない）	（※1）
C	子会社決算日と異なる	仮決算を行わない（みなし売却日の定めを用いる）	（※2）

（※1）為替換算調整勘定の組替調整に関する論点は生じない。
（※2）個別財務諸表上の関係会社株式売却損益に含まれる為替差損益（実現損益）のうち当期に発生して実現した部分と，期首からみなし売却日までに発生した為替換算調整勘定の金額が異なるため，為替換算調整勘定の当期発生額と組替調整額の算定が論点となる。

図表2－3のパターンCの（※2）に記載した論点について，設例2－3を用いて解説する。

設例2-3　在外子会社の株式の売却につきみなし売却日の定めを採用した場合の為替換算調整勘定の当期発生額と組替調整額

(ポイント)

- みなし売却日の定めを採用した場合，その他の包括利益の内訳として注記される為替換算調整勘定の当期発生額と組替調整額の算定について，連結決算プロセスにおいて換算された子会社の貸借対照表に計上された為替換算調整勘定の金額を用いる方法と，実際の連結決算上の関係会社株式売却損益に含まれる為替換算差額の金額を用いる方法が考えられる。

(前提条件)

(1) P社（親会社）はX0年3月31日に，S社株式100％を40百万米ドルで取得し，S社を連結子会社とした。
(2) P社（親会社）はX1年2月1日に，S社株式100％を40百万米ドルで売却し，S社を連結の範囲から除外した。
(3) 決算日は，P社，S社ともに3月31日である。
(4) S社の資産・負債で時価と簿価が乖離しているものはない。
(5) 簡便化のため，税効果は無視する。
(6) P社は，連結財務諸表作成において，S社株式をX1年3月31日に売却したとみなして会計処理することとした。
(7) 為替相場は以下のとおりとする。
　　X0年3月31日：90円/米ドル
　　X1年2月1日：98円/米ドル
　　X1年3月31日：100円/米ドル
(8) X0年3月31日，X1年2月1日およびX1年3月31日におけるS社の貸借対照表は以下のとおりである。なお，S社のX1年3月期の当期純利益および利益処分はなかった。

第2章 在外子会社の株式取得・売却の際の為替換算調整勘定

≪S社貸借対照表（X0年3月31日，X1年2月1日およびX1年3月31日）≫

(外貨（米ドル）：百万米ドル)

科目	外貨	科目	外貨
資産	100	負債	60
		資本金	10
		利益剰余金	30

会計処理（単位：百万円）

[P社個別（S社株式売却仕訳）（X1年2月1日）]

(借) 現金	(※1) 3,920	(貸) S社株式	(※2) 3,600
		S社株式売却益	(※3) 320

(※1) 3,920百万円＝株式売却価額40百万米ドル×98円/米ドル（売却時相場）
(※2) 3,600百万円＝株式取得価額40百万米ドル×90円/米ドル（取得時相場）
(※3) 差額で算出

[S社換算後貸借対照表（X0年3月31日）]

(外貨（米ドル）：百万米ドル，円貨：百万円)

科目	外貨	レート	円貨	科目	外貨	レート	円貨
資産	100	90	9,000	負債	60	90	5,400
				資本金	10	90	900
				利益剰余金	30	90	2,700

[S社換算後貸借対照表（X1年2月1日）]

(外貨（米ドル）：百万米ドル，円貨：百万円)

科目	外貨	レート	円貨	科目	外貨	レート	円貨
資産	100	98	9,800	負債	60	98	5,880
				資本金	10	90	900
				利益剰余金	30	90	2,700
				為替換算調整勘定	－	－	(※) 320

(※) 差額で算出

[S社換算後貸借対照表(X1年3月31日)]

(外貨(米ドル):百万米ドル,円貨:百万円)

科目	外貨	レート	円貨	科目	外貨	レート	円貨
資産	100	100	10,000	負債	60	100	6,000
				資本金	10	90	900
				利益剰余金	30	90	2,700
				為替換算調整勘定	-	-	(※)400

(※)差額で算出

[P社の投資とS社の資本の相殺消去(X0年3月31日)]

(借)資本金　　　　　(※1)900　　(貸)S社株式　　　(※2)3,600
　　利益剰余金　　　(※1)2,700

(※1)[S社換算後貸借対照表(X0年3月31日)]より
(※2)3,600百万円=株式取得価額40百万米ドル×90円/米ドル(取得時相場)

[S社株式の売却に係る連結修正仕訳(X1年3月31日)]

(借)S社株式　　　　(※1)3,600　　(貸)資本金　　　　(※2)900
　　　　　　　　　　　　　　　　　　利益剰余金期首残高　(※2)2,700

(※1)3,600百万円=株式取得価額40百万米ドル×90円/米ドル(取得時相場)
(※2)[S社換算後貸借対照表(X1年3月31日)]より

　本設例において,P社の個別財務諸表上で計上されたS社株式売却益320百万円は,取得原価で評価されるため取得時の為替相場で換算されていたS社株式について,取得時の為替相場と売却時の為替相場の差により為替差益が生じたものである。一方,連結財務諸表において計上されるS社株式売却益320百万円は,S社株式取得日から売却日までにS社に対する投資持分から発生した未実現の換算差額(=為替換算調整勘定)が,売却により実現したものである。

　みなし売却日の定めを用いない場合,つまり,X1年2月1日にS社の仮決算を行った場合は(図表2-3のパターンB),当期に発生した為替換算調整勘定は320百万円となり,全額当期にS社株式売却益として実現する。よって,

開示上，連結損益計算書のS社株式売却益は320百万円となり，その他の包括利益の内訳として注記される為替換算調整勘定の当期発生額と組替調整額も同額の320百万円となる。

しかし，本設例のようにみなし売却日の定めを用いた場合，当期に発生した為替換算調整勘定は400百万円であるが（［S社換算後貸借対照表（X1年3月31日）］参照），連結損益計算書においてS社株式売却益として開示される金額は320百万円となる。当期に発生した為替換算調整勘定400百万円を発生時期別に分解すると図表2－4のとおりとなる。

図表2－4　みなし売却日の定めを用いたときの為替換算調整勘定の分解

期間	為替換算調整勘定の発生額	S社株式売却によるP社の現金残高への影響	連結損益計算書への影響
取得日〜実際の売却日	320百万円	同額増加する	S社株式売却損益として計上される
実際の売却日〜みなし売却日	80百万円	影響なし	S社株式売却損益として計上されない

S社株式の取得から売却までの一連の取引の結果，取得日から実際の売却日までのS社の貸借対照表の換算差額の実現により，P社の個別貸借対照表の現金残高は320百万円（3,920百万円－3,600百万円）増加し，連結貸借対照表の現金残高も同額増加した。連結損益計算書において，同額がS社株式売却損益として計上されることになる。

一方で，S社株式の実際の売却日からみなし売却日までの換算差額80百万円については，P社の現金の増加につながっていないため，連結損益計算書に計上されない（できない）。

このとき，開示上でその他の包括利益の内訳として注記される為替換算調整勘定の当期発生額と組替調整額は，以下の2つの考え方があるものと思われる。

〔**考え方①**〕連結決算プロセスにおいて換算された子会社の貸借対照表に計上された為替換算調整勘定の金額を用いる方法（本設例においては400百万円）
〔**考え方②**〕実際の連結決算上の関係会社株式売却損益に含まれる為替換算差額の金額を用いる方法（本設例においては320百万円）

| 考え方① | 貸借対照表に計上された為替換算調整勘定の金額を用いる方法 |

考え方①は，当期発生額および組替調整額に含められる金額を，みなし売却日の定めを用いて計算された子会社の為替換算調整勘定の調整額を用いて計算するべきという考え方である。

| 考え方② | 関係会社株式売却損益に含まれる為替換算差額を用いる方法 |

一方，考え方②は，当該子会社の売却により生じる実際の為替換算差額の金額を当期発生額および組替調整額に含めようとするものである。

為替換算調整勘定に関する組替調整額は，子会社に対する持分の減少に伴って取り崩されて当期純利益に含められた金額によると定められているため（包括利益会計基準31項(3)），原則としては考え方②によることになるが，みなし売却日の定めを用いた場合には，実務上考え方①の方法も容認されると考えられる。

なお，いずれの方法を採用した場合でも，毎期継続して同じ方法を適用するべきと考えられる。

設例2－3を用いて，考え方①・②のそれぞれの方法を採用した場合のその他の包括利益の内訳の注記を示すと図表2－5のとおりとなる。なお，前提条件(5)に記載のとおり，簡便化のため，税効果は無視している。

| 図表２－５ | その他の包括利益の内訳の注記例（為替換算調整勘定の部分のみ抜粋） |

・考え方①の場合

為替換算調整勘定：

当期発生額	400百万円
組替調整額	△400百万円
税効果調整前	0百万円
税効果額	－
為替換算調整勘定	0百万円

・考え方②の場合

為替換算調整勘定：

当期発生額	320百万円
組替調整額	△320百万円
税効果調整前	0百万円
税効果額	－
為替換算調整勘定	0百万円

3　在外子会社の株式を外貨建で取得する際に予定取引のヘッジを行った場合の為替換算調整勘定に関する実務上の論点

ポイント

- 在外子会社株式の取得にあたり予定取引のヘッジを行う場合，為替の変動リスクをヘッジするための為替予約から生じた繰延ヘッジ損益が当該株式の取得価額に加減算されるため，当該株式の円貨での計上額が取引日レートとは異なるレートで計上される。
- 上記の結果，当該株式を円貨に換算する為替相場が子会社の決算日（みなし取得日を含む）の為替相場と異なることとなるため，投資と資本の相違消去をどのように行うべきか，論点となる。

(1) 予定取引に対するヘッジ

ヘッジ対象には，予定取引により発生が見込まれる資産または負債も対象となる。予定取引のヘッジによりヘッジ手段に生じた損益または評価差額は，ヘッジ対象に係る損益が認識されるまで，繰延ヘッジ損益として繰り延べられる（金融商品会計基準32項本文）。

予定取引とは，未履行の確定契約に係る取引と，契約は成立していないが，取引予定時期，取引予定物件，取引予定量，取引予定価格などの主要な取引条件が合理的に予測可能であり，かつ，それが実行される可能性が高い取引のことをいう（金融商品会計基準（注12））。

予定取引にヘッジ会計を適用し，計上された繰延ヘッジ損益は，当該取引の実行時に図表2－6のように処理される（金融商品実務指針170項）。

図表2－6　予定取引の種類と予定取引の実行時の会計処理

予定取引の種類	予定取引の実行時の会計処理
損益が直ちに発生する予定取引	ヘッジ対象である予定取引に係る損益は，予定取引の実行時に認識されるので，繰延ヘッジ損益もその時点で損益認識することになる
資産の取得である予定取引	繰延ヘッジ損益は，資産の取得原価に加減算し，当該資産の取得原価が費用計上される期の損益として計上する（ただし，予定取引が利付金融資産である場合は，引き続き繰延ヘッジ損益とする処理も認められる）
利付負債の発生である予定取引	繰延ヘッジ損益は引き続き純資産の部に計上し，償却原価法により当該負債に係る利息費用の発生に対応するように純損益に配分する

(2) 予定取引に対するヘッジと為替換算調整勘定の実務上の論点

① 具体的な論点

前述した予定取引の要件を充たす在外子会社の株式の取得の場合，図表2－

6に示した予定取引の種類のうち，「資産の取得である予定取引」に該当する。例えば，在外子会社株式を取得する契約を締結したが取得日が到来していない場合に，子会社株式取得時のキャッシュ・フローを固定するために為替予約を締結し，ヘッジの要件を充たす場合（金融商品実務指針169項本文参照）には，当該株式取得取引が未履行の確定契約のため予定取引となり，関連する為替予約がヘッジ手段となる場合がある。

このように，在外子会社株式の取得にあたり予定取引のヘッジを行う場合，為替の変動リスクをヘッジするための為替予約から生じた繰延ヘッジ損益が当該株式の取得価額に加減算されるため，当該株式の円貨での計上額が取引時相場とは異なる為替相場で計上される。この結果，当該株式を円貨に換算する為替相場が子会社の決算日（みなし取得日を含む）の為替相場と異なるため，連結財務諸表上，投資と資本の相殺消去をどのように行うべきか，論点となる。

② **想定する状況**
本論点を検討するために，具体的な設例で見ていくこととする。

設例2－4 在外子会社株式の取得にあたり予定取引に対するヘッジを行う場合

（ポイント）
- 予定取引に対してヘッジ会計を適用した結果，在外子会社株式の取得価額が為替予約実行時の先物為替相場で計上される。
- この場合の投資と資本の相殺消去において，為替換算調整勘定を計上するべきか否かが論点となる。

（前提条件）
(1) P社（親会社）は，X1年6月30日にS社株式100％を50百万米ドルで取得する契約を，X1年1月31日に締結し，株式取得後，S社を連結子会社とした。
(2) P社は，S社株式の取得取引の為替変動リスクをヘッジするため，X1年1月31日に為替予約を行った。この取得取引は実行される可能性が極めて高く，

ヘッジ会計の要件を満たしている。

(3) 為替予約の契約額は50百万米ドルとし，S社株式の取得代金の決済予定日であるX1年7月31日を決済期日とした。先物為替相場は95円/米ドルであった。

(4) X1年6月30日に，予定通りS社株式を50百万米ドルで購入し，X1年7月31日に取得代金と為替予約が決済された。

(5) 決算日は，P社，S社ともに3月31日である。

(6) S社の資産・負債で時価と簿価が乖離しているものはない。

(7) 簡便化のため，税効果は無視する。

(8) 直物為替相場は以下のとおりとする。なお，単純化のため，先物為替相場は直物為替相場と同一であったものとする。

　　X1年3月31日：90円/米ドル

　　X1年6月30日：100円/米ドル

　　X1年7月31日：105円/米ドル

(9) X1年6月30日におけるS社の貸借対照表は以下のとおりである。

(外貨（米ドル）：百万米ドル)

科目	外貨	科目	外貨
資産	100	負債	60
		資本金	10
		利益剰余金	30

（会計処理（単位：百万円））

[P社個別]

① X1年1月31日（為替予約締結日）

| 仕訳なし |

② X1年3月31日（決算日）

| （借）繰延ヘッジ損益 | 250 | （貸）為替予約 | 250 |

250百万円＝為替予約の契約額50百万米ドル×（90円/米ドル（決算時相場）－95円/米ドル（為替予約実行時の先物相場））

③ X1年6月30日(S社株式取得日)
■S社株式の取得

| (借) S社株式 | 5,000 | (貸) 未払金 | 5,000 |

5,000百万円=株式取得価額50百万米ドル×100円/米ドル(取得時相場)

■為替予約の時価評価

| (借) 為替予約 | 500 | (貸) 繰延ヘッジ損益 | 500 |

500百万円=為替予約の契約額50百万米ドル×(100円/米ドル(取得時相場)-90円/米ドル(前期末決算時相場))

■繰延ヘッジ損益(累積額)の資産の取得原価への振替

| (借) 繰延ヘッジ損益 | 250 | (貸) S社株式 | 250 |

為替予約の結果、S社株式の取得価額は、4,750百万円(5,000百万円-250百万円)となる。これは、株式取得価額50百万米ドルに為替予約実行時の先物為替相場95円/米ドルを乗じた結果と一致する。

④ X1年7月31日(決済日)
■S社株式購入代金の決済

| (借) 未払金 | 5,000 | (貸) 現金 | (※)5,250 |
| 為替差損 | 250 | | |

(※)5,250百万円=株式取得価額50百万米ドル×105円/米ドル(決済時相場)

■為替予約の決済

| (借) 現金 | (※)500 | (貸) 為替予約 | 250 |
| | | 為替差損 | 250 |

(※)500百万円=為替予約の契約額50百万米ドル×(105円/米ドル(決済時相場)-95円/米ドル(為替予約実行時の先物相場))

[S社換算後貸借対照表（X1年6月30日）]

(外貨（米ドル）：百万米ドル，円貨：百万円)

科目	外貨	レート	円貨	科目	外貨	レート	円貨
資産	100	100	10,000	負債	60	100	6,000
				資本金	10	100	1,000
				利益剰余金	30	100	3,000

[P社の投資とS社の資本の相殺消去（X1年6月30日）]

考え方①	のれんを外貨ベースで把握し，投資と資本の相殺消去において生じる為替差額を為替換算調整勘定に計上するという考え方

　この考え方では，のれんは，原則として支配獲得時（みなし取得日の定めを用いる場合には子会社の決算日（みなし取得日））に外国通貨で把握し，外国通貨で把握されたのれんの期末残高については決算時の為替相場により換算する，とされていることを重視した考え方である（外貨建実務指針40項参照）。本設例では，この考え方によると投資と資本の相殺消去仕訳は以下のとおりとなる。

（借）　資本金	(※1) 1,000	（貸）　S社株式	(※2) 4,750
利益剰余金	(※1) 3,000	為替換算調整勘定	(※4) 250
のれん	(※3) 1,000	（連結株主資本等変動計算書）	

（※1）[S社換算後貸借対照表（X1年6月30日）]より
（※2）4,750百万円＝株式取得価額50百万米ドル×95円/米ドル（為替予約実行時の先物相場）
（※3）1,000百万円＝外貨ベースののれん10百万米ドル×100円/米ドル（取得時相場）
　　　外貨ベースののれん10百万米ドル＝株式取得価額50百万米ドル－（取得時資本金10百万米ドル＋取得時利益剰余金30百万米ドル）
（※4）差額で算出，または250百万円＝株式取得価額50百万米ドル×（100円/米ドル（取得時相場）－95円/米ドル（為替予約実行時の先物相場））

考え方②	為替換算調整勘定を計上せず，投資と資本の相殺消去の差額をのれんとする考え方

　この考え方では，取得原価が受け入れた資産および引き受けた負債に配分された純額を上回る場合にはその超過額をのれんとして会計処理し，下回る場合には負ののれんとして会計処理するという企業結合会計基準第31項の定めを重

視した考え方である。本設例では，この考え方によると投資と資本の相殺消去仕訳は以下のとおりとなる。

(借) 資本金	(※1) 1,000	(貸) S社株式	(※2) 4,750
利益剰余金	(※1) 3,000		
のれん	(※3) 750		

(※1) [S社換算後貸借対照表（X1年6月30日）] より
(※2) 4,750百万円＝株式取得価額50百万米ドル×95円/米ドル（為替予約実行時の先物相場）
(※3) 差額で算出

③ 論点の検討

考え方①	のれんを外貨ベースで把握し，投資と資本の相殺消去において生じる為替差額を為替換算調整勘定に計上するという考え方

　この考え方はのれんを外貨ベースで把握するという外貨建実務指針第40項の定めに忠実に従ったものである。

　為替換算調整勘定は，在外子会社（または関連会社）の外国通貨で表示されている財務諸表項目の換算によって生じた換算差額であると定義されているため（外貨建会計基準　三　4），上記設例において，S社の貸借対照表の換算においてではなく，投資と資本の相殺消去仕訳において為替換算調整勘定が発生している点が議論となる。しかし，親会社による株式取得時の在外子会社の資本に属する項目を取得時の為替相場で換算するという定め（外貨建会計基準　三　2）は，在外子会社の株式を外貨建で取得する際に予定取引のヘッジを行う状況を想定していないと考えられることを勘案すると，のれんを外貨ベースで把握する定めは，投資と資本の相殺消去において換算差額が生じないことを前提としているものと思われる。このため，在外子会社の財務諸表を換算する際に，純資産の部を為替予約実行時の先物相場で換算する会計処理にも一定の合理性が認められる。この場合，設例にあてはめた取扱いは以下のとおりとなる。

[S社換算後貸借対照表（X1年6月30日）]

（外貨（米ドル）：百万米ドル，円貨：百万円）

科目	外貨	レート	円貨	科目	外貨	レート	円貨
資産	100	100	10,000	負債	60	100	6,000
				資本金	10	95	950
				利益剰余金	30	95	2,850
				為替換算調整勘定	−	−	200

[P社の投資とS社の資本の相殺消去（X1年6月30日）]

（借）資本金	(※1) 950	（貸）S社株式	(※2) 4,750
利益剰余金	(※1) 2,850		
のれん	(※3) 950		

(※1)［S社換算後貸借対照表（X1年6月30日）］より
(※2) 4,750百万円＝株式取得価額50百万米ドル×95円/米ドル（為替予約実行時の先物相場）
(※3) 差額で算出，または950百万円＝外貨ベースのれん10百万米ドル×為替予約実行時の先物相場95円/米ドル
　　外貨ベースのれん10百万米ドル＝株式取得価額50百万米ドル−（取得時資本金10百万米ドル＋取得時利益剰余金30百万米ドル）

　このとき，外貨ベースののれんが取得時の為替相場で換算されていないため，以下の仕訳が必要となる。

[のれんからの為替換算調整勘定の発生（X1年6月30日）]

（借）のれん	(※1) 50	（貸）為替換算調整勘定 （連結株主資本等変動計算書）	(※1) 50

(※1) 50百万円＝外貨ベースのれん10百万米ドル×（100円/米ドル（取得時相場）−95円/米ドル（為替予約実行時の先物相場））

　なお，本章「1　みなし取得日に係る為替換算調整勘定の留意点」では，みなし取得日の定めを用いると，在外子会社を新たに連結の範囲に含めた時点で為替換算調整勘定が計上されるとしている。これは，みなし取得日の定めはあくまで実務上の便宜を図るための簡便的な取扱いであり，上述の「為替換算調整勘定は在外子会社（または関連会社）の外国通貨で表示されている財務諸表項目の換算によって生じた換算差額である」という定めの例外であると考えら

れる。

考え方②	為替換算調整勘定を計上せず，投資と資本の相殺消去の差額をのれんとする考え方

　この考え方は，のれんの算定基礎となる在外子会社株式の取得原価に為替予約の決済差額が加減されていることをのれんの取得原価に反映させようとするものである。

　外貨建実務指針第40項の定めに従い，当該のれんを外貨ベースで把握するため，株式取得時の投資と資本の相殺消去により算定されたのれんを株式取得時の為替相場で除することで，実質的な外貨ベースののれんを算定することとなる。その後の決算日においては，当該「実質外貨ベース」ののれんを償却するとともに，のれんの残高を決算日の為替相場で換算して為替換算調整勘定を計算する。

　本設例における実質外貨ベースののれんの金額は，

> のれん当初計上額750百万円÷取得時相場100円/米ドル＝7.5百万米ドル

となる。

　これにより，外貨建会計基準 三 4の為替換算調整勘定の定義を満たさないと考えられる為替換算調整勘定を計上することなく，株式取得時の在外子会社の資本に属する項目を取得時の為替相場で換算することが可能となる。

第3章

子会社投資の各ステージにおける為替換算調整勘定の会計処理

1 在外子会社の資本連結手続における為替換算調整勘定の処理

 ポイント

- 在外子会社の資産および負債は決算時の為替相場で換算し,一方,資本項目は発生時等の為替相場で換算し,その差額を「為替換算調整勘定」として計上する。
- 為替換算調整勘定は在外子会社投資に対する投資持分から発生した為替換算差額でいまだ連結上の純損益に計上されていないものであり,経営成績とは無関係に発生するものである。
- のれんの円貨への換算はのれんの発生した時期により,適用する会計処理が異なる。

(1) 在外子会社への投資と資本の相殺消去のための換算方法および財務諸表項目の換算

支配獲得時の在外子会社の純資産項目については,株式取得時の為替相場によって換算されるが,支配獲得後に生じた株主資本に属する項目については,当該項目の発生時の為替相場により,支配獲得後に生じた評価・換算差額等に

属する項目については，決算時の為替相場により換算される（外貨建実務指針36項）。一方，在外子会社の資産および負債は，決算時の為替相場により換算される。決算時の為替相場で換算される資産および負債項目の円貨額と取得時または発生時の為替相場で換算される資本項目の円貨額との間に差額が生じることになるが，当該換算差額を為替換算調整勘定として計上する。

(2) 在外子会社の簿価修正に伴う資産・負債および評価差額の換算

資本連結手続上，在外子会社の資産および負債の時価評価によって生じた簿価修正額は，その他の資産および負債と同様に，毎期の決算時の為替相場により換算する。一方，当該評価差額の換算は全面時価評価法により資産および負債の時価評価を支配獲得時に一度だけ行うため，当該差額からも為替換算調整勘定が発生することになる（外貨建実務指針37項）。

(3) 為替換算調整勘定の按分および為替換算調整勘定の連結財務諸表における表示

為替換算調整勘定は株式所有比率に基づき，親会社持分割合と非支配株主持分割合とに区分する。親会社持分割合は原則として連結貸借対照表の純資産の部に為替換算調整勘定として計上する。ただし，株式の追加取得の場合には，投資額は追加取得時の為替相場で換算されるため，連結貸借対照表の為替換算調整勘定には計上されない（詳細については，本章「2　連結範囲に異動がない持分変動における為替換算調整勘定の処理（1）子会社株式の追加取得の場合」参照）。

一方，非支配株主持分割合は非支配株主持分に振り替えられ，連結貸借対照表の非支配株主持分に含めて計上する（外貨建実務指針41項）。

なお，為替換算調整勘定は在外子会社等の貸借対照表項目の円貨への換算手続の結果発生し，在外子会社等の経営成績とは無関係に発生するものであるため，純資産の部の独立項目として累積されることになる（外貨建実務指針75項）。

(4) のれんの換算方法

のれんまたは負ののれんは、子会社に対する投資と子会社の資本のうち親会社持分との消去差額として計算される。

親会社が在外子会社（財務諸表項目が外国通貨表示）を連結する場合、のれんを原則として支配獲得時に当該外国通貨で把握する。また、当該外国通貨で把握されたのれんの期末残高については決算時の為替相場により換算し、のれんの当期償却額については、原則として在外子会社の会計期間に基づく期中平均相場により他の費用と同様に換算する。したがって、為替換算調整勘定はのれんの期末残高とのれん償却額の両方の換算から発生する。なお、負ののれんは外国通貨で把握するが、その処理額は取得時または発生時の為替相場で換算し、負ののれんが生じた連結会計年度の利益として処理するために為替換算調整勘定は発生しない（企業結合適用指針77－2項、外貨建実務指針40項）。

なお、平成20年改正企業結合会計基準適用前に実施された企業結合に関するのれんについては、経過措置として親会社の子会社投資から発生するのれんは親会社の通貨である円価額で固定されるため（企業結合適用指針331－3項、外貨建実務指針47－8項）、のれん残高およびのれんの償却額は為替相場の変動による影響を受けないことになる。

なお、在外孫会社ののれんの換算方法については、「第12章 在外孫会社の間接所有 4 在外孫会社ののれんに係る為替換算調整勘定 (1) 在外孫会社ののれんの換算」で解説している。

また、本章において税効果は対象外とする。税効果会計については「第10章 為替換算調整勘定に係る税効果」で解説している。

設例3－1 支配を獲得した場合の会計処理（新規設立の場合）

（ポイント）
・為替換算調整勘定は、在外子会社の資産・負債が決算時の為替相場で換算

されるが，純資産項目は発生時等の為替相場で換算されることにより発生する。

> 前提条件

(1) P社（親会社）はX0年3月31日に，10百万米ドルを出資し米国でS社を設立し，S社を連結子会社とした。
(2) 決算日は親会社と同日とする。
(3) S社の資産・負債で時価と簿価が乖離しているものはない。
(4) 為替相場は以下のとおりとする。

X0年3月31日：120円/米ドル
X1年3月31日：100円/米ドル
X2年3月31日：80円/米ドル
X1年3月期　期中平均相場：110円/米ドル
X2年3月期　期中平均相場：90円/米ドル
X2年3月期　配当決議時相場：85円/米ドル

(5) X0年3月31日，X1年3月31日，X2年3月31日におけるP社の貸借対照表およびS社の外貨建貸借対照表ならびにその他の条件は以下のとおりである。

≪P社貸借対照表（X0年3月31日およびX1年3月31日）≫

(単位：百万円)

科目	円貨	科目	円貨
諸資産	1,800	負債	1,200
S社株式	1,200	資本金	1,300
		資本剰余金	500

第3章 子会社投資の各ステージにおける為替換算調整勘定の会計処理

≪P社貸借対照表（X2年3月31日）≫

(単位：百万円)

科目	円貨	科目	円貨
諸資産	1,970	負債	1,200
S社株式	1,200	資本金	1,300
		資本剰余金	500
		利益剰余金	170

≪S社貸借対照表（X0年3月31日）≫

(外貨（米ドル）：百万米ドル)

科目	外貨	科目	外貨
資産	13	負債	3
		資本金	10

≪S社貸借対照表（X1年3月31日）≫

(外貨（米ドル）：百万米ドル)

科目	外貨	科目	外貨
資産	18	負債	3
		資本金	10
		利益剰余金	5

≪S社貸借対照表（X2年3月31日）≫

(外貨（米ドル）：百万米ドル)

科目	外貨	科目	外貨
資産	22	負債	3
		資本金	10
		利益剰余金	9

① S社のX1年3月期の当期純利益は5百万米ドルであった。
② S社のX2年3月期の当期純利益および利益処分（親会社への配当）は6百万米ドルおよび2百万米ドルであった。

③ P社のX1年3月期の当期純利益および利益処分はなかった。
④ P社のX2年3月期の当期純利益は170百万円であり，利益処分は行っていない。

会計処理（単位：百万円）（持分計算表は94頁参照）
① X0年3月31日（期末）

[S社換算後貸借対照表]

（外貨（米ドル）：百万米ドル，円貨：百万円）

科目	外貨	レート	円貨	科目	外貨	レート	円貨
資産	13	120	1,560	負債	3	120	360
				資本金	10	120	1,200

　この時点では，S社の資産および負債に対する換算相場と株主資本に対する換算相場が一致しているため，為替換算調整勘定は発生しない。

[P社の投資とS社の資本の相殺消去]

（借）資本金	1,200	（貸）S社株式	1,200

P社保有のS社株式とS社の資本との相殺消去

[X0年3月31日期末P社連結貸借対照表]

（単位：百万円）

科目	円貨	科目	円貨
資産	(※1) 3,360	負債	(※2) 1,560
		資本金	(※3) 1,300
		資本剰余金	(※4) 500

（※1）3,360百万円＝P社資産1,800百万円＋S社資産1,560百万円
（※2）1,560百万円＝P社負債1,200百万円＋S社負債360百万円
（※3）1,300百万円…P社資本金
（※4）500百万円…P社資本剰余金

第3章 子会社投資の各ステージにおける為替換算調整勘定の会計処理

② X1年3月31日（期末）

[S社換算後貸借対照表]

(外貨（米ドル）：百万米ドル，円貨：百万円)

科目	外貨	レート	円貨	科目	外貨	レート	円貨
資産	18	100	1,800	負債	3	100	300
				資本金	10	120	1,200
				利益剰余金	5	110	550
				為替換算調整勘定	-	-	△250

[開始仕訳]

(借) 資本金	1,200	(貸) S社株式	1,200

前年までの連結修正仕訳を引き継ぐ開始仕訳

[X1年3月31日期末P社連結貸借対照表]

(単位：百万円)

科目	円貨	科目	円貨
資産	(※1) 3,600	負債	(※2) 1,500
		資本金	(※3) 1,300
		資本剰余金	(※4) 500
		利益剰余金	(※5) 550
		為替換算調整勘定	(※6) △250

(※1) 3,600百万円＝P社資産1,800百万円＋S社資産1,800百万円
(※2) 1,500百万円＝P社負債1,200百万円＋S社負債300百万円
(※3) 1,300百万円…P社資本金
(※4) 500百万円…P社資本剰余金
(※5) 550百万円…S社利益剰余金
(※6) △250百万円…S社為替換算調整勘定

③ X2年3月31日（期末）

[S社換算後貸借対照表]

(外貨（米ドル）：百万米ドル，円貨：百万円)

科目	外貨	レート	円貨	科目	外貨	レート	円貨
資産	22	80	1,760	負債	3	80	240
				資本金	10	120	1,200
				利益剰余金	9	-	(※1) 920
				為替換算調整勘定	-	-	(※2) △600

(※1) 920百万円＝X1年3月31日時点の利益剰余金550百万円＋当期純利益6百万米ドル×90円/米ドル（期中平均相場）－配当金2百万米ドル×85円/米ドル（配当決議時相場）
(※2) △600百万円＝資産1,760百万円－負債240百万円－（資本金1,200百万円＋利益剰余金920百万円）

[開始仕訳]

| （借）資本金 | 1,200 | （貸）S社株式 | 1,200 |

前年までの連結修正仕訳を引き継ぐ開始仕訳

[配当消去]

| （借）受取配当金 | 170 | （貸）利益剰余金（支払配当金） | 170 |

P社計上の受取配当金とS社計上の支払配当金の相殺

[X2年3月31日期末P社連結貸借対照表]

（単位：百万円）

科目	円貨	科目	円貨
資産	(※1) 3,730	負債	(※2) 1,440
		資本金	(※3) 1,300
		資本剰余金	(※4) 500
		利益剰余金	(※5) 1,090
		為替換算調整勘定	(※6) △600

(※1) 3,730百万円＝P社資産1,970百万円＋S社資産1,760百万円
(※2) 1,440百万円＝P社負債1,200百万円＋S社負債240百万円
(※3) 1,300百万円…P社資本金
(※4) 500百万円…P社資本剰余金
(※5) 1,090百万円＝S社利益剰余金920百万円－配当金△170百万円
(※6) △600百万円…S社為替換算調整勘定

（設例3－1（X2年3月31日現在）における為替換算調整勘定の分析（単位：百万円））

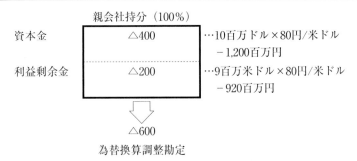

第3章　子会社投資の各ステージにおける為替換算調整勘定の会計処理　55

設例3－2　支配を獲得した場合の会計処理（買収による子会社化の場合）

（ポイント）
- 在外子会社で発生した為替換算調整勘定のうち，非支配株主持分割合は非支配株主持分に按分する。
- 資本連結手続上の評価差額からも為替換算調整勘定が発生する。

（前提条件）
(1) P社（親会社）はX0年3月31日に，米国に所在するS社株式60％を10百万米ドル（1,200百万円）で取得し，S社を連結子会社とした。
(2) 決算日は親会社と同日とする。
(3) のれんの償却年数は5年とする。
(4) S社の買収時の土地の簿価は5百万米ドル，時価は6百万米ドルであったものとする。その他の資産・負債で時価と簿価が乖離しているものはない。
(5) 為替相場は以下のとおりとする。
　　X0年3月31日：120円/米ドル
　　X1年3月31日：100円/米ドル
　　X1年3月期　期中平均相場：110円/米ドル
(6) のれんは，平成20年改正企業結合会計基準の適用後に発生したものとし，外国通貨により把握する。
(7) X0年3月31日，X1年3月31日におけるP社の貸借対照表およびS社の外貨建貸借対照表ならびにその他の条件は以下のとおりである。

≪P社貸借対照表（X0年3月31日およびX1年3月31日）≫

（単位：百万円）

科目	円貨	科目	円貨
諸資産	1,800	負債	1,200
S社株式	1,200	資本金	1,300
		資本剰余金	500

≪S社貸借対照表（X0年3月31日）≫

(外貨（米ドル）: 百万米ドル)

科目	外貨	科目	外貨
資産	17	負債	3
		資本金	10
		利益剰余金	4

≪S社貸借対照表（X1年3月31日）≫

(外貨（米ドル）: 百万米ドル)

科目	外貨	科目	外貨
資産	22	負債	3
		資本金	10
		利益剰余金	9

① S社のX1年3月期の当期純利益は5百万米ドルであった。
② P社のX1年3月期の当期純利益および利益処分はなかった。

(会計処理（単位：百万円）)　(持分計算表は96頁参照)

① X0年3月31日（期末）

[評価差額の計上]

(借) 資産（土地）	120	(貸) 評価差額	120

S社の支配獲得日における土地の評価差額を計上

[S社換算後貸借対照表]

(外貨（米ドル）: 百万米ドル，円貨：百万円)

科目	外貨	レート	円貨	科目	外貨	レート	円貨
資産	18	120	2,160	負債	3	120	360
				資本金	10	120	1,200
				利益剰余金	4	120	480
				評価差額	1	120	120

[P社の投資とS社の資本の相殺消去]

(借) 資本金	(※1) 1,200	(貸) S社株式	(※2) 1,200
利益剰余金	(※1) 480	非支配株主持分	(※3) 720
のれん	(※4) 120		
評価差額	(※1) 120		

第3章 子会社投資の各ステージにおける為替換算調整勘定の会計処理   57

（※1）［S社換算後貸借対照表］より
（※2）前提条件(1)より
（※3）720百万円＝S社資本合計1,800百万円×40％（非支配株主持分比率）
（※4）120百万円＝S社株式1,200百万円－資本合計1,800百万円×60％（親会社持分比率）

[X0年3月31日期末P社連結貸借対照表]

(単位：百万円)

科目	円貨	科目	円貨
諸資産	(※1) 3,960	負債	(※3) 1,560
のれん	(※2) 120	資本金	(※4) 1,300
		資本剰余金	(※5) 500
		非支配株主持分	(※2) 720

（※1）3,960百万円＝P社資産1,800百万円＋S社資産2,160百万円
（※2）仕訳［P社の投資とS社の資本の相殺消去］より
（※3）1,560百万円＝P社負債1,200百万円＋S社負債360百万円
（※4）1,300百万円＝P社資本金
（※5）500百万円＝P社資本剰余金

② X1年3月31日（期末）

[S社換算後貸借対照表]

(外貨（米ドル）：百万米ドル，円貨：百万円)

科目	外貨	レート	円貨	科目	外貨	レート	円貨
資産	23	100	2,300	負債	3	100	300
				資本金	10	120	1,200
				利益剰余金	9	－	(※1) 1,030
				評価差額	1	120	120
				為替換算調整勘定	－	－	(※2) △350

（※1）1,030百万円＝X0年3月31日利益剰余金480百万円＋5百万米ドル×110円/米ドル（期中平均相場）
（※2）△350百万円＝資産2,300百万円－負債300百万円－（資本金1,200百万円＋利益剰余金1,030百万円＋評価差額120百万円）

上記のとおり，評価差額からも為替換算調整勘定が発生する。

[開始仕訳]

(借) 資本金	1,200	(貸) S社株式	1,200
利益剰余金期首残高	480	非支配株主持分	720
のれん	120		
評価差額	120		

前年までの連結修正仕訳を引き継ぐ開始仕訳

[利益按分]

(借) 非支配株主に帰属する当期純利益	220	(貸) 非支配株主持分	220

220百万円＝S社当期純利益5百万米ドル×40％（非支配株主持分比率）×110円/米ドル（期中平均相場）

[のれん償却]

(借) のれん償却額	22	(貸) のれん	22

22百万円＝外貨ベースのれん1百万米ドル÷5年（償却年数）×110円/米ドル（期中平均相場）

[為替換算調整勘定の非支配株主持分への按分]

(借) 非支配株主持分	140	(貸) 為替換算調整勘定（連結株主資本等変動計算書）	140

△140百万円＝X1年3月31日S社換算後貸借対照表に計上された為替換算調整勘定△350百万円×40％（非支配株主持分比率）

[のれんからの為替換算調整勘定の発生]

(借) 為替換算調整勘定（当期発生額）	18	(貸) のれん	18

△18百万円＝（のれん外貨ベース1百万米ドル－外貨ベースのれん償却額0.2百万米ドル）×100円/米ドル（決算時相場）－（のれんの円貨ベース120百万円－期中平均相場で換算されたのれん償却額22百万円）

　上記のとおり，のれんは決算時相場で換算されるが，発生時ののれんはその発生時相場およびのれんの償却額は期中平均相場で換算されることにより，の

れんからも為替換算調整勘定が発生することになる。

[X1年3月31日期末P社連結貸借対照表]

(単位:百万円)

科目	円貨	科目	円貨
諸資産	(※1) 4,100	負債	(※3) 1,500
のれん	(※2) 80	資本金	(※4) 1,300
		資本剰余金	(※5) 500
		利益剰余金	(※6) 308
		為替換算調整勘定	(※7) △228
		非支配株主持分	(※8) 800

(※1) 4,100百万円=P社資産1,800百万円+S社資産2,300百万円
(※2) 80百万円=120百万円-のれん償却額22百万円-のれんの換算から生じた為替換算調整勘定への振替18百万円,または80百万円=のれん期末外貨額0.8百万米ドル×100円/米ドル(決算時相場)
(※3) 1,500百万円=P社負債1,200百万円+S社負債300百万円
(※4) 1,300百万円…P社資本金
(※5) 500百万円…P社資本剰余金
(※6) 308百万円=S社換算後利益剰余金1,030百万円-開始仕訳480百万円-当期純利益に対する非支配株主持分の按分220百万円-のれん償却額22百万円
(※7) △228百万円=X1年3月31日S社換算後貸借対照表に計上された為替換算調整勘定△350百万円-非支配株主持分への按分△140百万円+のれんの換算から生じた為替換算調整勘定△18百万円
(※8) 800百万円=開始仕訳720百万円+S社当期純利益に対する非支配株主持分の按分220百万円-為替換算調整勘定の非支配株主持分への按分140百万円

設例3－2における為替換算調整勘定の分析（単位：百万円）

	親会社持分 (60%)	非支配株主持分 (40%)	
資本金	△120	△80	…10百万米ドル×100円/米ドル－1,200百万円
評価差額	△12	△8	…1百万米ドル×100円/米ドル－120百万円
利益剰余金	△78	△52	…9百万米ドル×100円/米ドル－1,030百万円
のれん	△18		…0.8百万米ドル×100円/米ドル－(120－22)百万円
	⇩	⇩	
	△228 為替換算調整勘定	△140 非支配株主持分に含まれる	

2　連結範囲に異動がない持分変動における為替換算調整勘定の処理

 ポイント

- 子会社株式の追加取得時には，新たな為替換算調整勘定は発生しない。
- 持分比率の減少割合相当額の為替換算調整勘定は資本剰余金に振り替えられ，損益には含めない。

(1)　子会社株式の追加取得の場合

　株式の追加取得があった場合には，投資額は追加取得時の為替相場で換算されることから，非支配株主持分に含まれていた為替換算調整勘定相当額は親会社の投資と自動的に相殺される。このため，当該子会社の為替換算調整勘定のうち追加取得持分に対応する部分については，連結貸借対照表の為替換算調整

勘定には計上されない（外貨建実務指針41項(1)ただし書き）。

　為替換算調整勘定の内容は，全面時価評価法により在外子会社の資産および負債について非支配株主持分比率を含めて時価評価を行うため，評価差額に係る為替換算調整勘定も非支配株主持分を含む全持分から発生することになる。このため，親会社が在外子会社の株式を追加取得した場合，在外子会社の親会社持分（のれんの換算部分を除く）と非支配株主持分額との振替額は一致する（外貨建実務指針75項後段）。

(2) 子会社株式の一部売却の場合

　連結貸借対照表の純資産の部に計上された為替換算調整勘定は，在外子会社等に対する投資持分から発生した為替換算差額であるが，いまだ連結上の純損益に計上されていないという性格を有する。持分変動により親会社の持分比率が減少する場合，連結貸借対照表に計上されている為替換算調整勘定のうち持分比率の減少割合相当額は取り崩されることとなる（外貨建実務指針42項）。持分変動によっても支配関係が継続される場合，為替換算調整勘定のうち親会社の持分比率の減少割合相当額は資本剰余金に含めて計上する。連結修正手続における具体的な会計処理は，為替換算調整勘定のうち親会社の持分比率の減少割合部分である為替差損益相当額（個別損益計算書に計上された株式売却損益に含まれる）を資本剰余金に振り替え，連結貸借対照表に計上されている為替換算調整勘定のうち持分比率の減少割合相当額を取り崩し，非支配株主持分に振り替える（外貨建実務指針42－3項。図表3－1参照）。

　なお，子会社株式の一部売却の場合で，親会社と子会社の支配関係が継続しているときは，のれんの未償却額は減額しないため（連結会計基準66－2項），のれんから生じた為替換算調整勘定も取り崩されない。

設例3-3　子会社株式の追加取得の場合

ポイント
- 子会社株式の追加取得時に新たな為替換算調整勘定は発生しない。

前提条件

(1) 設例3-2の設例（X1年3月31日）の前提条件に加え，P社（親会社）は，X1年3月31日にS社株式20％を5百万米ドル（500百万円）で追加取得したものとする（合計持分80％）。また，上記および下記以外の条件は設例3-2と同様とする。

(2) 為替相場は以下のとおりとする。

　　X1年3月31日：100円/米ドル

(3) X1年3月31日におけるP社の貸借対照表およびS社の外貨建貸借対照表ならびにその他の条件は以下のとおりである。

《P社貸借対照表（X1年3月31日）》

(単位：百万円)

科目	円貨	科目	円貨
諸資産	1,300	負債	1,200
S社株式	1,700	資本金	1,300
		資本剰余金	500

《S社貸借対照表（X1年3月31日）》

(外貨（米ドル）：百万米ドル)

科目	外貨	科目	外貨
資産	22	負債	3
		資本金	10
		利益剰余金	9

第3章 子会社投資の各ステージにおける為替換算調整勘定の会計処理 63

≪S社換算後貸借対照表≫

(外貨(米ドル):百万米ドル、円貨:百万円)

科目	外貨	レート	円貨	科目	外貨	レート	円貨
資産	23	100	2,300	負債	3	100	300
				資本金	10	120	1,200
				利益剰余金	9	−	1,030
				評価差額	1	120	120
				為替換算調整勘定	−	−	△350

(会計処理(単位:百万円)) (持分計算表は96頁参照)

① X1年3月31日(期末)

[S社株式追加取得に伴う連結修正仕訳]

(借) 非支配株主持分   (※1) 400   (貸) S社株式   (※2) 500
    資本剰余金   (※3) 100

(※1) 400百万円=S社資本合計(1,200百万円+1,030百万円+120百万円+△350百万円)×20%(追加取得持分比率)
(※2) 追加取得額(前提条件(1)より)
(※3) 100百万円=(5百万米ドル−外貨ベース株主資本20百万米ドル×20%(追加取得持分比率))×100円/米ドル(追加取得時相場)

非支配株主持分には為替換算調整勘定相当分が含まれていることから、為替換算調整勘定が追加取得時に発生しない。

[X1年3月31日期末P社連結貸借対照表]

(単位:百万円)

科目	円貨	科目	円貨
諸資産	(※1) 3,600	負債	(※3) 1,500
のれん	(※2) 80	資本金	(※4) 1,300
		資本剰余金	(※5) 400
		利益剰余金	(※6) 308
		為替換算調整勘定	(※7) △228
		非支配株主持分	(※8) 400

(※1) 3,600百万円=P社資産1,300百万円+S社資産2,300百万円
(※2) 80百万円=60%取得時に発生したのれん期末外貨額0.8百万米ドル×100円/米ドル(決

算時相場)
(※3) 1,500百万円＝P社負債1,200百万円＋S社負債300百万円
(※4) 1,300百万円…P社資本金
(※5) 400百万円…P社資本剰余金500百万円－追加取得時の増加持分と取得対価の差額100百万円
(※6) 308百万円＝P社に帰属するS社利益剰余金（5百万米ドル×60％（追加取得前親会社持分比率）×110円/米ドル（期中平均相場））－のれん償却額22百万円
(※7) △228百万円＝X1年3月31日S社換算後貸借対照表に計上された為替換算調整勘定△350百万円×60％（追加取得前親会社持分比率）＋のれん換算に伴う為替換算調整勘定△18百万円
(※8) 400百万円＝開始仕訳720百万円＋S社当期純利益の非支配株主持分への按分220百万円－為替換算調整勘定の非支配株主持分への按分140百万円－追加取得に伴う非支配株主持分の減少400百万円

設例3－3における為替換算調整勘定の分析（単位：百万円）

	親会社持分（80％）		非支配株主持分	
	既存持分（60％）	追加取得持分（20％）	（20％）	
資本金	△120	△40	△40	…10百万米ドル×100円/米ドル－1,200百万円
評価差額	△12	△4	△4	…1百万米ドル×100円/米ドル－120百万円
利益剰余金	△78	△26	△26	…9百万米ドル×100円/米ドル－1,030百万円
のれん	△18			…0.8百万米ドル×100円/米ドル－（120－22）百万円
	⇩	⇩	⇩	
	△228 為替換算調整勘定	△70 投資と相殺消去される	△70 非支配株主持分に含まれる	

第3章 子会社投資の各ステージにおける為替換算調整勘定の会計処理

設例3－4 支配の喪失を伴わない持分の一部売却の場合

ポイント
- 持分比率の減少割合相当額の為替換算調整勘定は資本剰余金に振り替えられる。

前提条件
(1) 設例3－3の1年後のX2年3月31日に，P社（親会社）はS社株式16％を6百万米ドル（480百万円）で一部売却し，S社株式売却益140百万円を計上した（一部売却後持分64％）。下記以外の条件は設例3－3と同様とする。
(2) 為替相場は以下のとおりとする。
　X2年3月31日：80円／米ドル
　X2年3月期　期中平均相場：90円／米ドル
(3) X2年3月31日におけるP社の貸借対照表およびS社の外貨建貸借対照表ならびにその他の条件は以下のとおりである。

《P社貸借対照表（X2年3月31日）》

（単位：百万円）

科目	円貨	科目	円貨
諸資産	1,780	負債	1,200
S社株式	1,360	資本金	1,300
		資本剰余金	500
		利益剰余金	140

《S社貸借対照表（X2年3月31日）》

（外貨（米ドル）：百万米ドル）

科目	外貨	科目	外貨
資産	22	負債	3
		資本金	10
		利益剰余金	9

① P社のX2年3月期の当期純利益は140百万円（S社株式売却益）であり，利益処分はなかった。

会計処理（単位：百万円）（持分計算表は98頁参照）

① X2年3月31日（期末）

[S社換算後貸借対照表]

(外貨（米ドル）：百万米ドル，円貨：百万円)

科目	外貨	レート	円貨	科目	外貨	レート	円貨
資産	23	80	1,840	負債	3	80	240
				資本金	10	120	1,200
				利益剰余金	9	-	1,030
				評価差額	1	-	120
				為替換算調整勘定	-	-	(※)△750

(※) △750百万円＝資産1,840百万円－負債240百万円－（資本金1,200百万円＋利益剰余金1,030百万円＋評価差額120百万円）

[開始仕訳]

（借）	資本金	1,200	（貸）	S社株式	1,700
	資本剰余金期首残高	100		非支配株主持分	400
	利益剰余金期首残高	722		為替換算調整勘定 （期首残高）	122
	評価差額	120			
	のれん	80			

前年までの連結修正仕訳を引き継ぐ開始仕訳

[のれん償却]

（借）	のれん償却額	18	（貸）	のれん	18

18百万円＝60％取得時に発生したのれん1.0百万米ドル÷5年（償却年数）×90円/米ドル（期中平均相場）

[為替換算調整勘定の非支配株主持分への按分（前期戻し）]

（借）	為替換算調整勘定 （連結株主資本等変動計算書）	70	（貸）	非支配株主持分	70

70百万円＝前期追加取得前非支配株主持分に含まれる為替換算調整勘定140百万円×20％÷40％

第3章 子会社投資の各ステージにおける為替換算調整勘定の会計処理

[為替換算調整勘定の非支配株主持分への按分(当期分計上)]

| (借)非支配株主持分 | 150 | (貸)為替換算調整勘定
(連結株主資本等変動計算書) | 150 |

150百万円=X2年3月31日S社換算後貸借対照表に計上された為替換算調整勘定750百万円×20%(非支配株主持分比率)

[のれんからの為替換算調整勘定の発生]

| (借)為替換算調整勘定
(当期発生額) | 14 | (貸)のれん | 14 |

14百万円=発生時相場で換算された円貨ベースのれん金額(80百万円-18百万円)-外貨ベース期末のれん残高0.6百万米ドル×80円/米ドル(決算時相場)

[S社株式一部売却に伴う連結修正仕訳]

■売却簿価と売却による親会社の持分の減少額(売却持分)の相殺消去

| (借)S社株式 (※1) | 340 | (貸)非支配株主持分 (※2) | 256 |
| S社株式売却益 (※3) | 22 | 為替換算調整勘定 (※4)
(連結株主資本等変動計算書) | 106 |

(※1) 340百万円=S社株式1,700百万円×16%(売却持分比率)÷80%(売却前親会社持分比率)
(※2) 256百万円=S社資本合計(1,200百万円+1,030百万円+120百万円+△750百万円)×16%(売却持分比率)
(※3) 22百万円=売却簿価340百万円-売却持分(256百万円-△106百万円)
(※4) 106百万円= |のれんの換算部分を除く前期末残高△210百万円+(△750百万円-△350百万円)×80%(売却前親会社持分比率)|×16%(売却持分比率)÷80%(売却前親会社持分比率)

■株式売却益の資本剰余金への振替

| (借)S社株式売却益 | 118 | (貸)資本剰余金 | 118 |

118百万円=売却価額480百万円-売却持分362百万円

上記のとおり,売却時点の為替換算調整勘定残高の持分減少比率分が資本剰余金として調整される。

| 図表3－1 | 資本剰余金振替額と為替換算調整勘定残高の非支配株主持分振替額との関係 |

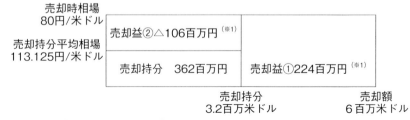

（※1） 売却益①224百万円＋売却益②△106百万円＝118百万円

　資本剰余金に振り替えられる株式売却益118百万円の中に，為替換算調整勘定残高の持分減少比率部分△106百万円が含まれている。当該金額は，非支配株主持分に振り替えられる（「設例3－4における為替換算調整勘定の分析」参照）。

[X2年3月31日期末P社連結貸借対照表]

（単位：百万円）

科目	円貨	科目	円貨
諸資産	(※1) 3,620	負債	(※3) 1,440
のれん	(※2) 48	資本金	(※4) 1,300
		資本剰余金	(※5) 518
		利益剰余金	(※6) 290
		為替換算調整勘定	(※7) △456
		非支配株主持分	(※8) 576

（※1） 3,620百万円＝P社資産1,780百万円＋S社資産1,840百万円
（※2） 48百万円＝0.6百万米ドル×80円/米ドル（決算時相場）
（※3） 1,440百万円＝P社負債1,200百万円＋S社負債240百万円
（※4） 1,300百万円…P社資本金
（※5） 518百万円…前期末資本剰余金400百万円＋一部売却に伴う資本剰余金の増加118百万円
（※6） 290百万円＝P社当期純利益140百万円＋前期利益剰余金308百万円－18百万円－22百万円－118百万円
（※7） △456百万円＝（前期末残高△228百万円＋（△750百万円－△350百万円）×80％（売却前親会社持分比率）＋△14百万円）－一部売却に伴う組替△106百万円
（※8） 576百万円＝S社資本合計1,600百万円×36％（非支配株主持分比率）

第3章 子会社投資の各ステージにおける為替換算調整勘定の会計処理　69

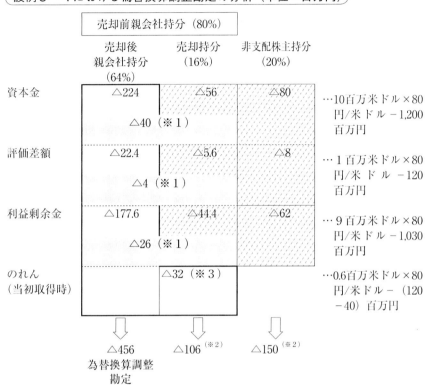

(※1) 子会社株式の追加取得時に、追加取得持分比率に見合う為替換算調整勘定については、投資と相殺消去されている(「設例3－3における為替換算調整勘定の分析」参照)。
(※2) のれんから生じた為替換算調整勘定に係るものを除く△106と、売却前非支配株主持分の△150の合計△256が、売却後の非支配株主持分に含まれる為替換算調整勘定となる。
(※3) 子会社株式の一部売却の場合で、親会社と子会社の支配関係が継続しているときは、のれんの未償却額は減額しないため、のれんから生じた為替換算調整勘定も取り崩されない(2(2)参照)。

3 持分法適用会社から連結子会社に移行した場合における為替換算調整勘定の処理

 ポイント

- 段階取得により持分法適用会社から連結子会社に移行した場合，持分法適用時に計上されていた為替換算調整勘定は実現する。

　子会社の外貨建財務諸表のうち株主資本に属する項目は支配獲得時の為替相場により換算される。このため，支配獲得時点においては子会社財務諸表の円換算の過程で，為替換算調整勘定は発生しない。また，関連会社が株式の段階取得により連結子会社となった場合，過去から保有する持分法適用関連会社の株式について，支配獲得時の時価に再評価される必要がある。すなわち，支配獲得時における時価評価額とそれまでに算定された持分法による評価額との差額は，当期の段階取得に係る損益として処理することとなる。これに伴い，持分法適用時に計上されていた為替換算調整勘定が実現することになる。

　これは，企業が他の企業を支配することとなるという事実は，当該企業の株式を単に追加取得することとは大きく異なるものであるため，被取得企業の取得原価は，過去から所有している株式の原価の合計額ではなく，当該企業を取得するために必要な額とすべきであるという見方である。すなわち，取得に相当する企業結合が行われた場合には，支配を獲得したことにより，過去に所有していた投資の実態または本質が変わったものとみなし，その時点でいったん投資が清算され，改めて投資を行ったと考えられるため，企業結合時点での時価を新たな投資原価とすべきとするものである（企業結合会計基準89項）。

設例3-5　持分法適用会社から連結子会社への移行の場合

ポイント

- 支配獲得時に，持分法適用時に計上されていた為替換算調整勘定が実現する。

第3章　子会社投資の各ステージにおける為替換算調整勘定の会計処理　71

前提条件

(1) P社（投資会社）はＸ０年３月31日に，米国で資本金10百万米ドルのうち30％にあたる３百万米ドル（360百万円）を出資してS社を設立し，S社を持分法適用関連会社とした。

(2) P社（親会社）はＸ１年３月31日に，S社株式30％を６百万米ドル（600百万円）で追加取得し，S社を連結子会社とした。

(3) S社の決算日はP社と同日とする。

(4) S社の資産・負債で時価と簿価が乖離しているものはない。

(5) P社にはS社以外に連結子会社があり，連結財務諸表を作成するものとする。ただし，本設例で示す連結貸借対照表では，便宜上，S社以外の子会社に関する事項は，すべて除外して示している。

(6) 為替相場は以下のとおりとする。

　　Ｘ０年３月31日：120円/米ドル

　　Ｘ１年３月31日：100円/米ドル

　　Ｘ１年３月期　期中平均相場：110円/米ドル

(7) Ｘ０年３月31日およびＸ１年３月31日におけるP社の貸借対照表およびS社の外貨建貸借対照表ならびにその他の条件は以下のとおりである。

≪P社貸借対照表（Ｘ０年３月31日）≫

（単位：百万円）

科目	円貨	科目	円貨
諸資産	2,640	負債	1,200
S社株式	360	資本金	1,300
		資本剰余金	500

≪P社貸借対照表（Ｘ１年３月31日）≫

（単位：百万円）

科目	円貨	科目	円貨
諸資産	2,040	負債	1,200
S社株式	960	資本金	1,300
		資本剰余金	500

≪S社貸借対照表（X0年3月31日）≫

(外貨（米ドル）：百万米ドル)

科目	外貨	科目	外貨
資産	13	負債	3
		資本金	10

≪S社貸借対照表（X1年3月31日）≫

(外貨（米ドル）：百万米ドル)

科目	外貨	科目	外貨
資産	18	負債	3
		資本金	10
		利益剰余金	5

① S社のX1年3月期の当期純利益は5百万米ドルであった。

② P社のX1年3月期の当期純利益および利益処分はなかった。

(会計処理（単位：百万円）) (持分計算表は100頁参照)

① X0年3月31日（期末）

[S社換算後貸借対照表]

(外貨（米ドル）：百万米ドル，円貨：百万円)

科目	外貨	レート	円貨	科目	外貨	レート	円貨
資産	13	120	1,560	負債	3	120	360
				資本金	10	120	1,200

[連結修正仕訳]

仕訳なし

当期において必要な連結修正仕訳はない。

[X0年3月31日期末P社連結貸借対照表]

(単位：百万円)

科目	円貨	科目	円貨
諸資産	2,640	負債	1,200
S社株式	360	資本金	1,300
		資本剰余金	500

② X1年3月31日(期末)
[S社換算後貸借対照表]

(外貨(米ドル):百万米ドル,円貨:百万円)

科目	外貨	レート	円貨	科目	外貨	レート	円貨
資産	18	100	1,800	負債	3	100	300
				資本金	10	120	1,200
				利益剰余金	5	110	550
				為替換算調整勘定	—	—	△250

[開始仕訳]

仕訳なし

前年までの連結修正仕訳を引き継ぐ仕訳として開始仕訳が計上されるが,前期連結修正仕訳として計上された仕訳はない。

[当期純利益の取込み]

(借) S社株式　　　　　　　　165　　(貸) 持分法による投資利益　　165

165百万円 = 5百万米ドル×30%(投資会社持分比率)×110円/ドル(期中平均相場)

[為替換算調整勘定の処理]

(借) 為替換算調整勘定　　　　75　　(貸) S社株式　　　　　　　　75
　　　(持分法適用会社に対する持分
　　　　相当額:当期発生額)

△75百万円 = △250百万円×30%(投資会社持分比率)

[段階取得に伴う処理]

ⅰ) S社株式の時価評価

　P社連結財務諸表上での持分法適用によるS社株式の評価額を,支配獲得日の時価で評価する。X1年3月31日に追加取得した30%については既に時価評価額であるため,従来から取得していた30%分について時価評価した価額と持分法で評価された価額との差額を段階取得に係る損益として処理する。このとき,為替換算調整勘定として計上されてきた未実現損益が実現する。

(借) S社株式	(※1) 150	(貸) 為替換算調整勘定	(※2) 75
		(持分法適用会社に対する持分相当額：組替調整額)	
		段階取得に係る差益	(※3) 75

（※1）150百万円＝時価評価額（6百万米ドル÷30%（追加取得持分比率）×30%（投資会社既存持分比率）×100円/米ドル（決算時相場）－（取得時360百万円＋165百万円－75百万円）
（※2）持分法仕訳［為替換算調整勘定の処理］の振戻し
（※3）75百万円（段階取得に係る差益）＝150百万円－75百万円（差額）

ⅱ）P社の投資とS社の資本の相殺消去

(借) 資本金	(※1) 1,000	(貸) S社株式	(※2) 1,200
利益剰余金	(※1) 500	非支配株主持分	(※3) 600
のれん	(※4) 300		

（※1）［(参考) S社換算後貸借対照表（追加取得時）］より
（※2）1,200百万円＝当初取得価額360百万円＋追加取得価額600百万円＋連結仕訳（165百万円－75百万円＋150百万円）
（※3）600百万円＝S社純資産額1,500百万円×40%（非支配株主持分比率）
（※4）差額で算出

[（参考）S社換算後貸借対照表（追加取得時）]

（外貨（米ドル）：百万米ドル，円貨：百万円）

科目	外貨	レート	円貨	科目	外貨	レート	円貨
資産	18	100	1,800	負債	3	100	300
				資本金	10	100	1,000
				利益剰余金	5	100	500
				為替換算調整勘定	－	－	－

[X1年3月31日期末P社連結貸借対照表]

（単位：百万円）

科目	円貨	科目	円貨
諸資産	(※1) 3,840	負債	(※2) 1,500
のれん	300	資本金	(※3) 1,300
		資本剰余金	(※4) 500
		利益剰余金	(※5) 240
		非支配株主持分	600

(※1) 3,840百万円＝P社資産2,040百万円＋S社資産1,800百万円
(※2) 1,500百万円＝P社負債1,200百万円＋S社負債300百万円
(※3) 1,300百万円…P社資本金
(※4) 500百万円…P社資本剰余金
(※5) 240百万円＝持分法による投資利益165百万円＋段階取得に係る差益75百万円

4　連結子会社の連結除外を伴う持分変動における為替換算調整勘定の処理

> ポイント
> ・持分比率の減少割合相当額の為替換算調整勘定が株式売却損益として調整されることにより実現する。
> ・持分法適用会社へ移行する際，残存持分に係る為替換算調整勘定は実現しないためそのまま引き継がれる。

　保有していた株式を売却し，連結子会社から連結除外されることとなった場合，すなわち，持分変動により支配を喪失した場合，為替換算調整勘定のうち持分比率の減少割合相当額は，株式の売却損益を構成し連結損益計算書に計上される（外貨建実務指針42－2項）（図表3－2参照）。

図表3－2　子会社株式売却時における個別上と連結上の株式売却益の関係

(※1) 取得後利益剰余金(※3)
(※2) 為替換算調整勘定は在外子会社等に対する投資持分から発生した為替換算差額であ

り，いまだ連結上の純損益に計上されていないという性格を有しており，売却時にはじめて売却持分相当分の損益が実現するため，連結財務諸表上の株式売却損益を構成する。個別財務諸表上の株式売却損益にも為替の影響，すなわち，株式取得時と売却時の為替相場の差額が反映されており，連結財務諸表上の株式売却損益にも引き継がれることになる。
(※3) のれん償却額および取得後利益剰余金は既に連結損益計算書上計上された損益であるため，売却時には連結上の簿価と個別上の簿価の差額を構成する。

(1) 連結子会社から持分法適用会社への移行における為替換算調整勘定の処理

持分法を適用する場合においても，資産および負債の評価ならびにのれんの償却は連結の場合と同様の処理を行うこととなる。このため，親会社（投資会社）の個別貸借対照表上に計上している当該関連会社株式の帳簿価額に，当該会社に対する支配を解消する日まで連結財務諸表に計上した取得後利益剰余金および評価・換算差額等ならびにのれん償却累計額の合計額のうち売却後持分額を加減し，持分法による投資評価額に修正することが必要となる。

設例3-6　連結子会社から持分法適用会社への移行の場合

ポイント
- 持分法適用会社へ移行する際，残存持分に係る為替換算調整勘定については，持分法による投資評価額として引き継がれる。

前提条件
(1) 設例3-5の1年後のX2年3月31日に，P社（親会社）はS社株式20％（320百万円）を6百万米ドル（480百万円）で売却し（S社株式売却益160百万円を計上），S社は持分法適用会社となった（売却後持分40％）。記載以外の条件は設例3-5と同様とする。
(2) のれんの償却年数は5年とする。
(3) 為替相場は以下のとおりとする。
　　X2年3月31日：80円/米ドル
　　X2年3月期　期中平均相場：90円/米ドル

第3章 子会社投資の各ステージにおける為替換算調整勘定の会計処理　77

(4) X2年3月31日におけるP社の貸借対照表およびS社の外貨建貸借対照表ならびにその他の条件は以下のとおりである。

≪P社貸借対照表（X2年3月31日）≫

(単位：百万円)

科目	円貨	科目	円貨
諸資産	2,520	負債	1,200
S社株式	640	資本金	1,300
		資本剰余金	500
		利益剰余金	160

≪S社貸借対照表（X2年3月31日）≫

(外貨（米ドル）：百万米ドル)

科目	外貨	科目	外貨
資産	18	負債	3
		資本金	10
		利益剰余金	5

① P社のX2年3月期の当期純利益は160百万円（S社株式売却益）であり、利益処分はなかった。
② S社のX2年3月期の当期純利益および利益処分はなかった。

会計処理（単位：百万円）　（持分計算表は100頁参照）
① X2年3月31日（期末）

[S社換算後貸借対照表]

(外貨（米ドル）：百万米ドル，円貨：百万円)

科目	外貨	レート	円貨	科目	外貨	レート	円貨
資産	18	80	1,440	負債	3	80	240
				資本金	10	100	1,000
				利益剰余金	5	100	500
				為替換算調整勘定	-	-	(※)△300

(※) △300百万円＝資産1,440百万円－負債240百万円－（資本金1,000百万円＋利益剰余金500百万円）

［開始仕訳］

（借）資本金	1,000	（貸）S社株式	960
利益剰余金期首残高	260	非支配株主持分	600
のれん	300		

前年までの連結修正仕訳を引き継ぐ開始仕訳

［のれん償却］

（借）のれん償却額	54	（貸）のれん	54

54百万円＝3.0百万米ドル÷5年×90円/米ドル（期中平均相場）

［為替換算調整勘定の非支配株主持分への按分］

（借）非支配株主持分	120	（貸）為替換算調整勘定 （連結株主資本等変動計算書）	120

120百万円＝300百万円×40%（非支配株主持分比率）

［のれんからの為替換算調整勘定の発生］

（借）為替換算調整勘定 （当期発生額）	54	（貸）のれん	54

△54百万円＝（300百万円－54百万円）－2.4百万米ドル×80円/米ドル（決算時相場）

［開始仕訳の戻し］

（借）S社株式	1,200	（貸）資本金	1,000
非支配株主持分	600	利益剰余金期首残高	500
		のれん	300

S社株式の売却に伴い、S社は持分法適用会社となるため投資と資本の相殺消去に係る開始仕訳を振り戻す。

［S社貸借対照表連結除外仕訳］

（借）負債	240	（貸）資産	1,440
資本金	1,000	為替換算調整勘定 （連結株主資本等変動計算書）	300
利益剰余金期首残高	500		

S社が連結除外となったことに伴い貸借対照表は連結除外となる。

第3章　子会社投資の各ステージにおける為替換算調整勘定の会計処理　79

[持分法による評価と非支配株主持分の戻し]

売却前の親会社持分に対する持分法評価額をS社株式への投資の修正額として調整するとともに、非支配株主持分への按分の振戻しを行う。

| (借) のれん | 54 | (貸) S社株式 | 54 |

のれん償却額54百万円の修正

[為替換算調整勘定（のれん）の修正]

| (借) 為替換算調整勘定 | 300 | (貸) S社株式 | 180 |
| 　　　（連結株主資本等変動計算書） | | 　　非支配株主持分 | 120 |

為替換算調整勘定（親会社帰属分）180百万円の修正および非支配株主持分への按分の振戻し

| (借) のれん | 54 | (貸) S社株式 | 54 |

のれんから生じた為替換算調整勘定の修正

[株式売却益の修正]

| (借) S社株式売却益 | (※1) 62 | (貸) 為替換算調整勘定 | (※2) 78 |
| 　　　S社株式 | (※3) 16 | 　　（組替調整額） | |

S社株式の投資額の修正のうち、売却持分について調整を行う。
(※1) 差額で算出
(※2) 78百万円＝180百万円×20％（売却持分比率）÷60％（売却前親会社持分比率）＋54百万円×20％（売却持分比率）÷60％（売却前親会社持分比率）
(※3) 16百万円＝S社株式（180百万円＋54百万円＋54百万円－240百万円）×20％（売却持分比率）÷60％（売却前親会社持分比率）

[X2年3月31日期末P社連結貸借対照表]

（単位：百万円）

科目	円貨	科目	円貨
諸資産	(※1) 2,520	負債	(※3) 1,200
S社株式	(※2) 608	資本金	(※4) 1,300
		資本剰余金	(※5) 500
		利益剰余金	(※6) 284
		為替換算調整勘定	(※7) △156

(※1) 2,520百万円…P社資産
(※2) 608百万円＝P社保有S社株式640百万円＋持分法評価修正額240百万円－180百万円－54百万円－54百万円＋売却損益調整16百万円

(※3) 1,200百万円…P社負債
(※4) 1,300百万円…P社資本金
(※5) 500百万円…P社資本剰余金
(※6) 284百万円＝前期末連結利益剰余金240百万円＋P社当期純利益160百万円－のれん償却額54百万円－S社株式売却益調整62百万円
(※7) △156百万円＝△300百万円×40％（売却後投資会社持分比率）＋のれん換算に伴う為替換算調整勘定△54百万円×40％（売却後投資会社持分比率）÷60％（売却前親会社持分比率）

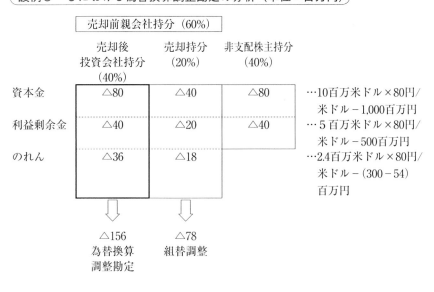

（設例3－6における為替換算調整勘定の分析（単位：百万円））

(2) 連結子会社にも関連会社にも該当しなくなった場合における為替換算調整勘定の処理

　子会社株式の一部を売却し，連結子会社および関連会社のいずれにも該当しなくなった場合，連結財務諸表上，残存する当該被投資会社に対する投資は，個別貸借対照表上の帳簿価額をもって評価する（資本連結実務指針46項）。

　このため，一部売却後の残存持分について投資修正額を取り崩すことが必要となる。当該取崩額は，連結株主資本等変動計算書上の利益剰余金の区分に連

結除外に伴う利益剰余金減少高（または増加高）等その内容を示す適当な名称をもって計上される。これに伴い，それまでに計上されていた為替換算調整勘定も株式売却損益の調整として実現することになる。また，連結子会社を清算して連結子会社から除外する場合にも上記原価法適用となる場合に準じて会計処理を行う。

(3) 子会社株式を売却または清算することにより損失が発生する場合の追加の検討事項

子会社株式を売却または清算することにより損失が発生する場合に，実務的には引当金の要件を満たす可能性がある。引当金の要件は，企業会計原則注解【注18】に記載されている以下の4要件である。

> ① 将来の特定の費用又は損失であること
> ② その発生が当期以前の事象に起因すること
> ③ 発生の可能性が高いこと
> ④ その金額を合理的に見積ることができること

この4要件を満たした場合に，当期の負担に属する金額を当期の費用または損失として計上することになる。

原則的に，為替換算調整勘定は売却・清算時点で損益を構成するが，マイナスの為替換算調整勘定（借方残高）の場合に，上記の引当金の要件を満たす可能性があり，引当金の計上時点で為替換算調整勘定に係る損失部分が加味される可能性がある。また，為替換算調整勘定相当に係る損失部分について，引当金の計上時点では，直接的に為替換算調整勘定を取り崩さず，負債の計上（引当金の計上）により処理されることになる。

ただし，引当金を計上した場合には，マイナスの為替換算調整勘定と，引当金計上に伴うマイナスの剰余金により純資産が二重にマイナスされるという弊害が生じることから，実務上，上記以外にマイナスの為替換算調整勘定を戻し入れて引当金を計上する，あるいはマイナスの為替換算調整勘定をリサイクル

するという選択肢を取る余地もあると考えられる。しかしながら，一旦取り崩されたマイナスの為替換算調整勘定を再度計上するという会計処理は認められないため，為替換算調整勘定を取り崩す処理を検討する際には，発生可能性や金額の合理性について実現の時期を含めて充分に考慮する必要がある。

なお，下記の設例では当該引当金の計上についての検討を省略している。

設例3－7　連結子会社から原価法適用会社になる場合

(ポイント)
- 売却後の持分については個別貸借対照表上の帳簿価額をもって評価されるため，為替換算調整勘定が原価法適用時点でリセットされる。

(前提条件)
(1) P社（親会社）はX0年3月31日に，10百万米ドルを出資し米国でS社を設立し，S社を連結子会社とした。
(2) P社（親会社）はX1年3月31日に16百万米ドル（1,600百万円）でS社株式の90％を売却し，S社株式売却益520百万円を計上した。
(3) 決算日は親会社と同日とする。
(4) S社の資産・負債で時価と簿価が乖離しているものはない。
(5) 為替相場は以下のとおりとする。
　　X0年3月31日：120円/米ドル
　　X1年3月31日：100円/米ドル
　　X1年3月期　期中平均相場：110円/米ドル
(6) X0年3月31日，X1年3月31日におけるP社の貸借対照表およびS社の外貨建貸借対照表ならびにその他の条件は以下のとおりである。

≪P社貸借対照表（X0年3月31日）≫

(単位：百万円)

科目	円貨	科目	円貨
諸資産	1,800	負債	1,200
S社株式	1,200	資本金	1,300
		資本剰余金	500

≪P社貸借対照表（X1年3月31日）≫

(単位：百万円)

科目	円貨	科目	円貨
諸資産	3,400	負債	1,200
S社株式	100	資本金	1,300
		資本剰余金	500
		利益剰余金	520
		その他有価証券評価差額金	△20

≪S社貸借対照表（X0年3月31日）≫

(外貨（米ドル）：百万米ドル)

科目	外貨	科目	外貨
資産	13	負債	3
		資本金	10

≪S社貸借対照表（X1年3月31日）≫

(外貨（米ドル）：百万米ドル)

科目	外貨	科目	外貨
資産	18	負債	3
		資本金	10
		利益剰余金	5

① S社のX1年3月期の当期純利益は5百万米ドルであった。
② P社のX1年3月期の当期純利益は520百万円（S社株式売却益）であり，利益処分は行っていない。

会計処理（単位：百万円） （持分計算表は102頁参照）
① X0年3月31日（期末）

設例3－1と同様のため省略する。

② X1年3月31日（期末）

[S社換算後貸借対照表]

(外貨（米ドル）：百万米ドル，円貨：百万円)

科目	外貨	レート	円貨	科目	外貨	レート	円貨
資産	18	100	1,800	負債	3	100	300
				資本金	10	120	1,200
				利益剰余金	5	110	550
				為替換算調整勘定	－	－	△250

[開始仕訳]

（借）資本金	1,200	（貸）S社株式	1,200

前年までの連結修正仕訳を引き継ぐ開始仕訳

[開始仕訳の戻し]

（借）S社株式	1,200	（貸）資本金	1,200

S社株式の売却に伴いS社が原価法適用会社となるための投資と資本の相殺消去に係る開始仕訳の振戻し

[S社貸借対照表連結除外仕訳]

（借）負債	300	（貸）資産	1,800
資本金	1,200	為替換算調整勘定	250
利益剰余金（連結除外）	550	（連結株主資本等変動計算書）	

S社が連結除外となったことに伴う貸借対照表の除外仕訳

[売却前持分の評価]

（借）S社株式	300	（貸）利益剰余金（連結除外）	550
為替換算調整勘定	250		
（連結株主資本等変動計算書）			

売却までの経営成績は連結財務諸表に反映されることから，売却までに保有していたS社持分に対する評価仕訳

[株式売却益の修正]

(借)	S社株式売却益	(※1) 495	(貸)	S社株式	(※2) 270
				為替換算調整勘定 (組替調整額)	(※3) 225

S社株式の投資額の修正のうち、売却持分の調整仕訳
(※1) 495百万円＝270百万円＋225百万円
(※2) 270百万円＝300百万円×90％（売却持分比率）÷100％（売却前親会社持分比率）
(※3) 225百万円＝250百万円×90％（売却持分比率）÷100％（売却前親会社持分比率）

[S社株式の帳簿価額への修正]

(借)	連結除外に伴う利益剰 余金減少高 (連結株主資本等変動計算書)	(※1) 55	(貸)	S社株式 為替換算調整勘定 (連結株主資本等変動計算書)	(※2) 30 (※3) 25

(※1) 55百万円＝利益剰余金残高550百万円×10％（残存持分比率）
(※2) 30百万円＝[売却前持分の評価]仕訳での計上額300百万円×10％（残存持分比率）
(※3) △25百万円＝為替換算調整勘定残高△250百万円×10％（残存持分比率）

S社は原価法適用会社へとなったことから、S社株式は個別貸借対照表上の帳簿価額で評価される。このため、売却後S社株式に含まれる投資の修正額を取り崩し、利益剰余金に振り替える必要がある。

[X1年3月31日期末P社連結貸借対照表]

(単位：百万円)

科目	円貨	科目	円貨
諸資産	(※1) 3,400	負債	(※3) 1,200
S社株式	(※2) 100	資本金	(※4) 1,300
		資本剰余金	(※5) 500
		利益剰余金	(※6) 520
		その他有価証券評価差額金	△20

(※1) 3,400百万円…P社資産
(※2) 100百万円…P社保有S社株式
(※3) 1,200百万円…P社負債
(※4) 1,300百万円…P社資本金
(※5) 500百万円…P社資本剰余金
(※6) 520百万円＝（P社当期純利益520百万円－株式売却益修正495百万円）＋S社当期純利益550百万円－連結除外による減少55百万円

設例 3 − 8　連結子会社を清算する場合

（ポイント）
- 連結子会社を清算する場合，原価法適用に移行する場合に準じて会計処理を行う。

（前提条件）
(1) P社（親会社）はX0年3月31日に，10百万米ドルを出資し米国でS社を設立し，S社を連結子会社とした。
(2) P社（親会社）はX1年3月31日に収益性が見込めないとしてS社を清算し，S社清算損1,200百万円を計上した。記載以外の条件は設例3−7と同様とする。
(3) X0年3月31日，X1年3月31日におけるP社の貸借対照表およびS社の外貨建貸借対照表ならびにその他の条件は以下のとおりである。

≪P社貸借対照表（X0年3月31日）≫

（単位：百万円）

科目	円貨	科目	円貨
諸資産	1,800	負債	1,200
S社株式	1,200	資本金	1,300
		資本剰余金	500

≪P社貸借対照表（X1年3月31日）≫

（単位：百万円）

科目	円貨	科目	円貨
資産	1,800	負債	1,200
		資本金	1,300
		資本剰余金	500
		利益剰余金	△1,200

第3章 子会社投資の各ステージにおける為替換算調整勘定の会計処理

≪S社貸借対照表（X0年3月31日）≫

(外貨（米ドル）：百万米ドル)

科目	外貨	科目	外貨
資産	13	負債	3
		資本金	10

≪S社貸借対照表（X1年3月31日）≫

(外貨（米ドル）：百万米ドル)

科目	外貨	科目	外貨
資産	3	負債	3
		資本金	10
		利益剰余金	△10

① S社のX1年3月期の当期純損失は10百万米ドルであった。
② P社のX1年3月期の当期純損失は1,200百万円（S社清算損）であり、利益処分は行っていない。

（会計処理（単位：百万円））（持分計算表は102頁参照）

① X0年3月31日（期末）

設例3－1と同様のため省略する。

② X1年3月31日（期末）

[S社換算後貸借対照表]

(外貨（米ドル）：百万米ドル、円貨：百万円)

科目	外貨	レート	円貨	科目	外貨	レート	円貨
資産	3	100	300	負債	3	100	300
				資本金	10	120	1,200
				利益剰余金	△10	110	△1,100
				為替換算調整勘定	－	－	△100

[開始仕訳]

(借) 資本金	1,200	(貸) S社株式	1,200

前年までの連結修正仕訳を引き継ぐ開始仕訳

[開始仕訳の戻し]

| （借） | S社株式 | 1,200 | （貸） | 資本金 | 1,200 |

S社の清算に伴いS社が連結除外となるための投資と資本の相殺消去に係る開始仕訳の振戻し

[S社貸借対照表連結除外仕訳]

（借）	負債	300	（貸）	資産	300
	資本金	1,200		利益剰余金（連結除外）	1,100
				為替換算調整勘定 （連結株主資本等変動計算書）	100

S社が連結除外となったことに伴う貸借対照表の除外仕訳

[清算前持分の評価]

| （借） | 利益剰余金（連結除外） | 1,100 | （貸） | S社株式 | 1,200 |
| | 為替換算調整勘定
（連結株主資本等変動計算書） | 100 | | | |

清算までの経営成績は連結財務諸表に反映されることから、清算までに保有していたS社持分に対する評価仕訳

[子会社清算損の修正]

| （借） | S社株式 | 1,200 | （貸） | S社清算損 | 1,100 |
| | | | | 為替換算調整勘定
（組替調整額） | 100 |

すべての持分に対してのS社株式の投資額の修正

　個別財務諸表上のS社清算損1,200百万円に対して、連結財務諸表上は1,100百万円の修正仕訳が計上されており、連結上の純損益計上額は100百万円となっている。なお、この連結上の純損益計上額については、「(清算に伴う)為替換算調整勘定取崩額」などとして表示するほか、「子会社清算損」として表示することも考えられる。

[S社株式の帳簿価額への修正]

> 仕訳なし

清算によりS社株式の帳簿価額はゼロとなっているため,売却により原価法適用会社へと移行する場合と異なり帳簿価額への修正は不要である。

[X1年3月31日期末P社連結貸借対照表]

(単位:百万円)

科目	円貨	科目	円貨
資産	(※1) 1,800	負債	(※2) 1,200
		資本金	(※3) 1,300
		資本剰余金	(※4) 500
		利益剰余金	(※5) △1,200

(※1) 1,800百万円…P社資産
(※2) 1,200百万円…P社負債
(※3) 1,300百万円…P社資本金
(※4) 500百万円…P社資本剰余金
(※5) △1,200百万円=(P社当期純損失1,200百万円-S社清算損修正1,100百万円)+S社当期純損失1,100百万円

5 在外子会社における(時価発行)増資に伴う持分変動

　子会社の時価発行増資等に伴い,親会社の引受割合が増資前の持分比率と異なるために増資後の持分比率に変動が生ずる場合,いったん,従来の持分比率で株式を引き受け,その後に追加取得(親会社の持分比率が増加する場合)または一部売却(親会社の持分比率が減少する場合)を行ったものとみなす。したがって,追加取得とみなす場合のみなし取得価額は,増資額のうち,親会社が従来の持分比率により引き受けたとみなした金額を上回る実際引受額であり,一部売却とみなす場合のみなし売却価額は,従来の持分比率により引き受けたとみなした金額を下回る実際引受額である。

　この場合に,株式の発行価額が増資前の1株当たり純資産額と等しければ,みなし取得価額又はみなし売却価額と親会社持分の増加額または減少額との間に差額は発生しないが,これらが異なるときは持分変動差額が生ずることとな

る（資本連結実務指針47項）。

　子会社の時価発行増資については上述の通り，従来の持分比率で株式を引き受け，その後に追加取得あるいは一部売却を行ったものとみなされることから，持分変動差額については，それぞれ子会社の株式を追加取得あるいは一部売却した場合に準じて会計処理を行うこととなる。具体的には，子会社の時価発行増資の前後で子会社の支配が継続している場合には，連結会計基準第30項に従い，親会社の払込額と親会社の持分の増減額との差額を資本剰余金として処理する。また，子会社の時価発行増資により子会社の支配を喪失する場合においては，支配を喪失する場合の子会社株式の一部売却に準じて当該差額を持分変動損益として処理する。

　子会社の時価発行増資等に伴い親会社の持分比率が増加する場合の為替換算調整勘定は，追加取得と同様に取り扱い，追加取得持分に対応する部分は連結貸借対照表の為替換算調整勘定に計上されず，非支配株主持分に含まれていた為替換算調整勘定相当額は親会社の投資と自動的に相殺されることとなる（設例3－3参照）。また，子会社の時価発行増資等に伴い親会社の持分比率が減少する場合の為替換算調整勘定は，一部売却と同様に取り扱い，連結貸借対照表に計上されている為替換算調整勘定のうち持分比率の減少割合相当額が取り崩されることとなる。支配が継続している場合には，取り崩された為替換算調整勘定は資本剰余金に含めて計上し（設例3－4参照），支配を喪失した場合には，当該減少割合相当額は持分変動損益を構成し連結損益計算書に計上する（設例3－6，3－7参照）。

　子会社の時価発行増資における会計処理は以下のとおりである（図表3－3参照）。なお，子会社株式の追加取得あるいは一部売却に準じて処理することとなるため，参照となる設例を合わせて記載している。

図表3－3　子会社の時価発行増資における会計処理のまとめ

	追加取得とみなす増資	一部売却とみなす増資
支配が継続している場合	資本剰余金として処理 （設例3－3参照）	資本剰余金として処理 （設例3－4参照）
支配を喪失する場合		持分変動損益として処理 （設例3－6，3－7参照）

6　有償減資を行った場合の為替換算調整勘定の処理

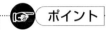 ポイント

- 在外子会社が有償減資を行った場合に発生する為替換算調整勘定の会計処理については，会計基準に明文の記載がない。
- 有償減資の際の会計処理として，会社清算と同様とみなせない場合には，出資の払戻しとして入金額を取得原価から減額し，換算差額を損益として実現させない会計処理が考えられるが，実態に応じた処理が必要となる。

　減資とは会社の資本金を減額することをいい，有償減資は減額した部分の資本金を現金で株主に返還する減資である。

　在外子会社が有償減資を行った場合，親会社出資時の為替相場と有償減資時の為替相場が異なることにより，円換算時に発生する為替差額の処理をどうするかという論点が生じる。会計処理方法としては①取得原価に含まれる為替の含み損益を為替差損益として純損益に計上する方法と，②入金額（円貨額）を出資の払戻しとして取得原価から減額し，取得原価に含まれる為替の含み損益を純損益として実現させない方法のいずれかが考えられる。

　連結子会社の純資産の側からみると，親会社の個別財務諸表上取得原価に含まれる含み損益は為替換算調整勘定に含まれることとなる。外貨建意見書 三 8には，為替換算調整勘定は株式を処分したときなどに限り純損益として実現

するものであると記載されているが，有償減資がこの処分とみなされるかが問題となる。上記①の会計処理は有償減資が会社清算や株式売却と同様に株式処分とみる場合に，有償減資により為替の含み損益を実現させる考え方であり，個別財務諸表で為替差損益が計上され，連結財務諸表上も消去されずに残ることとなる。一方，②の会計処理は株式処分の実態がないと判断された場合に，投資が継続しているものとみて，為替換算調整勘定に計上されている為替の含み損益は実現していないとする考え方であり，個別財務諸表および連結財務諸表の双方で為替差損益は計上されないことになる。

　子会社が行う有償減資は，業績不振子会社の活動縮小を前提とした有償減資等，実態として投資の清算に近い場合もあり，この場合は①の考え方に従い，純損益として認識することが適当と考えられる一方，子会社の場合には親会社の判断で有償減資が可能なケースも多く，常に①の考え方を採用すると，実態は変わらずに為替の含み損益を任意に実現させることが可能となる。このため，個々の実態に応じた会計処理を選択する必要があると考えられる。

コラム❶　企業結合会計基準の改正(1)

　企業会計基準委員会（ASBJ）は，平成25年9月13日に企業会計基準第21号「企業結合に関する会計基準」などの改正を公表しました。ASBJの企業結合プロジェクトは，ステップ2として見直し作業が行われていたものであり，大きく分けて以下に掲げる3点が改正されました。

- 少数株主持分（非支配株主持分）の取扱いの見直し（当期純利益の表示，少数株主（非支配株主）との取引）
- 取得関連費用の取扱いの見直し
- 暫定的な会計処理に係る取扱いの見直し

　この中で，一番上の「少数株主持分（非支配株主持分）の取扱いの見直し」に関して，これまでは親会社株主に帰属する部分のみが「当期純利益」として表示されていたものが，国際財務報告基準（IFRS）に整合させる形で，従来「少数株主損益調整前当期純利益」として表示されていた利益数値を「当期純利益」として表示することに改正されました。また，「少数株主持分」とされていた表示科目名も，今後は「非支配株主持分」となります。

　この改正は，平成27年4月1日以後開始する連結会計年度から原則適用となりますが，本書のテーマである為替換算調整勘定にも関連する論点としては，上の箇条書きのうち，「少数株主（非支配株主）との取引」があげられます。これまで，子会社株式を追加取得した場合（例：子会社に対する持分が70％から80％に増加した場合）には，増加した持分と追加取得に係る対価との差額はのれん（または負ののれん）とされていました。また，子会社の支配は継続したままで，その株式の一部を売却した場合（例：子会社に対する持分が80％から70％に減少した場合）には，減少した持分と売却額との差額は損益に計上されていました。今後は，これら取引は損益を発生させる取引ではないものとして，当該差額が資本剰余金に計上されることになります。なお，改正後の日本基準と国際財務報告基準（IFRS）との差異は177頁のコラムに記載しています。

設例3－1における持分計算表

#	取引摘要	通貨	純資産の部					合計
			資本金	取得時利益剰余金	取得後利益剰余金	為替換算調整勘定	その他の評価・換算差額等	
1	取得（100%）	外貨	10					10
	(@120円/米ドル)	円貨	1,200					1,200
2	利益計上	外貨			5			5
	(@110円/米ドル)	円貨			550			550
3	為調発生	外貨						
	(@100円/米ドル)	円貨				△250		△250
	X1期　期末	外貨	10		5			15
	(@100円/米ドル)	円貨	1,200		550	△250		1,500
4	利益計上	外貨			6			6
	(@90円/米ドル)	円貨			540			540
5	配当	外貨			△2			△2
	(@85円/米ドル)	円貨			△170			△170
6	為調戻し	外貨						
		円貨				250		250
7	為調発生	外貨						
	(@80円/米ドル)	円貨				△600		△600
	X2期　期末	外貨	10		9			19
	(@80円/米ドル)	円貨	1,200		920	△600		1,520

第3章　子会社投資の各ステージにおける為替換算調整勘定の会計処理　　95

(外貨（米ドル）：百万米ドル，円貨：百万円)

親会社持分比率	非支配株主持分	親会社持分	投資原価	のれん	連結上の資本剰余金	為替換算調整勘定（親会社持分）	連結上の利益剰余金
100%	0	10	10	0			
	0	1,200	1,200	0			
100%	0	5					
	0	550					550
100%							
	0	△250				△250	
100%	0	15					
	0	1,500				△250	550
100%	0	6					
	0	540					540
100%	0	△2					
	0	△170					△170
100%							
	0	250				250	
100%							
	0	△600				△600	
100%	0	19					
	0	1,520			0	△600	920

設例３－２における持分計算表

#	取引摘要	通貨	資本金	取得時利益剰余金	取得後利益剰余金	為替換算調整勘定	その他の評価・換算差額等	合計
1	取得（60％） (@120円/米ドル)	外貨 円貨	10 1,200	4 480			1 120	15 1,800
2	利益計上 (@110円/米ドル)	外貨 円貨			5 550			5 550
3	のれん償却 (@110円/米ドル)	外貨 円貨						
4	為調発生(のれん以外) (@100円/米ドル)	外貨 円貨				△350		△350
5	為調発生(のれん) (@100円/米ドル)	外貨 円貨						
	X1期　期末 (@100円/米ドル)	外貨 円貨	10 1,200	4 480	5 550	△350	1 120	20 2,000

設例３－３における持分計算表

#	取引摘要	通貨	資本金	取得時利益剰余金	取得後利益剰余金	為替換算調整勘定	その他の評価・換算差額等	合計
6	追加取得 (@100円/米ドル)	外貨 円貨						
	X1期　期末 (@100円/米ドル)	外貨 円貨	10 1,200	4 480	5 550	△350	1 120	20 2,000

第3章 子会社投資の各ステージにおける為替換算調整勘定の会計処理

(外貨(米ドル):百万米ドル,円貨:百万円)

親会社持分比率	非支配株主持分	親会社持分	投資原価	のれん	連結上の資本剰余金	為替換算調整勘定(親会社持分)	連結上の利益剰余金
60%	6 720	9 1,080	10 1,200	1 120			
60%	2 220	3 330					330
60%				△0.2 △22			△22
60%	△140	△210				△210	
60%					△18	△18	
60%	8 800	12 1,200	10 1,200	0.8 80	0	△228	308

(外貨(米ドル):百万米ドル,円貨:百万円)

親会社持分比率	非支配株主持分	親会社持分	投資原価	のれん	連結上の資本剰余金	為替換算調整勘定(親会社持分)	連結上の利益剰余金
(+20%)	△4 △400	4 400	5 500		△100		
80%	4 400	16 1,600	15 1,700	0.8 80	△100	△228	308

設例3－4における持分計算表

#	取引摘要	通貨	純資産の部					合計
			資本金	取得時利益剰余金	取得後利益剰余金	為替換算調整勘定	その他の評価・換算差額等	
7	のれん償却 (@90円/米ドル)	外貨						
		円貨						
8	為調戻し	外貨						
		円貨				350		350
9	為調発生(のれん以外) (@80円/米ドル)	外貨						
		円貨				△750		△750
10	為調発生(のれん) (@80円/米ドル)	外貨						
		円貨						
11	一部売却 (@80円/米ドル)	外貨						
		円貨						
	X2期　期末 (@80円/米ドル)	外貨	10	4	5		1	20
		円貨	1,200	480	550	△750	120	1,600

第3章 子会社投資の各ステージにおける為替換算調整勘定の会計処理

(外貨(米ドル):百万米ドル,円貨:百万円)

親会社持分比率	非支配株主持分	親会社持分	投資原価	のれん	連結上の資本剰余金	為替換算調整勘定(親会社持分)	連結上の利益剰余金
80%				△0.2			
				△18			△18
80%	70	280				280	
80%	△150	△600				△600	
80%				△14		△14	
(△16%)	3.2	△3.2	△3				
	256	△256	△340		118	106	△140
64%	7.2	12.8	12	0.6			
	576	1,024	1,360	48	18	△456	150

設例3-5における持分計算表

#	取引摘要	通貨	純資産の部					合計
			資本金	取得時利益剰余金	取得後利益剰余金	為替換算調整勘定	その他の評価・換算差額等	
1	取得（30%）	外貨	10					10
	（@120円/米ドル）	円貨	1,200					1,200
2	利益計上	外貨			5			5
	（@110円/米ドル）	円貨			550			550
3	為調発生	外貨						
	（@100円/米ドル）	円貨				△250		△250
4	再評価	外貨					1.5	
	（@100円/米ドル）	円貨					150	
5	追加取得(支配獲得)	外貨	10	5				15
	（@100円/米ドル）	円貨	1,000	500				1,500
	X1期　期末	外貨	10	5				15
	（@100円/米ドル）	円貨	1,000	500				1,500

設例3-6における持分計算表

#	取引摘要	通貨	純資産の部					合計
			資本金	取得時利益剰余金	取得後利益剰余金	為替換算調整勘定	その他の評価・換算差額等	
6	のれん償却	外貨						
	（@90円/米ドル）	円貨						
7	為調発生(のれん以外)	外貨						
	（@80円/米ドル）	円貨				△300		△300
8	為調発生（のれん）	外貨						
	（@80円/米ドル）	円貨						
9	一部売却	外貨						
	（@80円/米ドル）	円貨						
	X2期　期末	外貨	10	5				15
	（@80円/米ドル）	円貨	1,000	500		△300		1,200

（※）　連結貸借対照表上のS社株式608百万円＝親会社持分480百万円＋のれん128百万円

第3章　子会社投資の各ステージにおける為替換算調整勘定の会計処理　　101

(外貨（米ドル）：百万米ドル，円貨：百万円)

親会社（投資会社）持分比率	非支配株主持分	親会社（投資会社）持分	投資原価	のれん	連結上の資本剰余金	為替換算調整勘定（親会社（投資会社）持分）	連結上の利益剰余金
30%	7 840	3 360	3 360				
30%	3.5 385	1.5 165					165
30%	△175	△75				△75	
－		1.5 150				75	75
(＋30％)	6 600	9 900	12 1,200	3 300			
60%	6 600	9 900	12 1,200	3 300	0	0	240

(外貨（米ドル）：百万米ドル，円貨：百万円)

親会社（投資会社）持分比率	非支配株主持分	親会社（投資会社）持分	投資原価	のれん	連結上の資本剰余金	為替換算調整勘定（親会社（投資会社）持分）	連結上の利益剰余金
60%				△0.6 △54			△54
60%	△120	△180				△180	
60%				△54		△54	
(△20％)	3 240	△3 △240	△4 △400	△0.8 △64		78	△62
40%	9 720	6 (※) 480	8 800	1.6 (※) 128	0	△156	124

設例3－7における持分計算表

#	取引摘要	通貨	純資産の部					合計
			資本金	取得時利益剰余金	取得後利益剰余金	為替換算調整勘定	その他の評価・換算差額等	
1	取得（100%）	外貨	10					10
	(@120円/米ドル)	円貨	1,200					1,200
2	利益計上	外貨			5			5
	(@110円/米ドル)	円貨			550			550
3	為調発生	外貨						
	(@100円/米ドル)	円貨				△250		△250
4	一部売却	外貨						
	(@100円/米ドル)	円貨						
5	除外調整	外貨						
	(@100円/米ドル)	円貨						
	Ⅹ1期　期末	外貨	10		5			15
	(@100円/米ドル)	円貨	1,200		550	△250		1,500

設例3－8における持分計算表

#	取引摘要	通貨	純資産の部					合計
			資本金	取得時利益剰余金	取得後利益剰余金	為替換算調整勘定	その他の評価・換算差額等	
1	取得（100%）	外貨	10					10
	(@120円/米ドル)	円貨	1,200					1,200
2	利益計上	外貨			△10			△10
	(@110円/米ドル)	円貨			△1,100			△1,100
3	為調発生	外貨						
	(@100円/米ドル)	円貨				△100		△100
4	清算	外貨	△10		10			0
	(@100円/米ドル)	円貨	△1,200		1,100	100		0
	Ⅹ1期　期末	外貨						
	(@100円/米ドル)	円貨						

第3章 子会社投資の各ステージにおける為替換算調整勘定の会計処理　103

(外貨（米ドル）：百万米ドル，円貨：百万円)

親会社持分比率	非支配株主持分	親会社持分	投資原価	のれん	連結上の資本剰余金	為替換算調整勘定（親会社持分）	連結上の利益剰余金
100%	0	10	10	0			
	0	1,200	1,200	0			
100%	0	5					
	0	550					550
100%							
	0	△250				△250	
△90%	13.5	△13.5	△9				
	1,350	△1,350	△1,080			225	△495
△10%		△1.5	0				
		△150	0			25	△55
			1				
			120		0	0	0

(外貨（米ドル）：百万米ドル，円貨：百万円)

親会社持分比率	非支配株主持分	親会社持分	投資原価	のれん	連結上の資本剰余金	為替換算調整勘定（親会社持分）	連結上の利益剰余金
100%	0	10	10	0			
	0	1,200	1,200	0			
100%	0	△10					
	0	△1,100					△1,100
100%							
	0	△100				△100	
(△100%)	0	0	△10				
	0	0	△1,200			100	1,100
0%							
					0	0	0

第4章

在外子会社の財政状態が悪化した場合の為替換算調整勘定

1 非支配株主が存在する債務超過の子会社に関する為替換算調整勘定の取扱い

ポイント

- 在外子会社が債務超過である場合の為替換算調整勘定に関する非支配株主持分については，取得時の資本金等，取得後利益剰余金のうち取得時の資本金等の金額と同額までの金額，および取得後利益剰余金のうち債務超過に対応する金額に区分して検討する必要があると考えられる。

　子会社の欠損金（マイナスの利益剰余金）については，株主間の合意がある場合を除き，非支配株主は自己の出資部分までを負担するに過ぎず，債務超過部分に関しては，連結財務諸表上，親会社が負担することになる（連結会計基準27項，資本連結実務指針50項）。これは，株主有限責任の原則により，出資額を限度とする責任負担が一義的には求められるものの，親会社は子会社の債権者に対し，非支配株主持分を超える債務超過負担を実質的に担うものと考えられるためである。このとき，債務超過である子会社が在外子会社であり，為替換算調整勘定が計上されている場合，当該債務超過子会社における為替換算調整勘定の取扱いが論点となる。

　為替換算調整勘定は，決算時の為替相場で換算される資産および負債項目の

円貨額と取得時または発生時の為替相場で換算される資本項目の円貨額との差額として計算される（外貨建実務指針75項）。債務超過の子会社の場合，為替換算調整勘定は，為替換算調整勘定の発生対象を基準として，子会社の①資本金等（資本金，資本剰余金および取得時の利益剰余金）の金額に対応する部分，②取得後利益剰余金（マイナスの利益剰余金）のうち取得時の資本金等の金額と同額までの部分，および③取得後利益剰余金のうち債務超過に対応する部分に分解できる（図表4－1参照）。

図表4－1　債務超過の子会社の為替換算調整勘定の発生対象とそれに対応する数値例

（単位：百万米ドル）

科目	外貨建貸借対照表残高	為替換算調整勘定の発生対象
資本金	10	①取得時の資本金等
取得時利益剰余金	30	①取得時の資本金等
取得後利益剰余金	△55	－
（内訳）		
取得時資本金等と同額までの部分	△40	②取得時の資本金等と同額までの部分
債務超過部分	△15	③債務超過に対応する部分

　債務超過の子会社の①資本金等の金額に対応する為替換算調整勘定，および②取得後利益剰余金のうち取得時の資本金等の金額と同額までの部分に対応する為替換算調整勘定については，非支配株主の出資に対応する部分は非支配株主の持分であるため，子会社の清算の際に，親会社側のみならず非支配株主側でも実現する。よって，当該為替換算調整勘定については親会社と同様非支配株主持分にも帰属させることが考えられる。

　一方，債務超過の子会社の③取得後利益剰余金のうち債務超過に対応する為替換算調整勘定は，株主間の合意がある場合を除き，子会社の清算の際には全額親会社側で実現するため，子会社の欠損金と同様，親会社の持分に帰属させることとなると考えられる（図表4－2参照）。

したがって，債務超過の在外子会社の場合，為替換算調整勘定に関する非支配株主持分は，ゼロに調整されることになると考えられる。

| 図表4－2 | 債務超過の子会社の為替換算調整勘定の発生対象と非支配株主持分への帰属の有無 |

純資産の部の為替換算調整勘定の発生対象	非支配株主持分への帰属
①取得時の資本金等の金額に対応する部分	帰属する
②取得後利益剰余金のうち取得時の資本金等の金額と同額までの部分	帰属する
③取得後利益剰余金のうち債務超過に対応する部分	帰属しない

設例4－1　在外子会社が債務超過となった場合の為替換算調整勘定の取扱い

ポイント

- 債務超過の子会社の欠損金については，株主間の合意がある場合を除き，非支配株主は自己の出資部分まで負担するに過ぎず，債務超過部分に関しては，連結財務諸表上，親会社が負担することになる。
- 在外子会社が債務超過である場合の為替換算調整勘定に関する非支配株主持分については，①資本金等（資本金，資本剰余金および取得時の利益剰余金）の金額に対応する部分，②取得後利益剰余金のうち取得時の資本金等の金額と同額までの部分，および③取得後利益剰余金のうち債務超過に対応する部分に区分して検討する必要があると考えられる。

前提条件

(1) P社（親会社）はX1年4月1日に米国法人であるS社株式80％を34百万米ドルで取得した。
(2) 決算日は，P社，S社ともに3月31日である。
(3) S社の資産・負債で時価と簿価が乖離しているものはない。
(4) S社の取得により生じたのれんは，5年間で償却する。
(5) S社の取得により発生したのれんについては，X2年3月期およびX3年

3月期のいずれにおいても減損の必要はないと判断されている。
(6) 簡便化のため，税効果は無視する。
(7) 為替相場は以下のとおりとする。

　　X1年4月1日：100円/米ドル
　　X2年3月31日：85円/米ドル
　　X3年3月31日：105円/米ドル
　　X2年3月期　期中平均相場：90円/米ドル
　　X3年3月期　期中平均相場：95円/米ドル

(8) X1年4月1日，X2年3月31日およびX3年3月31日におけるS社の貸借対照表およびその他の条件は以下のとおりである。

≪S社貸借対照表（X1年4月1日）≫

(外貨（米ドル）：百万米ドル)

科目	外貨	科目	外貨
資産	100	負債	60
		資本金	10
		利益剰余金	30

≪S社貸借対照表（X2年3月31日）≫

(外貨（米ドル）：百万米ドル)

科目	外貨	科目	外貨
資産	70	負債	60
		資本金	10
		利益剰余金	0

≪S社貸借対照表（X3年3月31日）≫

(外貨（米ドル）：百万米ドル)

科目	外貨	科目	外貨
資産	45	負債	60
		資本金	10
		利益剰余金	△25

① S社のX2年3月期の当期純損失は△30百万米ドルであり、利益処分はなかった。
② S社のX3年3月期の当期純損失は△25百万米ドルであり、利益処分はなかった。
③ X3年3月末にS社は△15百万米ドルの債務超過となったが、他の株主との間で当該他の株主が債務超過部分の損失を負担するような契約等はない。

会計処理（単位：百万円）

① X2年3月期

[S社換算後貸借対照表（X1年4月1日）]

（外貨（米ドル）：百万米ドル，円貨：百万円）

科目	外貨	レート	円貨	科目	外貨	レート	円貨
資産	100	100	10,000	負債	60	100	6,000
				資本金	10	100	1,000
				利益剰余金	30	100	3,000

[S社換算後貸借対照表（X2年3月31日）]

（外貨（米ドル）：百万米ドル，円貨：百万円）

科目	外貨	レート	円貨	科目	外貨	レート	円貨
資産	70	85	5,950	負債	60	85	5,100
				資本金	10	100	1,000
				利益剰余金	0	－	(※1) 300
				為替換算調整勘定			(※2) △450

(※1) 300百万円＝取得時利益剰余金30百万米ドル×100円/米ドル（取得時相場）＋X2年3月期当期純損失△30百万米ドル×90円/米ドル（期中平均相場）
(※2) 差額で算出。当該為替換算調整勘定△450百万円（借方）の内訳は以下のとおり。

源泉	総額	親会社持分(80%)	非支配株主持分(20%)	為替換算調整勘定の発生対象
資本金	(※1) △150	△120	△30	①取得時の資本金等
取得時利益剰余金	(※2) △450	△360	△90	①取得時の資本金等
取得後利益剰余金	150	120	30	
(内訳)				
取得時資本金等と同額	(※3) 150	120	30	②取得時の資本金等と同額までの部分
債務超過部分	−	−	−	③債務超過に対応する部分
合計	△450	△360	△90	

（※1） △150百万円（借方）＝取得時資本金10百万米ドル×（85円/米ドル（決算時相場）－100円/米ドル（取得時相場））

（※2） △450百万円（借方）＝取得時利益剰余金30百万米ドル×（85円/米ドル（決算時相場）－100円/米ドル（取得時相場））

（※3） 150百万円（貸方）＝当期純損失△30百万米ドル×（85円/米ドル（決算時相場）－90円/米ドル（期中平均相場））

[P社の投資とS社の資本の相殺消去]

(借)	資本金	(※1) 1,000	(貸)	S社株式	(※2) 3,400
	利益剰余金	(※1) 3,000		非支配株主持分	(※3) 800
	のれん	(※4) 200			

（※1）[S社換算後貸借対照表（X1年4月1日）] より
（※2）3,400百万円＝株式取得価額34百万米ドル×100円/米ドル（取得時相場）
（※3）800百万円＝（取得時資本金10百万米ドル＋取得時利益剰余金30百万米ドル）×20%（非支配株主持分比率）×100円/米ドル（取得時相場）
（※4）200百万円＝外貨ベースのれん2百万米ドル×100円/米ドル（取得時相場）
　　　外貨ベースのれん2百万米ドル＝株式取得価額34百万米ドル－（（取得時資本金10百万米ドル＋取得時利益剰余金30百万米ドル）×80%（親会社持分比率））

[利益按分]

(借) 非支配株主持分	540	(貸) 非支配株主に帰属する当期純利益	540

△540百万円＝S社当期純損失△30百万米ドル×20%（非支配株主持分比率）×90円/米ドル（期中平均相場）

第4章 在外子会社の財政状態が悪化した場合の為替換算調整勘定

[のれん償却]

| (借) のれん償却額 | 36 | (貸) のれん | 36 |

36百万円＝外貨ベースのれん2百万米ドル÷償却年数5年×90円/米ドル（期中平均相場）

[為替換算調整勘定の非支配株主持分への按分]

| (借) 非支配株主持分 | 90 | (貸) 為替換算調整勘定
（連結株主資本等変動計算書） | 90 |

△90百万円＝[S社換算後貸借対照表（X2年3月31日）]より為替換算調整勘定△450百万円×20%（非支配株主持分比率）

[のれんからの為替換算調整勘定の発生]

| (借) 為替換算調整勘定
（当期発生額） | 28 | (貸) のれん | 28 |

△28百万円＝（外貨ベースのれん2百万米ドル－のれん既償却額0.4百万米ドル）×85円/米ドル（決算時相場）－円貨での仕訳金額の合計（200百万円－36百万円）

　一連の仕訳の結果，X2年3月末ののれんの残高は136百万円となる。これは，外貨ベースののれんの残高1.6百万米ドル×85円/米ドル（決算時相場）と一致する。

② X3年3月期

[S社換算後貸借対照表（X3年3月31日）]

（外貨（米ドル）：百万米ドル，円貨：百万円）

科目	外貨	レート	円貨	科目	外貨	レート	円貨
資産	45	105	4,725	負債	60	105	6,300
				資本金	10	100	1,000
				利益剰余金	△25	－	(※1)△2,075
				為替換算調整勘定			(※2)△500

（※1）△2,075百万円＝取得時利益剰余金30百万米ドル×100円/米ドル（取得時相場）＋X2年3月期当期純損失△30百万米ドル×90円/米ドル（期中平均相場）＋X3年3月期当期純損失△25百万米ドル×95百万円/米ドル（期中平均相場）

（※2）差額で算出。当該為替換算調整勘定△500百万円（借方）の内訳は以下のとおり。

源泉	総額	親会社持分(80%)	非支配株主持分(20%)	為替換算調整勘定の発生対象
資本金	(※1) 50	40	10	①取得時の資本金等
取得時利益剰余金	(※2) 150	120	30	①取得時の資本金等
取得後利益剰余金 (内訳)	△700	△590	△110	
取得時資本金等と同額	(※3) △550	△440	△110	②取得時の資本金等と同額までの部分
債務超過部分	(※4) △150	△150	(※5) —	③債務超過に対応する部分
合計	△500	△430	△70	

(※1) 50百万円(貸方)=取得時資本金10百万米ドル×(105円/米ドル(決算時相場)−100円/米ドル(取得時相場))

(※2) 150百万円(貸方)=取得時利益剰余金30百万米ドル×(105円/米ドル(決算時相場)−100円/米ドル(取得時相場))

(※3) 以下の金額の合計△550百万円(借方)である。
(i) X2年3月期分:△450百万円=当期純損失△30百万米ドル×(105円/米ドル(決算時相場)−90円/米ドル(期中平均相場))
(ii) X3年3月期分:△100百万円=当期純損失のうち債務超過に達するまでの金額△10百万米ドル×(105円/米ドル(決算時相場)−95円/米ドル(期中平均相場))

(※4) X3年3月期分:△150百万円=当期純損失のうち債務超過に対応する金額△15百万米ドル×(105円/米ドル(決算時相場)−95円/米ドル(期中平均相場))

(※5) X3年3月末に債務超過となっているため、取得後利益剰余金のうち債務超過に対応する為替換算調整勘定の非支配株主持分割合についても非支配株主持分に帰属させない。

[開始仕訳]

(借)	資本金	1,000	(貸)	S社株式	3,400
	利益剰余金期首残高	2,496		非支配株主持分	170
	のれん	136		為替換算調整勘定 (期首残高)	62

前期までの連結修正仕訳を引き継ぐ開始仕訳。

[利益按分]

(借)	非支配株主持分	190	(貸)	非支配株主に帰属する当期純利益	190

第4章　在外子会社の財政状態が悪化した場合の為替換算調整勘定　113

△190百万円＝S社当期純損失のうち△10百万米ドル×20％（非支配株主持分比率）×95円／米ドル（期中平均相場）

　X3年3月末にS社は△15百万米ドルの債務超過となったが，他の株主との間で他の株主が債務超過を負担するような契約等はないため，当期純損失△25百万米ドルのうち，△10百万米ドルまで非支配株主が負担する。

［のれん償却］

| （借）のれん償却額 | 38 | （貸）のれん | 38 |

38百万円＝外貨ベースのれん2百万米ドル÷償却年数5年×95円／米ドル（期中平均相場）

［為替換算調整勘定の非支配株主持分への按分］

■前期仕訳の振戻し

| （借）為替換算調整勘定
　　　（期首残高） | 90 | （貸）非支配株主持分 | 90 |

■当期仕訳の計上

| （借）非支配株主持分 | 70 | （貸）為替換算調整勘定
　　　（連結株主資本等変動計算書） | 70 |

［S社換算後貸借対照表（X3年3月31日）］の（※2）参照。

［のれんからの為替換算調整勘定の発生］

| （借）のれん | 28 | （貸）為替換算調整勘定
　　　（当期発生額） | 28 |

28百万円＝（外貨ベースのれん2百万米ドル－のれん既償却額0.8百万米ドル）×105円／米ドル（決算時相場）－円貨での仕訳金額の合計（136百万円－38百万円）

　一連の仕訳の結果，X3年3月末ののれんの残高は126百万円となる。これは，外貨ベースのれんの残高1.2百万米ドル×決算時相場105円／米ドルと一致する。

［P社の連結貸借対照表（抜粋，X3年3月31日）］

（単位：百万円）

科目	円貨	科目	円貨
－	－	為替換算調整勘定	(※1) △430
		非支配株主持分	(※2) －

(※1) ［S社換算後貸借対照表（X3年3月31日）］の（※2）参照。なお，本設例において，のれんから生じた為替換算調整勘定の累計額はX3年3月末においてはゼロとなっている。
(※2) 非支配株主持分の取得時相場または期中平均相場による計上額は70百万円（＝P社の投資とS社の資本の相殺消去800百万円＋X2年3月期当期純利益の非支配株主持分への按分△540百万円＋X3年3月期当期純利益の非支配株主持分への按分△190百万円）となる。為替換算調整勘定を，①資本金等の金額に対応する部分，②取得後利益剰余金のうち取得時の資本金等の金額と同額までの部分，および③取得後利益剰余金のうち債務超過に対応する部分に区分して処理することで，非支配株主持分に按分される為替換算調整勘定は△70百万円（借方）となり（［S社換算後貸借対照表（X3年3月31日）］の（※2）参照），結果的に非支配株主持分はゼロとなる。

2　業績不振の在外子会社への債権に対する貸倒引当金の換算

ポイント

- 在外子会社への外貨建債権に対する貸倒引当金も，他の引当金と同様，連結手続上は相殺消去の対象となる。
- 業績不振の在外子会社への貸付金等の債権に対して，貸倒引当金が固定的に計上されているような場合，債権から生じる換算差額を為替換算調整勘定へと振り替えることも考えられる。

(1)　貸倒引当金の換算

　連結会社への債権に対して計上された貸倒引当金は，連結修正仕訳により相殺消去される（連結会計基準（注10）(3)）。在外子会社向けの外貨建債権に対応する貸倒引当金についても例外ではなく，貸倒引当金が計上された年度においては，外貨建債権に対応する貸倒引当金（決算時相場で換算されている）および貸倒引当金繰入額が連結修正仕訳により戻し入れられる。

(2)　業績不振の在外子会社への債権に対する貸倒引当金

　在外子会社に対して外貨建の債権を有している場合，当該債権からは期末に

換算差額が生じ，この差額は損益に計上される。また，連結手続上，当該債権は子会社の債務と相殺消去されるが，通常，親会社側で生じたこの換算差額は，連結財務諸表上消去されない。これは，連結グループとしてみると，親会社が調達した資金を在外子会社で外貨にて運用している形となり，連結財務諸表上は外貨建資産を保有していることと同視できるという考え方などによる。

　これに対して，当該外貨建債権に対して，債務者である在外子会社の財政状態が悪化しているなどの理由により固定的に貸倒引当金が計上されているケースの取扱いが論点となる。この場合，将来的に当該債権の回収が見込めないことなどを考慮すると，債権から生じた換算差額を連結財務諸表上は損益として計上しないとする考え方も成り立ちうると思われる。このため，当該債権の将来の回収見込みなど，実態に応じた会計処理を行うことが必要になってくるものと考えられる。

設例4－2　業績不振の在外子会社への債権に対する貸倒引当金

ポイント
- 在外子会社への貸付金等の債権に対して，当該子会社が債務超過であることなどにより貸倒引当金が経常的に計上されているような場合，引当金が計上されている部分から生じる債権の換算差額を為替換算調整勘定へと振り替える処理を行うことが考えられる。

前提条件
(1) P社（親会社）はX0年3月31日に，10百万米ドルを出資し米国でS社を設立し，S社を連結子会社とした。なお，設立時の為替相場は120円/米ドルであった。
(2) 決算日は親会社と同日とする。
(3) S社の資産・負債で時価と簿価が乖離しているものはない。
(4) X6年3月31日現在でS社は債務超過の状況に陥り，P社からS社への貸付金について，P社において債務超過相当額の貸倒引当金（外貨ベース5百万

米ドル，円貨ベース500百万円）を計上した。また，X7年3月31日現在でも，引き続きS社は債務超過の状況にあり，同じくP社からS社への貸付金について，P社において債務超過相当額の貸倒引当金（外貨ベース7百万米ドル，円貨ベース770百万円）を計上している。

(5) 為替相場は以下のとおりとする。

X6年3月31日：100円／米ドル

X7年3月31日：110円／米ドル

X7年3月期　期中平均相場：105円／米ドル

(6) X6年3月31日，X7年3月31日におけるS社外貨建貸借対照表およびその他の条件は以下のとおりである。

≪S社貸借対照表（X6年3月31日）≫

（外貨（米ドル）：百万米ドル）

科目	外貨	科目	外貨
資産	18	負債	13
		借入金（P社）	10
		資本金	10
		利益剰余金	△15

≪S社貸借対照表（X7年3月31日）≫

（外貨（米ドル）：百万米ドル）

科目	外貨	科目	外貨
資産	20	負債	17
		借入金（P社）	10
		資本金	10
		利益剰余金	△17

① S社のX7年3月期の当期純損失は△2百万米ドルであった。

② P社のS社に対する投資は過年度にすでに減損処理済である。

③ S社の将来の業績見込みより，短期的に債務超過の状況を脱するとは考え難く，翌期（X8年3月期）に増資を実行するとともに，債権放棄を行うこ

とが予定されている。このため，貸倒引当金見合いの債権から生じた換算差額については，損益として認識しないこととした。

会計処理（単位：百万円）

① X6年3月31日（期末）

[S社換算後貸借対照表]

(外貨（米ドル）：百万米ドル，円貨：百万円)

科目	外貨	レート	円貨	科目	外貨	レート	円貨
資産	18	100	1,800	負債	13	100	1,300
				借入金(P社)	10	100	1,000
				資本金	10	120	1,200
				利益剰余金	△15	−	△1,650
				為替換算調整勘定	−	−	△250

[開始仕訳]

(借) 資本金	1,200	(貸) S社株式	1,200
(借) S社株式	1,200	(貸) 利益剰余金期首残高	1,200

前年までの連結修正仕訳を引き継ぐ開始仕訳

[債権債務の相殺消去仕訳]

(借) 借入金	1,000	(貸) 貸付金	1,000
(借) 貸倒引当金	500	(貸) 貸倒引当金繰入額	500

P社のS社に対する貸付金とS社のP社に対する借入金を相殺消去するとともに，P社個別財務諸表で計上されている貸倒引当金を振り戻す。

② X7年3月31日（期末）
[S社換算後貸借対照表]

(外貨（米ドル）：百万米ドル，円貨：百万円)

科目	外貨	レート	円貨	科目	外貨	レート	円貨
資産	20	110	2,200	負債	17	110	1,870
				借入金(P社)	10	110	1,100
				資本金	10	120	1,200
				利益剰余金	△17	-	(※1)△1,860
				為替換算調整勘定	-	-	(※2)△110

(※1) △1,860百万円＝X6年3月31日時点の利益剰余金△1,650百万円－当期純損失2百万米ドル×105円/米ドル（期中平均相場）

(※2) △110百万円＝株主資本（10－17）百万米ドル×110円/米ドル（決算時相場）－資本金1,200百万円－利益剰余金△1,860百万円（(※1)参照）

[P社個別]

(借) 貸付金	100	(貸) 為替差益	100
(借) 貸倒引当金繰入額(※1)	270	(貸) 貸倒引当金(※2)	270

(※1) 貸付金に対する貸倒引当金のため，営業外費用に表示される。
(※2) 270百万円＝（負債27百万米ドル－資産20百万米ドル）×110円/米ドル（決算時相場）－前期末貸倒引当金残高500百万円

[P社連結]
■開始仕訳

(借) 資本金	1,200	(貸) S社株式	1,200
(借) S社株式	1,200	(貸) 利益剰余金期首残高	1,200

前年までの連結修正仕訳を引き継ぐ開始仕訳

第4章　在外子会社の財政状態が悪化した場合の為替換算調整勘定

■債権債務の相殺消去仕訳

(借)	借入金	1,100	(貸)	貸付金		1,100
(借)	貸倒引当金	770	(貸)	利益剰余金期首残高		500
				貸倒引当金繰入額		270

(借)	為替差益	70	(貸)	為替換算調整勘定 (当期発生額)		70

　P社のS社に対する貸付金とS社のP社に対する借入金を相殺消去するとともに，P社個別財務諸表で計上されている貸倒引当金を全額消去する。また，前期までの繰入額の引継ぎ分を期首の利益剰余金で調整するとともに，当期の繰入額についても消去する。そのうえで，貸倒引当金が計上されている債権から生じている換算差額について，為替換算調整勘定へと振替を行う。

　この結果，X7年3月期の連結財務諸表上の為替差益の残高は，貸付金残高10百万米ドルから貸倒引当金が計上されている7百万米ドルを控除した3百万米ドルに見合う30百万円となる。また，為替換算調整勘定残高は，個別財務諸表の換算から生じた△110百万円に貸倒引当金相当から生じた70百万円を加算して，△40百万円となる。

第5章

債権債務の相殺と為替換算調整勘定

1 債権債務の相殺

  ポイント

- 連結会社間取引で発生した債権債務は，連結財務諸表上相殺消去されるが，残高に差異が発生することがある。当該差異の原因調査を実施し，適切な処理が要求される。
- 相殺消去差異の原因の1つとして外貨建債権債務の換算による影響が考えられる。

(1) 債権債務の相殺処理の必要性

連結会社間の販売取引や金銭貸借取引などは，連結決算上は企業集団を1つの企業体のように考えるため，内部取引とみなされる。このため，内部取引により発生した連結会社相互間の債権と債務（経過勘定項目を含む）を相殺消去する必要がある（連結会計基準31項）。また，会社相互間取引が連結会社以外の例えば商社などの企業を通じて行われている場合に，当該取引が実質的に連結社間の取引であることが明確であるときには，当該取引を連結会社間の取引とみなして処理する（連結会計基準（注12））。

(2) 実務上の取扱い

　連結会社で，例えば，販売会社が出荷基準で売上債権を計上しているが仕入会社では検収基準で仕入債務を計上していることにより取引の計上タイミングが異なることや，金銭消費貸借契約に係る利息の計上について支払側は発生主義で支払利息を計上しているが，受取側では重要性が低いことから現金主義で受取利息を計上していることなどの理由から，連結会社間の債権債務が一致しない場合がある。そのような場合には，まずは差異の原因を調査して，その原因に応じて必要な仕訳を計上することにより，当該差異を解消したうえで債権債務を消去する必要がある。すべての差異を解消することは実務上困難な場合があるため，あらかじめ金額的な重要性の基準を設けて，差異金額が一定の金額以下の場合は簡便的に「その他の資産」「その他の負債」などの勘定科目を利用して組み替える実務もある。ただし，差異の原因が外貨建債権債務の換算に用いる為替相場の相違など，為替による影響と推測される場合には為替差損益に振り替えることも考えられる。

(3) 個別財務諸表上の決算時の外貨換算の処理と債権債務の相殺

　在外子会社等の個別財務諸表項目において，外貨建債権債務は当該在外子会社等が採用する会計基準に関係なく，原則として決算時には決算日の為替相場により換算される。その結果，連結会社が保有しているすべての連結会社間外貨建債権債務を相殺消去処理した場合，外貨の換算に起因する差異は原則として発生しない。

　しかし，外貨建債権債務を決算時の為替相場により換算することの例外として，わが国においては振当処理（外貨建会計基準注解 注6）が採用されている場合があるため，外貨換算に起因する差異が発生することもある。詳細は「2　連結会社間取引をヘッジ対象とする場合」で説明する。

(4) 円貨建債権（債務）と外貨建債務（債権）を相殺する場合

記帳通貨が円貨の場合，円貨建債権（債務）は取引日から決算日まで，同一の金額で記帳することとなるが，外貨建債務（債権）は取引時には取引時相場で換算し，決算時には決算時相場で換算して記帳する（外貨建会計基準 一 2 (1)②）。連結財務諸表上は債権を有する会社が円貨で調達した資金を，債務を有する会社がそのまま円貨で保有していることとなるため，結果として外貨換算差額は発生しない。

設例5－1　円貨建債権と外貨建債務の相殺消去

ポイント
- 外貨建債権債務を保有する在外子会社では，個別財務諸表上，当該債権債務を決算時の為替相場で換算し，そのうえで，連結財務諸表上は当該個別財務諸表を決算時の為替相場により円換算する。また，円貨建債権債務を有する親会社では取引時に記帳した金額は期末日まで変更されない。その結果，債権債務は一致して差額は発生しない。

前提条件
(1) P社（親会社）の記帳通貨は円で，S社（子会社）の記帳通貨は米ドルである。
(2) P社からS社に対して10,000百万円を貸し付けた。すなわち，S社にとっては外貨建債務を負っていることとなる。なお，期末日時点では決済されていない。
(3) 為替相場は以下のとおりとする。
　　取引時相場：100円/米ドル
　　決算時相場：125円/米ドル

会計処理（単位：円貨・百万円，外貨（米ドル）・百万米ドル）

① 取引日

[P社個別（円貨）]

（借）貸付金	10,000	（貸）現金	10,000

前提条件(2)より

[S社個別（外貨（米ドル））]

（借）現金	100	（貸）借入金	100

100百万米ドル＝10,000百万円÷100円/米ドル

② 決算日

[P社個別（円貨）]

仕訳なし

[S社個別（外貨（米ドル））]

（借）借入金	(※1) 20	（貸）為替差益	20
（借）為替差損 (※2)	20	（貸）現金	(※1) 20

（※1）20百万米ドル＝100百万米ドル－10,000百万円÷125円/米ドル
（※2）借入金見合いの現金から為替差損が発生しているものとする。

[P社連結（円貨）（債権債務の相殺）]

（借）借入金	(※) 10,000	（貸）貸付金	10,000

（※）10,000百万円＝80百万米ドル×125円/米ドル（決算時相場）

[連結財務諸表の表示]

表示すべき残高なし

(5) 外貨建債権（債務）と外貨建債務（債権）を相殺する場合

　連結会社相互にとって連結会社間取引から発生した外貨建債権債務を保有している場合，当該債権債務は決算時には決算時相場で換算して記帳することとなる（外貨建会計基準 一 2(1)②）。このため，期末換算に適用される為替相場が一致していれば，債権債務を相殺消去する場合には相殺消去差額は発生しない。

第5章 債権債務の相殺と為替換算調整勘定

設例5−2　外貨建債権債務を相殺する場合

ポイント
- 連結会社相互にとって記帳通貨と異なる通貨による連結会社間取引では，保有する債権債務は決算時の為替相場で円換算されるため，差額が発生しない。

前提条件
(1) P社（親会社）の記帳通貨は円で，S社（子会社）の記帳通貨は米ドルである。
(2) P社からS社に対して100百万ユーロを貸し付け，決算日時点では決済されていない。
(3) 為替相場は以下のとおりとする。
　　取引時相場：100円/ユーロ，100円/米ドル，1米ドル/ユーロ
　　決算時相場：120円/ユーロ，100円/米ドル，1.2米ドル/ユーロ

会計処理（単位：円貨・百万円，外貨（米ドル）・百万米ドル）

① 取引日

[P社個別（円貨）]

（借）貸付金	10,000	（貸）現金	10,000

10,000百万円 = 100百万ユーロ × 100円/ユーロ

[S社個別（外貨（米ドル））]

（借）現金	100	（貸）借入金	100

100百万米ドル = 100百万ユーロ × 1米ドル/ユーロ

② 決算日

[P社個別（円貨）]

（借）貸付金	2,000	（貸）為替差益	2,000

2,000百万円 = 100百万ユーロ × （120 − 100）円/ユーロ

[S社個別(外貨(米ドル))]

(借)	借入金	(※1) 20	(貸)	為替差益	20
(借)	為替差損(※2)	20	(貸)	現金	(※1) 20

(※1) 20百万米ドル=100百万ユーロ×(1.2-1)米ドル/ユーロ
(※2) 借入金見合いの現金から為替差損が発生しているものとする。

[P社連結(円貨)(債権債務の相殺)]

(借)	借入金	(※1) 12,000	(貸)	貸付金	(※2) 12,000

(※1) 12,000百万円=120百万米ドル×100円/米ドル(決算時相場)
(※2) 12,000百万円=100百万ユーロ×120円/ユーロ(決算時相場)

[連結財務諸表の表示]

為替差益　2,000百万円

(6) 貸倒引当金の調整と為替換算調整勘定

　連結会社間の債権債務の消去の対象となった債権に対して個別財務諸表上貸倒引当金を設定している場合，連結財務諸表上の債権金額が変動することに伴い，貸倒引当金も調整する必要がある。

　連結財務諸表上，原則として，在外子会社等の貸借対照表に計上されている貸倒引当金は決算時の為替相場で(外貨建会計基準　三　1)，損益計算書に計上されている貸倒引当金繰入額は原則として期中平均相場で(外貨建会計基準　三　3)，それぞれ換算される。このため，債権債務消去の結果必要となる貸倒引当金の調整も上記と同様の為替相場を使用して円換算することとなる。したがって，貸借対照表項目と損益計算書項目の換算相場が異なる場合，両者の差額は為替換算調整勘定として処理することが考えられる。

　なお，業績不振の在外子会社に対する貸付金等の債権に貸倒引当金を計上している場合の取扱いは，「第4章　在外子会社の財政状態が悪化した場合の為替換算調整勘定　2　業績不振の在外子会社への債権に対する貸倒引当金の換算」を参照のこと。

2 連結会社間取引をヘッジ対象とする場合

> **☞ ポイント**
> - 連結会社間取引にヘッジ会計を適用している場合，連結財務諸表上はヘッジ対象が相殺消去されるため，個別財務諸表上の取扱いと異なりヘッジ関係がなかったものとみなされることから，連結財務諸表上修正が必要となる。
> - ただし，連結財務諸表上もヘッジ指定していれば引き続きヘッジ会計を適用することとなる。

(1) 原則的な会計処理

① ヘッジ会計を適用した場合

　連結会社間の外貨建取引に対して，為替リスクをヘッジする目的で為替予約などのデリバティブ契約を外部の金融機関と締結することがある。ヘッジ会計の要件を充足すれば，連結会社間取引をヘッジ対象として，個別財務諸表上はヘッジ手段に係る評価差額等を繰延処理することになる（金融商品会計基準29項から32項）。

　しかし，連結財務諸表上は外貨建債権債務が相殺消去されヘッジ手段であるデリバティブのみが残るため，ヘッジ関係がなかったものとみなし，当該デリバティブを時価評価して評価損益を当期の純損益として処理することになる（金融商品実務指針163項）。

設例5-3　連結会社間取引に対するヘッジ取引

（ポイント）
- 連結財務諸表上，債権債務の相殺によりヘッジ対象が消滅すると，ヘッジ会計は適用されず，ヘッジ手段の評価損益が当期の純損益に計上される。

前提条件

(1) P社（親会社）の記帳通貨は円で，S社（子会社）の記帳通貨は米ドルである。
(2) P社はX1年10月1日にS社へ100百万米ドルの貸付を予定しているため，あらかじめ為替リスクをヘッジする目的で外部の金融機関と為替予約契約をX1年3月1日に締結した。
(3) P社ではヘッジ会計を適用しており，ヘッジ会計の要件は充足している。
(4) X1年3月31日現在の当該為替予約の時価は△1,250百万円である。
(5) 簡便化のため，税効果は無視する。

会計処理（単位：百万円）

① X1年3月1日（為替予約締結日）

[P社個別]

仕訳なし	

[S社個別]

仕訳なし	

② X1年3月31日（決算日）

[P社個別]

(借) 繰延ヘッジ損失	1,250	(貸) 為替予約	1,250

前提条件(4)より

[S社個別]

仕訳なし	

[P社連結（為替予約の時価の純損益計上）]

(借) 為替差損(※)	1,250	(貸) 繰延ヘッジ損失	1,250

P社個別財務諸表上の処理の振替え
(※) 連結財務諸表上はヘッジ関係がなかったものとみなして当期の純損益として処理する。為替予約は為替リスクをヘッジする目的で締結しているため，純損益計上を表現する勘定

科目として「為替差損」を使用した。

[連結財務諸表の表示]

為替予約（負債）　1,250百万円

為替差損　1,250百万円

② 振当処理を採用した場合

　ヘッジ会計を適用する場合は原則的には上述の会計処理になるが，当分の間，為替予約等により確定する決済時における円貨額により外貨建取引および金銭債権債務等を換算し直物為替相場との差額を期間配分する，いわゆる振当処理が認められている（金融商品会計基準43項，外貨建会計基準注解 注6）。振当処理を採用した場合，一方の会社では為替予約相場で換算され，他方の会社では決算時の直物為替相場で換算されるため，債権債務の残高に不一致が発生する。

設例5-4　振当処理を採用している場合の連結会社間取引に対するヘッジ取引

（ポイント）
- 振当処理を採用している場合においても，連結財務諸表上，債権債務の相殺によりヘッジ対象が消滅するため，ヘッジ会計は適用されず，直先差額の繰延べについて戻し処理を行い，ヘッジ対象の換算差損益とヘッジ手段の評価損益のみを当期の純損益に計上する。

（前提条件）
(1) P社（親会社）の記帳通貨は円で，S社（子会社）の記帳通貨は米ドルである。
(2) X1年10月1日にP社からS社に対して100百万米ドルを貸し付け，P社は同時に外部の金融機関と為替予約契約を締結した。なお，貸付金の決済予定日はX2年9月30日である。
(3) P社ではヘッジ会計の方法として振当処理を採用している。
(4) X2年3月31日現在の当該為替予約の時価は△1,200百万円である。

(5) 決算日はP社・S社ともに3月31日である。
(6) 簡便化のため，税効果は無視する。
(7) 為替相場は以下のとおりとする。

　　　取引時相場：100円/米ドル

　　　為替予約相場：110円/米ドル

　　　決算時相場：125円/米ドル

【会計処理（単位：円貨・百万円，外貨（米ドル）・百万米ドル）】

① X1年10月1日（貸付日，為替予約締結日）

[P社個別（円貨）]

（借）貸付金	(※1) 11,000	（貸）現金	(※2) 10,000
		前受収益	(※3) 1,000

（※1）為替予約相場により換算（11,000百万円＝100百万米ドル×110円/米ドル）
（※2）取引時相場により換算（10,000百万円＝100百万米ドル×100円/米ドル）
（※3）（直先）差額

[S社個別（外貨（米ドル））]

（借）現金	100	（貸）借入金	100

前提条件(2)より

② X2年3月31日（決算日）

[P社個別（円貨）]

（借）前受収益	500	（貸）為替差益	500

500百万円＝1,000百万円×6か月÷12か月

[S社個別]

　　　仕訳なし

[P社連結（円貨）]
■振当処理の戻し処理

（借）為替差益	(※1) 500	（貸）貸付金	(※2) 1,000
前受収益	(※3) 500		

(※1) 個別財務諸表上計上された為替差益の戻し
(※2) 1,000百万円＝100百万米ドル×（110円/米ドル（為替予約相場）－100円/米ドル（取引時相場））
(※3) 前受収益残高（500百万円＝1,000百万円－500百万円）の戻し

■ 貸付金の期末換算

| （借）貸付金 | 2,500 | （貸）為替差益 | 2,500 |

2,500百万円＝100百万米ドル×（125円/米ドル（決算時相場）－100円/米ドル（取得時相場））

■ 債権債務の相殺

| （借）借入金 | 12,500 | （貸）貸付金 | 12,500 |

12,500百万円＝100百万米ドル×125円/米ドル（決算時相場）

■ 為替予約の時価評価

| （借）為替差損 | 1,200 | （貸）為替予約 | 1,200 |

前提条件(4)より

［連結財務諸表の表示］

為替予約（負債）　1,200百万円

為替差益　1,300百万円

(2) 連結財務諸表上もヘッジ指定を行った場合

　連結会社間取引をヘッジ対象とした場合，ヘッジ対象が相殺消去されるためヘッジ会計を適用できなくなるが，連結会社の一方の会社が外部に対して有する特定の資産または負債のリスクを相殺するような場合には，連結財務諸表上，外部取引に係るヘッジとして，あらかじめヘッジ指定することができる（金融商品実務指針163項）。例えば，親会社が子会社に資金を貸し付け，子会社が当該資金を親会社の貸付条件と同条件で外部へ対して貸し付けた場合には，あらかじめ当該取引についてヘッジ指定していれば，連結財務諸表上もヘッジ会計を適用できることとなる。

設例5-5　外部取引についてあらかじめヘッジ指定を行う場合

ポイント

- 連結会社間取引であっても，それと同条件の外部に対するヘッジ対象があれば，引き続き連結財務諸表上もヘッジ会計を適用できる。

前提条件

(1) P社（親会社）の記帳通貨は円で，S社（子会社）の記帳通貨は米ドルである。
(2) P社はX1年10月1日にS社へ100百万米ドルの貸付を予定しているため，あらかじめ為替リスクをヘッジする目的で外部の金融機関と為替予約契約をX1年3月1日に締結した。
(3) S社はP社からの資金借入れと同時に，P社からの借入条件と同条件で外部の第三者に対して貸付を行い，ヘッジ指定をする予定である。
(4) P社ではヘッジ会計を適用しており，ヘッジ会計の要件は充足している。
(5) X1年3月31日現在の当該為替予約の時価は△700百万円である。
(6) 簡便化のため，税効果は無視する。

会計処理（単位：百万円）

① X1年3月1日（為替予約締結日）

[P社個別]

　　仕訳なし

[S社個別]

　　仕訳なし

② X1年3月31日（決算日）

[P社個別]

| （借）繰延ヘッジ損失 | 700 | （貸）為替予約 | 700 |

前提条件(5)より

[S社個別]

| 仕訳なし |

[P社連結（為替予約の時価評価）]

| 仕訳なし |

外部に対する貸付金に対してヘッジ指定を行っているため，連結財務諸表上もヘッジ会計を適用していることとなる。そのため，為替予約を時価評価して計上する必要はない。

[連結財務諸表の表示]

為替予約（負債） 700百万円

繰延ヘッジ損益（借方） 700百万円

3 未実現利益の消去と為替換算調整勘定

 ポイント

- 外貨建取引から生じた未実現利益は，原則としてその発生時の相場で換算される。
- その結果として，いわゆるダウンストリーム取引などで生じる換算差額は，原則として為替換算調整勘定で調整される。

(1) 外貨建取引により生じた未実現利益の消去

連結会社相互間で行われる棚卸資産や固定資産の売買取引は，通常，時価により行われるものと考えられる。このため，帳簿価額と取引価額の間に差額が生じた場合には，譲渡会社側の個別財務諸表で売却損益が生じる。この売却損益は，売却対象となった棚卸資産や固定資産等が連結外部に対して再譲渡されていない限り，連結財務諸表上では実現していないいわゆる未実現損益として取り扱われる。

このような連結会社間取引により取得した棚卸資産，固定資産その他の資産に含まれる未実現損益は，その全額を消去することとされている。ただし，未実現損失については，売手側の帳簿価額のうち回収不能と認められる部分は，消去しない（連結会計基準36項）。

また，連結会社間取引が外貨建取引である場合，未実現利益も換算の必要があるが，その換算相場は図表５−１に記載したとおりである（外貨建実務指針45項）。

図表５−１　外貨建未実現利益の換算に用いる為替相場

	国内会社→在外子会社 [※1]	在外子会社→国内会社 [※2]
原則	取得時または発生時の為替相場	
例外	決算時の為替相場または購入先での資産保有期間に基づいて計算した平均為替相場 [※3]	売却先（国内会社）の円貨残高を用いる

(※1) 親会社から在外子会社に資産が売却されたいわゆるダウンストリーム取引はこちらに含まれる。
(※2) 在外子会社から親会社に資産が売却されたいわゆるアップストリーム取引はこちらに含まれる。
(※3) この場合の外貨額は，購入先の外貨建資産残高に売却元の利益率を乗じて計算する。

(2) 外貨建未実現利益と為替換算調整勘定

図表５−１に記載したパターンのうち，国内会社から在外子会社へ資産を売

却した場合，売却側で把握される円換算後の未実現利益の金額と在外子会社の資産に含まれる未実現利益相当額の円換算後の金額に差額が生じる可能性がある（図表5－2参照）。

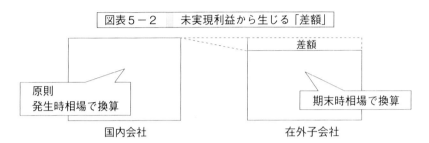

この換算により生じた「差額」については，為替換算調整勘定で処理することが原則と考えられる。なぜなら，未実現利益は，その実現時まで資産の連結上の簿価を調整するものであることから，連結会社間の債権債務に準ずるものとして取り扱うことが適当と考えられ，したがって，換算差額は為替換算調整勘定で調整すべきと考えられるためである[1]。

このため，図表5－2のように，発生時相場よりも期末時相場の方が円高になっているようなケースでは，期末時相場で換算した資産の額に親会社の利益率を生じて計算した額を資産から控除し，残額は為替換算調整勘定から控除する処理が原則となる。ただし，重要性がない場合には，国内会社側で把握した円貨ベースの未実現利益の金額を，全額有形固定資産から控除することも特に問題がないものと考えられる。

---

[1] 「外貨建取引・通貨関連デリバティブの会計実務［第2版］」伊藤眞著　中央経済社　246頁

第6章

受取配当金の相殺と為替換算調整勘定

1 在外子会社等の個別財務諸表上の為替換算調整勘定

 ポイント

- 利益剰余金の計上時の為替相場と支払配当金の配当決議時の為替相場が異なることによって、為替換算調整勘定が発生する。

在外子会社等の財務諸表項目の換算において支払配当金は、当該配当決議日の為替相場により円換算される。その結果、配当財源である利益剰余金の円換算額に用いた発生時の為替相場と配当決議日の為替相場から生ずる差額は、連結財務諸表上、利益剰余金を構成するとともに同額が為替換算調整勘定として計上され、当該子会社等の株式が売却または清算されるときまで残存する（外貨建実務指針44項）。在外子会社等の支払配当金の換算にはテンポラル法の考え方が残っているため、いわゆる換算のパラドックス(※)が生じる可能性がある。

(※)「換算のパラドックス」とは、テンポラル法を適用した場合に、外貨では純利益が計上され、一方、換算後の円貨では純損失となるようなケース、またはその逆のケースを指す。ここでは毎期の純損益の換算相場および配当決議時の為替相場が異なることにより、外貨ベースでは剰余金であるが円貨ベースでは欠損金、またはその逆となるようなケースを指している。

設例6－1　支払配当金と為替換算調整勘定の関係

ポイント
- 在外子会社等が配当金を支払うことにより，為替換算調整勘定が円換算された在外子会社等の個別財務諸表に発生する。

前提条件
(1) P社（親会社）の記帳通貨は円で，S社（子会社）の記帳通貨は米ドルである。
(2) P社はX1年（発生時相場：100円/米ドル）にS社を設立出資した。
(3) S社はX1年（発生時相場：100円/米ドル）に100百万米ドルの当期純利益を計上した。
(4) X2年（配当決議時の為替相場：80円/米ドル）にS社からP社に対して100百万米ドルの配当金を支払った。

会計処理（単位：百万米ドル）

① X2年配当金決議日

[S社個別]

(借) 利益剰余金 　　　（支払配当金）	100	(貸) 現金	100

前提条件(4)より

[S社換算後貸借対照表（配当金支払後）]

（外貨（米ドル）：百万米ドル，円貨：百万円）

科目	外貨	レート	円貨	科目	外貨	レート	円貨
資産	100	100	10,000	資本金	100	100	10,000
				利益剰余金	－	－	(※1) 2,000
				為替換算調整勘定	－	－	(※2) △2,000

(※1) 2,000百万円＝X1年当期純利益100百万米ドル×100円/米ドル（X1年発生時相場）
　－X2年支払配当金100百万米ドル×80円/米ドル（X2年配当決議時相場）
(※2) △2,000百万円＝資産10,000百万円－（資本金10,000百万円＋利益剰余金2,000百万円）

2　受取配当金の相殺で為替換算調整勘定が発生する場合

> 👉 **ポイント**
> - 取引発生時の為替相場について，さまざまな日付の為替相場が許容されているため，受取配当金と支払配当金の換算相場が異なる場合がある。これによる受取配当金と支払配当金の円換算額の差額は為替差損益に計上するものと考えられる。
> - 受取配当金（子会社の損益計算書）の換算相場と支払配当金（孫会社の利益剰余金）の配当決議時の為替相場が異なることによって，為替換算調整勘定が発生する。

(1) 適用する直物為替相場が異なる場合

　連結会計年度において確定した利益処分を基礎として連結決算を行う方法（確定方式）を前提とすると，在外子会社等が配当金を支払った場合，その配当金は発生時（配当決議時）の為替相場により円換算される。配当を受け取る親会社では，当該受取配当金は原則として，取引発生時の為替相場により円換算される（外貨建会計基準　一　1）。親会社が取引発生時の為替相場として取引が発生した日における直物為替相場（在外子会社等の配当決議時の直物相場）を採用した場合，親会社の受取配当金と在外子会社等の支払配当金の円換算額は一致する。

　しかし，取引発生時の為替相場としては，取引が発生した日における直物為替相場のほか合理的な基礎に基づいて算定された平均相場，例えば取引の行われた月または週の前月または前週の直物為替相場を平均したもの等，直近の一定期間の直物為替相場に基づいて算出されたものを採用することができる。また，取引が発生した日の直近の一定の日における直物為替相場，例えば取引の行われた月もしくは週の前月もしくは前週の末日または当月もしくは当週の初

日の直物為替相場によることも許容されている（外貨建会計基準注解 注2）。このため，在外子会社等の支払配当金の円換算額と配当を受け取った会社の円換算額に差異が生じることもある。当該差額は在外子会社等の外国通貨で表示されている財務諸表項目の換算によって生じた換算差額ではないため，為替換算調整勘定ではなく（外貨建会計基準 三 4参照），為替差損益に計上するものと考えられる。

設例6－2　配当金の換算相場が異なる場合の取扱い

ポイント
- 採用する取引発生時の為替相場が異なることによって，受取配当金の相殺に際して，差額が発生する。
- 当該差額は在外子会社等の財務諸表項目の換算差額ではないため，為替差損益になると考えられる。

前提条件
(1) P社の記帳通貨は円で，S社の記帳通貨は米ドルである。
(2) S社はP社の100％連結子会社である。
(3) S社はP社に対して100百万米ドルの配当金を支払う決議を行った（配当決議時相場：100円／米ドル）。P社は取引発生時の為替相場として取引が発生した月の前月末日の直物為替相場を採用している。配当が支払われた前月末日の為替相場は105円／米ドルであった。

会計処理（単位：円貨・百万円，外貨（米ドル）・百万米ドル）

① S社の配当金決議日

[P社個別（円貨）]

（借）現金	10,500	（貸）受取配当金	10,500

10,500百万円＝100百万米ドル×105円/米ドル（前月末相場）

[S社個別（外貨（米ドル））]

（借）利益剰余金 （支払配当金）	100	（貸）現金	100

前提条件(3)より

② P社（連結）決算日

[P社連結（受取配当金の相殺）]

（借）受取配当金	(※1) 10,500	（貸）利益剰余金 （支払配当金）	(※2) 10,000
		為替差益	(※3) 500

(※1) P社個別仕訳より
(※2) 10,000百万円＝100百万米ドル×100円/米ドル（配当決議時相場）
(※3) 差額で算出

(2) 在外子会社等が記帳通貨以外の通貨で配当金を受け取る場合

　配当を受け取る在外子会社等が円貨以外の外貨で記帳している場合で，かつ，記帳通貨以外の通貨で配当金を受け取る場合，日本基準を前提とすると，在外子会社等の個別財務諸表上受取配当金は配当決議時の為替相場により換算され，在外子会社等の個別財務諸表を連結財務諸表作成のために円換算するときは，原則として期中平均相場による円換算額を付する（外貨建会計基準 三 3）。このため，支払配当金と受取配当金が異なる為替相場により換算されることになり，相殺消去する際には差額が発生する。当該差額は在外子会社等の外国通貨で表示されている財務諸表項目の換算によって生じた換算差額であるため，

勘定科目は為替換算調整勘定として純資産の部に記載すると考えられる。

設例6−3　在外子会社等が記帳通貨以外の通貨で配当金を受け取る場合

（ポイント）
- 支払側は発生時の為替相場により円貨に換算されるのに対して、受取側は期中平均相場により円貨に換算されるため、差額が発生する。
- 当該差額は在外子会社等の財務諸表項目の換算差額であるため、為替換算調整勘定に計上するものと考えられる。

（前提条件）
(1) S1社の記帳通貨は米ドルで、S2社（子会社）の記帳通貨は円である。
(2) S2社はS1社の100%連結子会社である。
(3) S2社はS1社に対して10,000百万円の配当金を支払うとの決議を行った（配当決議時相場：100円/米ドル）。
(4) 期中平均相場は125円/米ドルとする。なお、換算相場の関係は次表のとおりである。

	記帳通貨	配当に係る換算相場	個別財務諸表の円換算相場
P社（親会社）	円	−	−
↓100%連結子会社			
S1社（子会社）	米ドル	配当決議時相場 （100円/米ドル）	期中平均相場 （125円/米ドル）
↓100%連結子会社			
S2社（孫会社）	円	配当決議時相場 （100円/米ドル）	−

第6章 受取配当金の相殺と為替換算調整勘定　143

> 会計処理（単位：円貨・百万円，外貨（米ドル）・百万米ドル）

① S2社の配当金決議（支払）日

[S1社（外貨（米ドル））]

（借）現金	100	（貸）受取配当金	100

100百万米ドル＝10,000百万円÷100円/米ドル（配当決議時相場）

[S2社（円貨）]

（借）利益剰余金 　　　（支払配当金）	10,000	（貸）現金	10,000

前提条件(3)より

② P社（連結）決算日

[S1社の外貨建個別財務諸表を円貨建個別財務諸表に換算]

受取配当金：12,500百万円（※）

（※）100百万米ドル×125円/米ドル（期中平均相場）

[P社連結（円貨）（受取配当金の相殺）]

（借）受取配当金	(※1) 12,500	（貸）利益剰余金 　　　（支払配当金）	(※2) 10,000
		為替換算調整勘定 　　　（連結株主資本等変動計算書）	(※3) 2,500

（※1）S1社換算後個別財務諸表より
（※2）S2社個別仕訳より
（※3）差額により算出（2,500百万円＝S2社支払配当金10,000百万円－S1社受取配当金100百万米ドル×125円/米ドル（期中平均相場））

第7章

決算期ズレ・決算期変更の場合の取扱い

1 決算期ズレと債権債務の相殺

 ポイント

- 決算期がズレている場合は，その差異が3か月以内ならば許容されるが，原則的には仮決算を行う。
- 決算期のズレが3か月以内であっても，子会社等の決算時の為替相場と連結決算日の為替相場との間に重要な変動があれば仮決算を行う必要がある。
- 仮決算を行わない場合でも，外貨建債権債務に重要な差異が発生していれば当該差異を補正する必要がある。

　子会社の決算日が連結決算日と異なる場合，子会社は連結決算日に正規の決算に準ずる合理的な手続（仮決算）を行うことが原則である（連結会計基準16項）。ただし，子会社の決算日と連結決算日の差異が3か月を超えない場合には，子会社の正規の決算を基礎として連結決算を行うことができる。この場合には，子会社の決算日と連結決算日が異なることから生じる連結会社間の取引に係る会計記録の重要な不一致について，必要な整理を行うものとしている（連結会計基準（注4））（図表7－1参照）。

図表７－１　決算期ズレと連結会社間取引の整理

＜連結財務諸表の財政状態や経営成績の歪み＞

	子会社（12月決算）	→ １月に100売上	親会社（３月決算）
３月決算に取り込む個別財務諸表	該当なし		仕入　100／買掛金100
連結財務諸表	（借）仕　入　100　（貸）買掛金(※)　100 →連結会社間取引であるにもかかわらず連結財務諸表に表示されている。		

＜歪みを補正するための必要な整理＞

	子会社（12月決算）	→ １月に100売上	親会社（３月決算）
３月決算に取り込む個別財務諸表	該当なし		仕入　100／買掛金100
連結補正仕訳	（借）売掛金(※)　100　（貸）売上高　100 →１月の子会社の売上取引を連結上取り込む。		
相殺消去仕訳	（借）買掛金(※)　100　（貸）売掛金(※)　100 （借）売上高　100　（貸）仕　入　100		
連結財務諸表	表示なし →連結会社間取引は相殺消去されている。		

（※）当該債権債務が３月末までに決済されていないことを前提としている。

　上述の基準に準拠すると，外貨ベースでの連結会社間の債権債務には重要な差異は生じないこととなる。しかし，在外子会社等の決算日が連結決算日と異なる場合，在外子会社等の貸借対照表項目の換算に適用する決算時の為替相場は，在外子会社等の決算日における為替相場になる（外貨建実務指針33項）。他方，親会社の債権債務は決算日（連結決算日）の為替相場で換算されるため（外貨建会計基準　一　2(1)②），これらの為替相場の相違に起因する差異が連結会社間の円貨建債権債務に生じることとなる。

　なお，連結決算日との差異期間内において為替相場に重要な変動があった場合には，在外子会社等は連結決算日に正規の決算に準ずる合理的な手続による

決算（仮決算）を行い，当該決算に基づく貸借対照表項目を連結決算日の為替相場で換算することとしている（外貨建実務指針33項なお書き）。在外子会社等が仮決算を行ったうえで個別財務諸表を連結財務諸表に取り込めば，連結会社間の重要な不一致は発生せず，また，為替相場の相違による債権債務の差異も発生しないはずである。

連結財務諸表の作成手続上，連結会社相互間の債権と債務とは，相殺消去するが（連結会計基準31項），在外子会社等が仮決算を行わない場合に発生し得る為替相場の相違に起因する差異の会計処理は会計基準上で明示されていない。このため，その他項目など，資産・負債で調整することも考えられるが，当該在外子会社等の個別財務諸表の換算の結果生じたものであり，未実現の為替差額としての性格を有すると考えられることから，為替換算調整勘定として処理するものと考えられる。

なお，当該差額が在外子会社の外国通貨で表示されている財務諸表項目の換算によって生じた換算差額ではない場合には，為替換算調整勘定ではなく（外建会計基準 三 4参照），為替差損益に計上することになると考えられる（図表7-2参照）。

いずれにせよ，会計基準上，会計処理が明示されていないため，経営者は会計処理方法を定め，毎期継続して適用する必要があると考えられる。

図表7-2　連結子会社と決算日と連結決算日が相違している場合の取扱い

	ケース	処理方法
①	原則処理を選択した場合	仮決算
②	為替変動が重要な場合	仮決算
③	連結会社間の債権債務に重要な不一致がある場合（不一致の原因が取引の発生による場合）	・決算期のズレの間に発生した連結会社間債権債務の増減額を認識する。 ・認識された連結会社間債権債務の増減額の相手勘定は，特定可能であればその勘定を，特定不能であれば「その他資産」「その他負債」などの勘定で処理する方法が考えられる。

④	連結会社間の債権債務に重要な不一致がある場合（不一致の原因が為替相場の相違による場合）	・決算期のズレの間に発生した連結会社間債権債務の増減額を認識する。 ・認識された連結会社間債権債務の増減額の相手勘定を為替換算調整勘定または為替差損益として処理する方法が考えられる。
⑤	重要な不一致がない場合	「その他資産」「その他負債」などの勘定で処理する方法が考えられる。

設例7-1　決算期ズレの場合の連結会社間債権債務の相殺

ポイント

- 在外子会社等が仮決算を行わない場合，決算期がズレていることによる為替相場の変動に起因する債権債務の差異は，為替換算調整勘定または為替差損益として処理する。
- 本設例の場合，債権債務の差異は決算時の外貨建債権債務の換算によって生じたと考えられるため，為替差損益として処理するのが適当と考えられる。これにより，決算時における借入金および貸付金残高の換算により発生する為替差損益が相殺されることになる。

前提条件

(1) P社（親会社）の決算日（連結決算日）は3月31日であり，記帳通貨は円である。また，S社（子会社）の決算日は12月31日であり，記帳通貨は米ドルである。
(2) P社からS社に対して10月1日に100百万ユーロを貸し付け，連結決算日時点では決済されていない。
(3) 為替相場は以下のとおりとする。

　　取引時（10月1日）相場：100円/ユーロ，100円/米ドル
　　S社決算時（12月31日）相場：125円/ユーロ，100円/米ドル
　　P社（連結）決算時（3月31日）相場：110円/ユーロ，100円/米ドル

(4) S社の決算時相場と連結決算日の為替相場に重要な変動はないと判断している。
(5) 債権債務の差異が決算時の外貨建債権債務の換算によって生じたと考えられる場合は為替差損益，在外子会社の財務諸表項目の換算によって生じたと考えられる場合は為替換算調整勘定で処理する会計処理方法を毎期継続して適用している。

会計処理（単位：円貨・百万円，外貨（米ドル）・百万米ドル）

① 取引日（10月1日）

[P社個別（円貨）]

| （借）貸付金 | 10,000 | （貸）現金 | 10,000 |

10,000百万円＝100百万ユーロ×100円/ユーロ（取引時相場）

[S社個別（外貨（米ドル）]

| （借）現金 | 100 | （貸）借入金 | 100 |

100百万米ドル＝100百万ユーロ×100円/ユーロ÷100円/米ドル

② S社決算日（12月31日）

[P社個別]

仕訳なし

[S社個別（外貨（米ドル））]

| （借）為替差損 | 25 | （貸）借入金 | 25 |

25百万米ドル＝100百万ユーロ×125円/ユーロ÷100円/米ドル－100百万米ドル

③ P社（連結）決算日（3月31日）

[P社個別（円貨）]

| （借）貸付金 | 1,000 | （貸）為替差益 | 1,000 |

1,000百万円＝100百万ユーロ×110円/ユーロ－10,000百万円

[S社個別]

仕訳なし

[P社連結（円貨）]

■決算期ズレの調整仕訳

| （借）借入金 | 1,500 | （貸）為替差益 | 1,500 |

1,500百万円＝（100百万米ドル＋25百万米ドル）×100円/米ドル（S社決算時相場）－貸付金残高11,000百万円

決算期ズレの調整を為替差益で行った場合，S社の期中平均相場を100円/米ドルとすると，連結財務諸表上，為替差損益はすべて相殺されることとなる（25百万米ドル×100円/米ドル－1,000百万円－1,500百万円＝0）。

■債権債務の相殺処理

| （借）借入金 | (※)11,000 | （貸）貸付金 | 11,000 |

(※) 借入金残高11,000百万円＝（100百万米ドル＋25百万米ドル）×100円/米ドル（S社決算時相場）－決算期ズレの調整1,500百万円

設例7－2　決算期ズレの場合の連結会社間債権債務の相殺（子会社間の取引）

（ポイント）
- 在外子会社等が仮決算を行わない場合，決算期がズレていることによる為替相場の変動に起因する債権債務の差異は，為替換算調整勘定または為替差損益として処理する。
- 本設例の場合，債権債務の差異は在外子会社の財務諸表項目の換算によって生じたと考えられるため，為替換算調整勘定として処理するのが適当と考えられる。これにより，借入金および貸付金残高の円換算により発生する為替換算調整勘定が相殺されることになる。

（前提条件）
(1) P社（親会社）の決算日（連結決算日）およびA社（子会社）の決算日は3月31日で，B社（子会社）の決算日は12月31日である。記帳通貨は，P社が円で，A社およびB社はユーロである。

(2) A社からB社に対して10月1日に100百万ユーロを貸し付け、連結決算日時点では決済されていない。
(3) 為替相場は以下のとおりとする。
取引時（10月1日）相場：100円/ユーロ
B社決算時（12月31日）相場：125円/ユーロ
P社（連結）およびA社決算時（3月31日）相場：110円/ユーロ
(4) B社の決算時相場と連結決算日の為替相場に重要な変動はないと判断している。
(5) 債権債務の差異が決算時の外貨債権債務の換算によって生じたと考えられる場合は為替差損益、在外子会社の財務諸表項目の換算によって生じたと考えられる場合は為替換算調整勘定で処理する会計処理方法を毎期継続して適用している。

(会計処理（単位：円貨・百万円，外貨（ユーロ）・百万ユーロ）)

① 取引日（10月1日）

[P社個別]

| 仕訳なし |

[A社個別（外貨（ユーロ））]

| （借）貸付金 | 100 | （貸）現金 | 100 |

前提条件(2)より

[B社個別（外貨（ユーロ））]

| （借）現金 | 100 | （貸）借入金 | 100 |

前提条件(2)より

② B社決算日（12月31日）

[P社個別]

| 仕訳なし |

[A社個別]

| 仕訳なし |

[B社個別]

> 仕訳なし

③ P社（連結）決算日（3月31日）

[P社個別]

> 仕訳なし

[A社個別]

> 仕訳なし

[B社個別]

> 仕訳なし

[P社連結（円貨）]

■決算期ズレの調整仕訳

(借) 借入金	1,500	(貸) 為替換算調整勘定 （当期発生額）	1,500

1,500百万円＝（100百万ユーロ×125円/ユーロ（B社決算時相場））－（100百万ユーロ×110円/ユーロ（A社決算時相場））

　B社借入金残高の円換算で発生する為替換算調整勘定（借方）は，A社貸付金残高の円換算で発生する為替換算調整勘定（貸方）に比べ1,500百万円（100百万ユーロ×（125円/ユーロ－110円/ユーロ））多く計上されることになるが，連結財務諸表上消去される借入金および貸付金残高から為替換算調整勘定が発生するのは適当ではない。上記決算期ズレの調整仕訳により当該為替換算調整勘定は相殺されることになる。

■債権債務の相殺処理

(借) 借入金	(※1) 11,000	(貸) 貸付金	(※2) 11,000

(※1) 11,000百万円＝（100百万ユーロ×125円/ユーロ（B社決算時相場））－決算期ズレの調整仕訳1,500百万円
(※2) 11,000百万円＝100百万ユーロ×110円/ユーロ（A社決算時相場）

2 決算期ズレと受取配当金の相殺

 ポイント

- 決算期がズレている会社間の配当金については，仮決算を行わない場合であっても，当該配当金に関する補正をすることが一般的である。

例えば，在外子会社等の決算日が12月末で，決算により確定した利益剰余金を翌年3月に配当金として支出した場合，在外子会社等の財務諸表には翌事業年度に当該支払配当金が認識される。他方，連結決算日が3月末であれば，親会社の財務諸表には当事業年度に当該受取配当金が認識されることとなる。子会社の決算日と連結決算日の差異が3か月以内であるため，子会社の12月決算の財務諸表をそのまま連結手続上取り込むことが許容されているが（連結会計基準（注4）），連結会社間の配当金の授受は重要な連結会社間取引と考えられるため，必要な補正をする必要がある（連結会計基準（注4）ただし書き）。必要な補正が行われると，連結会社間取引の差異は発生せず，為替換算調整勘定（または為替差損益）も発生しない。

設例7－3 決算期ズレの場合の配当金の相殺消去

ポイント

- 親会社が受取配当金を認識した日，つまり子会社の配当決議時の為替相場で換算した金額により補正することで連結会社間取引の差異は発生しない。

前提条件

(1) P社（親会社）の決算日（連結決算日）は3月31日で記帳通貨は円で，S社（100％連結子会社）の決算日は12月31日で記帳通貨は米ドルである。
(2) S社は3月20日に100百万米ドルの配当決議を行い，同日に100百万米ドルをP社へ送金した。

(3) 為替相場は以下のとおりとする。

　　S社決算時（12月31日）相場：125円/米ドル

　　配当決議時（3月20日）相場：100円/米ドル

　　P社（連結）決算時（3月31日）相場：110円/米ドル

会計処理（単位：円貨・百万円，外貨（米ドル）・百万米ドル）

① S社の配当金決議日（3月20日）

［P社個別（円貨）］

（借）現金	10,000	（貸）受取配当金	10,000

10,000百万円＝100百万米ドル×100円/米ドル（配当決議時相場）

［S社個別（外貨（米ドル））］

（借）利益剰余金 　　　（支払配当金）	100	（貸）現金	100

前提条件(2)より

（※）S社は12月決算であるため，翌事業年度の財務諸表に計上される。

② P社（連結）決算日（3月31日）

［P社連結（円貨）］

■決算期ズレによる補正仕訳

（借）利益剰余金 　　　（支払配当金）	10,000	（貸）現金	10,000

10,000百万円＝100百万米ドル×100円/米ドル（配当決議時相場）

■受取配当金の相殺

（借）受取配当金	10,000	（貸）利益剰余金 　　　（支払配当金）	10,000

3 決算期変更と為替換算調整勘定

(1) 決算期変更による決算期の統一

① 決算期が相違する連結子会社

　親会社と連結子会社の決算期が相違する場合，原則として，連結子会社は親会社の決算日（連結決算日）に正規の決算に準ずる合理的な手続による決算，いわゆる仮決算を行う（連結会計基準16項）。ただし，連結子会社の決算日と親会社の決算日の差異が3か月を超えない場合，重要な連結会社間取引に係る一定の調整を行ったうえで，当該子会社の正規の決算を基礎に連結決算を行うことができるとされている（連結会計基準（注4））。

② 決算期変更による決算期の統一

ⅰ）連結子会社の決算期変更による決算期の統一

　例えば，親会社が3月決算であるのに対し，在外子会社が12月決算であるようなケースは比較的多い。このとき，決算期の統一を目的として，在外子会社の決算期を3月に変更する例も，近年ではよく見られる。

ⅱ）親会社の決算期変更による決算期の統一

　ⅰ）の前提条件と同様，親会社が3月決算，在外子会社が12月決算の場合に，親会社が12月に決算期を変更することにより決算期を統一する方法を採用するケースも最近ではいくつか見られるところである。

③ 決算期変更（統一）を行う時期

　連結子会社の事業年度等に関する事項の変更は，会計方針の変更には該当しない（「『連結財務諸表の用語，様式及び作成方法に関する規則等の一部を改正する内閣府令（案）』等に対するパブリックコメントの概要及びそれに対する金融庁の考え方」（平成22年9月30日金融庁）No.17）。また，親会社自身の決算期の変更も，一般には事実の変更によるものと捉えられ，会計方針の変更に

は該当しないものと考えられる。

したがって，②に示したような決算期の統一について，原則として，期首において変更を行わなければならないとするような明文の規定はないものの，四半期報告制度や次年度以降の比較情報の有用性等を考慮し，会計方針の変更に準じ，期首から変更することが適当と考えられるとされている（会計制度委員会研究報告第14号「比較情報の取扱いに関する研究報告（中間報告）」Ⅱ6のA(1)）。

(2) 決算期が変更された場合の具体的な会計処理

「(1)決算期変更による決算期の統一　②　決算期変更による決算期の統一」に記載したケースと同様，親会社が3月決算，子会社が12月決算であるとして，子会社が3月決算に変更した場合（「変更後①」），および親会社が12月決算に変更した場合（「変更後②」）のイメージは図表7-3のとおりである。

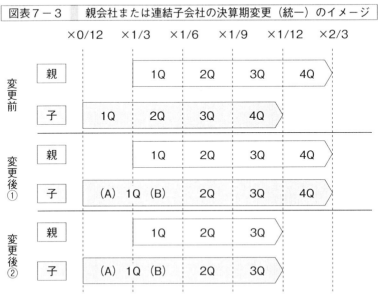

図表7-3　親会社または連結子会社の決算期変更（統一）のイメージ

(出典)「決算期変更・期ズレ対応の実務Q&A」新日本有限責任監査法人編　中央経済社135頁を一部修正

子会社が決算期変更した場合，連結決算が12か月であるのに対し，連結決算に取り込まれる当該子会社の決算は15か月となる。一方，親会社が決算期変更した場合，連結決算（当該親会社の法定決算）が9か月となるのに対し，連結決算に取り込まれる子会社の決算は12か月となる。

いずれの場合にも，連結決算と子会社決算に3か月分の「ズレ」が生じることになるが，図表7－3における（A）の期間（X1年1月からX1年3月まで）の損益の会計処理については，以下の2つの方法がある（会計制度委員会研究報告第14号「比較情報の取扱いに関する研究報告（中間報告）」Ⅱ6のA(3)）。

① 連結子会社のX1年1月からX1年3月までの損益について，利益剰余金で調整する方法
② 連結子会社のX1年1月からX1年3月までの損益について，損益計算書を通して調整する方法

① 利益剰余金で調整する方法

利益剰余金で調整する方法を採用した場合，連結子会社のX1年1月からX1年3月までの当期純利益のうち親会社持分は，連結株主資本等変動計算書の利益剰余金に「決算期の変更に伴う子会社剰余金の増加高（または減少高）」などの適切な科目により加減して表示する。

② 損益計算書を通して調整する方法

損益計算書を通して調整する方法を採用した場合，連結子会社のX1年1月からX1年3月までの損益（収益および費用）は，連結損益計算書の各項目に含めて表示される。すなわち，年度決算であれば，12か月（または9か月）の連結決算に対して，15か月（または12か月）分の子会社の損益計算書が取り込まれることになる。

③ 為替換算調整勘定の取扱い

従前決算期がズレていた子会社が在外子会社である場合,図表7-3の(A)の期間においても為替換算調整勘定(その他の包括利益)が発生する。図表7-3を例に取ると,親会社または子会社が決算期を変更した際,当該3か月間の為替換算調整勘定の取扱いは,損益を利益剰余金で調整するか,損益計算書を通して調整するかにより異なり,その会計処理は図表7-4のとおりである。

図表7-4　決算期変更の際の為替換算調整勘定の取扱い

損益に係る会計処理	為替換算調整勘定の取扱い
① 利益剰余金で調整する方法	当期純利益と同様,為替換算調整勘定の増減額も連結株主資本等変動計算書で直接加減される
② 損益計算書を通して調整する方法	為替換算調整勘定の増減額(非支配株主持分相当額を含む。)はその他の包括利益(連結包括利益計算書)に表示される

(3) 決算期変更の際の在外子会社の財務諸表項目の換算相場

在外子会社の財務諸表項目の換算相場については,「第1章　在外子会社等の財務諸表項目の換算と為替換算調整勘定の発生　3　在外子会社および在外関連会社の財務諸表項目の換算」に記載のとおりである。すなわち,原則どおり期中平均相場で換算するか,または例外的に期末相場で換算するかという選択肢があり,このほかに,四半期決算における取扱いが四半期ごとの積上げ(四半期単位積上げ方式),または洗替え(累計差額方式)という2つの方法があることから,これらの組み合わせにより,在外子会社の損益計算書の換算方法は4パターンに分かれる。

ここで,図表7-3のような決算期変更が在外子会社において行われた場合,収益および費用の換算相場は,決算期変更に際して損益を利益剰余金で調整するか,損益計算書を通して調整するかにより取扱いが異なる。

① 利益剰余金で調整する方法を採用した場合

利益剰余金で調整する方法を採用した場合の換算相場を，図表7－5において示している。この方法では，決算期変更を行った年度の最初の3か月の損益を利益剰余金に直接加減することになるため，当該3か月の損益のみ，それより後の期間の損益計算書項目と異なる換算相場を用いて換算することになると考えられる。

図表7－5　利益剰余金で調整する方法を採用した場合の換算相場(※1)

会計方針	種別	Q1	年度（※2）
期中平均（積上げ）	剰余金部分	X1年1月～3月平均	同左
	P/L部分	X1年4月～6月平均	各四半期の積上げ
期中平均（累計差額）	剰余金部分	X1年1月～3月平均	同左
	P/L部分	X1年4月～6月平均	年度（通期）平均
期末（積上げ）	剰余金部分	X1年3月末	同左
	P/L部分	X1年6月末	各四半期の積上げ
期末（累計差額）	剰余金部分	X1年3月末	同左
	P/L部分	X1年6月末	X2年3月末

(※1) ここでは，第1四半期と年度末の換算レートのみを示している。
(※2) 第2四半期および第3四半期は，年度の取扱いに準じる。
(出典)「決算期変更・期ズレ対応の実務Q&A」新日本有限責任監査法人編　中央経済社　151頁

② 損益計算書を通して調整する方法を採用した場合

損益計算書を通して調整する方法を採用した場合の換算相場を，図表7－6において示している。この方法では，決算期変更を行った年度の損益計算書項目をすべて損益計算書に表示するため，その換算も損益計算書の換算方法に従うことになる。

なお，四半期単位積上げ方式を採用している場合，親会社の第1四半期連結決算に含まれる損益は6か月分となるが，このときの換算方法として，3か月ごとの積上げとするか，6か月を一括して換算するかについては，厳密に3か月ごとに積上げすべきと考えるか，あくまで6か月が一計算期間と考えるかに

よって，いずれの方法も取りうるものと思われる。

図表7－6　損益計算書を通して調整する方法を採用した場合の換算レート[※]

会計方針	Q1	年度
期中平均（積上げ）	X1年1月～6月平均または3か月ごとの積上げ	各四半期の積上げ
期中平均（累計差額）	X1年1月～6月平均	年度（通期）平均
期末（積上げ）	X1年6月末または3か月ごとの積上げ	各四半期の積上げ
期末（累計差額）	X1年6月末	X2年3月末

(※) ここでは，第1四半期と年度末の換算レートのみを示している。
(出典)「決算期変更・期ズレ対応の実務Q&A」新日本有限責任監査法人編　中央経済社
　　152頁

第8章

連結キャッシュ・フロー計算書での取扱い

1 連結キャッシュ・フロー計算書の作成と為替換算調整勘定の調整

 ポイント

- 在外子会社の円換算後の財務諸表または連結財務諸表を基に連結キャッシュ・フロー計算書を作成する場合，為替換算調整勘定の調整が必要となる。

本章では，連結キャッシュ・フロー計算書の作成時における為替換算調整勘定の調整について取り扱う。実務上，連結キャッシュ・フロー計算書の作成は，連結貸借対照表や連結損益計算書の作成後に行われることが通常であり，多くの企業では連結貸借対照表等または各社の円貨建の貸借対照表等を基に連結キャッシュ・フロー計算書を作成しているものと思われる。為替換算調整勘定またはその増減額は最終的に連結キャッシュ・フロー計算書においては明示されないものの，連結キャッシュ・フロー計算書の作成にあたっては，調整が必要となる。

連結キャッシュ・フロー計算書の作成方法としては，各社の個別キャッシュ・フロー計算書を合算して作成する方法（原則法）のほか，連結財務諸表を基に作成する方法（簡便法）がある。

このうち，原則法で，かつ，在外子会社の外貨建財務諸表を基に個別キャッシュ・フロー計算書を作成する場合には，連結会社間の取引の換算相場の差の調整を除き，為替換算に係る調整は不要となる。

一方，原則法ではあるが在外子会社の円換算後の財務諸表を基に個別キャッシュ・フロー計算書を作成する場合および簡便法による場合には，在外子会社の外貨建財務諸表項目を円換算した際の影響について，原則として為替換算調整勘定の分析をしたうえで調整する必要がある（連結キャッシュ・フロー実務指針18項）（図表8－1参照）。

図表8－1　キャッシュ・フロー計算書の作成方法と為替換算調整の要否

	連結キャッシュ・フロー計算書の作成方法	為替換算に係る調整
原則法	在外子会社の外貨建財務諸表を基礎	不要
	在外子会社の円換算後財務諸表を基礎	必要
簡便法	連結財務諸表を基礎	必要

なお，在外子会社の各表示区分のキャッシュ・フローに重要性がない場合や為替相場の変動による影響額が重要でないと認められる場合には，当該調整を行わず，「現金及び現金同等物に係る換算差額」に含めて表示することができる（連結キャッシュ・フロー実務指針18項なお書き）。

2　在外子会社のキャッシュ・フローの換算方法

ポイント

- 在外子会社のキャッシュ・フロー（資本取引により生じるものを除く）は，外貨建貸借対照表項目の増減額も含め，収益および費用と同様の為替相場により換算する。

在外子会社における外貨建キャッシュ・フローは，外貨建会計基準　三　3における収益および費用の換算方法に準じて換算するとされている（連結キャッ

シュ・フロー作成基準 第二 四)。

　この取扱いは、「利息の支払額」や「長期借入による収入」等のいわゆる総額表示項目に限らず、「売上債権の増減額」や「短期借入金の増減額」等の貸借対照表科目の増減に係る、いわゆる純額表示項目にも適用される。したがって、在外連結子会社の貸借対照表項目の増減に係るキャッシュ・フローは、外貨建貸借対照表における増減額に、期中平均相場（原則）または当期の決算時の為替相場（容認）を乗じることにより算定される。

　これに対し、連結貸借対照表の作成過程において在外子会社の資産および負債は決算時の為替相場により円換算される。このため、外貨建キャッシュ・フローの円換算額と前期および当期それぞれの決算時の為替相場で換算された円換算後の貸借対照表の増減額とは一致しない。すなわち、原則法において在外連結子会社の円換算後の貸借対照表および損益計算書を用いる場合、ならびに簡便法による場合、前期と当期の決算時の為替相場の変動による影響額が、円換算後の資産および負債の増減額に含まれて算出されてしまうことにより、上記の不一致が生じる。当該影響額が連結キャッシュ・フロー計算書の作成上調整が必要となる為替換算調整勘定（より厳密にいえば為替換算調整勘定の当期変動額の一部）に他ならない（図表8－2参照）。

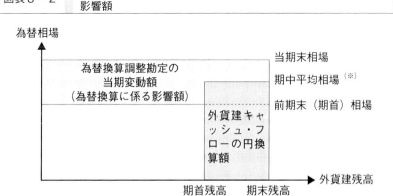

図表8－2　在外子会社の貸借対照表項目の増減に含まれる為替換算に係る影響額

（※）収益および費用を期中平均相場で換算する方法（原則的な方法）を想定している。

3　連結キャッシュ・フロー計算書（原則法）の為替換算調整勘定の調整

 ポイント

- 在外子会社各社の貸借対照表項目の円貨建増減額に含まれる為替換算影響額（外貨建増減額に収益および費用の換算相場を乗じた金額との差額）を集計する。

　原則法による場合，各連結会社の個別キャッシュ・フロー計算書を合算して連結キャッシュ・フロー計算書を作成することになる。このとき，在外子会社においては，まず外貨建個別財務諸表から外貨建個別キャッシュ・フロー計算書を作成し，これを在外子会社の収益および費用の換算方法に準じて円換算したものが，あるべき当該在外子会社の円貨建個別キャッシュ・フロー計算書である。しかし，実務上の理由等により在外子会社の円換算後の財務諸表を基に各在外子会社の円貨建個別キャッシュ・フロー計算書を作成する場合には，その過程で為替換算調整勘定（外貨建増減額に収益および費用の換算相場を乗じた金額との差額）を集計したうえで，調整を行う必要がある。

　連結キャッシュ・フロー作成基準では営業キャッシュ・フローの表示方法として主要な取引ごとに収入総額と支出総額を記載する方法（直接法）と，純利益に必要な調整項目を加減して表示する方法（間接法）とがある（連結キャッシュ・フロー作成基準　第三　一）が，以下の設例では，便宜上間接法による表示を前提とする。

　なお，以下の設例では取り扱わないが，間接法を採用した場合，連結財務諸表上相殺消去された債権債務から生じた為替換算差額は，営業キャッシュ・フローの区分に表示される「為替差損益」に加減算することにより調整する必要がある。すなわち，当該為替換算差額のうち，連結損益計算書上為替差損益に計上されているものは税金等調整前当期純利益の調整項目として加減算する。なお，上記の為替差額の金額が連結キャッシュ・フロー計算書に重要な影響を

与えない場合には，簡便的に当該為替差損益を一括して「現金及び現金同等物に係る換算差額」に含めることができる（連結キャッシュ・フロー実務指針45項）。

設例8－1　原則法による連結キャッシュ・フロー計算書の作成

（ポイント）

- 在外子会社の貸借対照表項目について，①外貨建増減額×収益および費用の換算相場と②円換算後増減額との差額を集計し，為替換算調整勘定の当期変動額との一致を確かめることにより，在外子会社の外貨建キャッシュ・フローに含まれる為替換算の影響が正しく調整されたことを確認できる。

（前提条件）

(1) P社（親会社）は，X3年3月31日現在，在外連結子会社S社を有している。P社はX1年3月31日にS社の発行済株式総数の60％を6,000百万円（60百万米ドル，100円/米ドルで換算）で取得した。

(2) 各社の会計期間はX2年4月1日からX3年3月31日である。P社の当期の個別キャッシュ・フロー計算書（間接法）およびS社の前期末および当期末の貸借対照表ならびに当期の損益計算書およびP社のS社に対する持分計算表は以下に示すとおりである。なお，X1年3月31日（新規取得日）時点のS社の資産および負債の簿価と時価は一致している。

(3) S社は商品をP社から仕入れ，現地で販売している。期首および期末時点のP社に対する買掛金はそれぞれ200百万円，250百万円であった。

(4) S社は当期中に配当金6百万米ドルをP社に支払っている（非支配株主分を含めた配当金総額は10百万米ドルである）。

(5) S社の棚卸資産に含まれている未実現利益は期首1百万米ドル，期末2百万米ドルである。

(6) 在外子会社S社の財務諸表項目等の換算相場は以下のとおりである。

支配獲得時：100円/米ドル

期首における資産および負債の換算相場：110円/米ドル

期末における資産および負債の換算相場：130円/米ドル

期中平均相場（収益および費用の換算相場）：120円/米ドル

配当決議（支払）時相場：125円/米ドル

(7) その他
　① S社の個別キャッシュ・フロー計算書は，S社の外貨建財務諸表を円換算したものを基に作成する。
　② 未実現利益の消去に伴う為替換算調整勘定の金額は便宜上無視する。

P社の個別キャッシュ・フロー計算書（間接法）

ここでは，S社の為替換算調整勘定の取扱いに焦点を当てるため，P社の個別キャッシュ・フロー計算書は所与とする。

（単位：百万円）

営業活動によるキャッシュ・フロー	
税引前当期純利益	5,000
減価償却費	1,300
受取利息及び受取配当金	△1,000
投資有価証券売却益	△200
売上債権の増加額	△750
棚卸資産の減少額	450
仕入債務の減少額	△800
小計	4,000
利息及び配当金の受取額	1,000
法人税等の支払額	△2,000
営業活動によるキャッシュ・フロー	3,000
投資活動によるキャッシュ・フロー	
有形固定資産の取得による支出	△2,700
投資有価証券の売却による収入	500
投資活動によるキャッシュ・フロー	△2,200
財務活動によるキャッシュ・フロー	
株式の発行による収入	2,000
財務活動によるキャッシュ・フロー	2,000
現金及び現金同等物に係る換算差額	－
現金及び現金同等物の増加額	2,800
現金及び現金同等物の期首残高	1,500
現金及び現金同等物の期末残高	4,300

S社の貸借対照表，損益計算書および持分計算表

[S社の貸借対照表]

	(単位：百万米ドル)			(単位：百万円)			
	X2/3/31	X3/3/31	増減	換算後増減 (@120円/米ドル)	X2/3/31 (@110円/米ドル)	X3/3/31 (@130円/米ドル)	円貨建増減
現金及び預金	5	10	5	600	550	1,300	750
売掛金	30	35	5	600	3,300	4,550	1,250
棚卸資産	20	30	10	1,200	2,200	3,900	1,700
有形固定資産（※）	95	85	△10	△1,200	10,450	11,050	600
資産合計	150	160	10	1,200	16,500	20,800	4,300
買掛金	20	25	5	600	2,200	3,250	1,050
未払法人税	5	10	5	600	550	1,300	750
長期借入金	25	15	△10	△1,200	2,750	1,950	△800
負債合計	50	50	−	−	5,500	6,500	1,000
資本金	60	60	−	−	6,000	6,000	−
利益剰余金	40	50	10	1,200	4,000	5,150	1,150
為替換算調整勘定	−	−	−	−	1,000	3,150	2,150
純資産合計	100	110	10	1,200	11,000	14,300	3,300
負債及び純資産合計	150	160	10	1,200	16,500	20,800	4,300

（※）有形固定資産については減価償却累計額控除後の残高を示している。

[S社の損益計算書]

	(単位：百万米ドル)	(単位：百万円) (@120円/米ドル)
売上高	240	28,800
売上原価	150	18,000
売上総利益	90	10,800
販売費及び一般管理費	55	6,600
支払利息	5	600
税引前当期純利益	30	3,600
法人税等	10	1,200
当期純利益	20	2,400

S社に対する持分計算表

	取引摘要	通貨	純資産の部				合計
			資本金	取得時 利益剰余金	取得後 利益剰余金	為替換算 調整勘定	
1	新規取得 (60%)	外貨	60	40			100
	(@100円/米ドル)	円貨	6,000	4,000			10,000
2	為調発生	外貨					
		円貨				1,000	1,000
	X2/3/31	外貨	60	40			100
	(@110円/米ドル)	円貨	6,000	4,000		1,000	11,000
3	利益計上	外貨			20		20
	(@120円/米ドル)	円貨			2,400		2,400
4	配当金支払	外貨			△10		△10
	(@125円/米ドル)	円貨			△1,250		△1,250
5	為調発生	外貨					
		円貨				2,150	2,150
	X3/3/31	外貨	60	40	10		110
	(@130円/米ドル)	円貨	6,000	4,000	1,150	3,150	14,300

(外貨(米ドル):百万米ドル,円貨:百万円)

非支配株主持分	親会社持分	投資原価	為替換算調整勘定(親会社持分)	連結上の利益剰余金
40	60	60		
4,000	6,000	6,000		
400	600		600	
4,400	6,600	6,000	600	
8	12			12
960	1,440			1,440
△4	△6			△6
△500	△750			△750
			1,290	
860	1,290		1,290	
44	66	60		6
5,720	8,580	6,000	1,890	690

> **S社の個別キャッシュ・フロー計算書(間接法)の作成**

S社個別キャッシュ・フロー精算表を170, 171頁に示す。

S社の個別キャッシュ・フロー計算書（間接法）の作成

S社の個別キャッシュ・フロー精算表（間接法）

貸借対照表	X2/3/31 (@110円/米ドル)	X3/3/31 (@130円/米ドル)	増減額 (@120円/米ドル)	為替換算差額	減価償却費	資産・負債増減	支払利息
現金及び預金	550	1,300	600	150			
売掛金	3,300	4,550	600	650		(600)	
棚卸資産	2,200	3,900	1,200	500		(1,200)	
有形固定資産	10,450	11,050	(1,200)	1,800	2,000		
買掛金	(2,200)	(3,250)	(600)	(450)		600	
未払法人税等	(550)	(1,300)	(600)	(150)			
長期借入金	(2,750)	(1,950)	1,200	(400)			
資本金	(6,000)	(6,000)	0	0			
利益剰余金	(4,000)	(5,150)	(1,200)	50			
為替換算調整勘定	(1,000)	(3,150)	0	(2,150)			
	0	0	0	0	2,000	(1,200)	0
キャッシュ・フロー計算書							
I 営業活動によるキャッシュ・フロー：							
税金等調整前当期純利益							
減価償却費					2,000		
支払利息							600
売上債権の増加額						(600)	
棚卸資産の増加額						(1,200)	
仕入債務の増加額						600	
小計					2,000	(1,200)	600
利息の支払額							(600)
法人税等の支払額							
営業活動によるキャッシュ・フロー					2,000	(1,200)	0
II 投資活動によるキャッシュ・フロー：							
有形固定資産の取得による支出							
投資活動によるキャッシュ・フロー					0	0	0
III 財務活動によるキャッシュ・フロー：							
長期借入れによる収入							
長期借入金の返済による支出							
配当金の支払額							
財務活動によるキャッシュ・フロー					0	0	0
IV 現金及び現金同等物に係る換算差額							
V 現金及び現金同等物の増加（減少）額					2,000	(1,200)	0
VI 現金及び現金同等物の期首残高							
VII 現金及び現金同等物の期末残高					2,000	(1,200)	0

【解説】

　上表の「増減額」は，S社の外貨建貸借対照表の純資産項目を含む各項目の外貨建の増減額を収益および費用の換算相場（期中平均相場：120円/米ドル）で換算した金額である。

　このため，期首および期末相場でそれぞれ換算した円貨建貸借対照表の増減額とは当然に一致しない。当該円貨建増減額と上表の「増減額」との差額は上表の「為替換算差額」として示している。S社の円換算後の貸借対照表の純資産の部に含まれる為替換算調整勘定の増減額とその他の「為替換算差額」の合計がゼロとなっていることを確認されたい。

第8章　連結キャッシュ・フロー計算書での取扱い　　171

(単位：百万円)

法人税等	固定資産取得	資金調達	資金返済	支払配当金	為替換算差額	現金及び現金同等物に係る換算差額	利益剰余金	現金及び預金の振替	合　計
					(150)	150		(750)	0
					(650)				0
					(500)				0
	(800)				(1,800)				0
					450				0
600					150				0
		1,000	(2,200)		400				0
					0				0
(1,200)				(1,200)	(50)		3,600		0
					2,150				0
(600)	(800)	1,000	(2,200)	(1,200)	0	150	3,600	(750)	0
							3,600		3,600
									2,000
									600
									(600)
									(1,200)
									600
0	0	0	0	0	0	0	3,600	0	5,000
									(600)
(600)									(600)
(600)	0	0	0	0	0	0	3,600	0	3,800
									0
	(800)								(800)
0	(800)	0	0	0	0	0	0	0	(800)
									0
									0
		1,000							1,000
			(2,200)						(2,200)
				(※)(1,250)					(1,250)
0	0	1,000	(2,200)	(1,250)	0	0	0	0	(2,450)
									0
					50	150			200
(600)	(800)	1,000	(2,200)	(1,250)	0	150	3,600	0	750
								550	550
(600)	(800)	1,000	(2,200)	(1,200)	0	150	3,600	550	1,300

　なお，在外子会社の各表示区分ごとのキャッシュ・フローに重要性がない場合または為替相場の変動による影響額が重要でないと認められる場合には，当該調整を行わず，円貨建貸借対照表の増減額等で調整したうえで，為替換算差額をまとめて「現金及び現金同等物に係る換算差額」に含めて表示することができる（連結キャッシュ・フロー実務指針18項）。

（※）配当金の支払いおよび増資等の資本取引に関連するキャッシュ・フローについては，当該キャッシュ・フロー発生時の為替相場による円換算額を付し，収益および費用の換算レートで換算した金額との差額を「Ⅳ現金及び現金同等物に係る換算差額」として調整する（連結キャッシュ・フロー実務指針17項）。

連結キャッシュ・フロー計算書（原則法・間接法）の作成

S社の為替換算調整勘定の調整は，170，171頁に掲げたS社の個別キャッシュ・フロー精算表で示したとおりであり，原則法で連結キャッシュ・フロー計算書を作成する場合においては，各社の個別キャッシュ・フロー計算書が作成された段階で為替換算調整勘定（為替換算差額）の調整は完了しているといえる。しかし，原則法ではこの後，作成した各社の個別キャッシュ・フロー計算書を合算したうえで，連結貸借対照表や連結損益計算書と同様に，連結会社間の債権債務の相殺消去に伴う増減額等，および連結会社間のキャッシュ・フローを相殺消去する必要があることに留意が必要である。

本書の趣旨からは外れるが，当該設例において，　前提条件　(3)，(4)および(5)により必要となる連結修正仕訳および連結キャッシュ・フロー精算表を以下に示す。

連結修正仕訳（単位：百万円）

[P社－S社間の売上債権・支払債務の相殺消去増加額に関する仕訳]

| （借）仕入債務の増減額 | 50 | （貸）売上債権の増減額 | 50 |

50百万円＝期末相殺消去額250百万円－期首相殺消去額200百万円

[P社－S社間の配当金に関するキャッシュ・フローの相殺消去]

| （借）税金等調整前当期純利益 | 750 | （貸）受取利息及び配当金 | 750 |
| （借）利息及び配当金の受取額 | 750 | （貸）配当金の支払額 | 750 |

750百万円＝配当金6百万米ドル×125円／米ドル

[P社－S社間取引の棚卸資産の未実現利益の消去増加額に関する修正]

| （借）税金等調整前当期純利益 | 150 | （貸）棚卸資産の増減額 | 150 |

150百万円＝期末未実現利益2百万米ドル×130円／米ドル－期首未実現利益1百万米ドル×110円／米ドル

なお，親会社の連結決算日と在外子会社の決算日の相違が3か月を超えない場合には，連結会社間の取引にかかる会計記録の重要な不一致について調整を行うことを前提に，在外子会社の正規の決算を基礎として連結決算を行うことができることとされている（連結会計基準（注4））。このとき，当該決算日の

相違による，為替相場の差から生じる消去差額の取扱いは基準上明確ではない。この点，当該差額は，実現した為替差損益を意味するものではなく，連結決算の過程で生じる未実現の為替差額としての性格を有すると考えられることから，為替換算の調整（為替換算調整勘定）として処理すべきであると考えられる。

【連結キャッシュ・フロー精算表】

（単位：百万円）

| | P社 | S社 | 合計 | 連結修正仕訳 | | | | 連結ベース |
				債権債務の消去増減	配当金の消去	未実現利益の消去増減	修正合計	
I 営業活動によるキャッシュ・フロー								
税金等調整前当期純利益	5,000	3,600	8,600		△750	△150	△900	7,700
減価償却費	1,300	2,000	3,300					3,300
受取利息及び配当金	△1,000		△1,000		750		750	△250
支払利息		600	600					600
投資有価証券売却益	△200		△200					△200
売上債権の（増加）減少額	△750	△600	△1,350	50			50	△1,300
棚卸資産の（増加）減少額	450	△1,200	△750			150	150	△600
仕入債務の増加（減少）額	△800	600	△200	△50			△50	△250
小計	4,000	5,000	9,000	0	0	0	0	9,000
利息及び配当金の受取額	1,000		1,000		△750		△750	250
利息の支払額		△600	△600					△600
法人税等の支払額	△2,000	△600	△2,600					△2,600
営業活動によるキャッシュ・フロー	3,000	3,800	6,800	0	△750	0	△750	6,050
II 投資活動によるキャッシュ・フロー								
有形固定資産の取得による支出	△2,700	△800	△3,500					△3,500
投資有価証券の売却による収入	500		500					500
投資活動によるキャッシュ・フロー	△1,900	△800	△2,500					△3,000
III 財務活動によるキャッシュ・フロー								
長期借入による収入		1,000	1,000					1,000
長期借入金の返済による支出		△2,200	△2,200					△2,200
株式の発行による収入	2,000		2,000					2,000
配当金の支払額		△1,250	△1,250		750		750	△500
財務活動によるキャッシュ・フロー	2,000	△2,450	△450		750		750	300

IV	現金及び現金同等物の換算差額	-	200	200					200
V	現金及び現金同等物の増加（減少）額	2,800	750	3,550	0	0	0	0	3,550
VI	現金及び現金同等物の期首残高	1,500	550	2,050					2,050
VII	現金及び現金同等物の期末残高	4,300	1,300	5,800					5,600

4 連結キャッシュ・フロー計算書（簡便法）の為替換算調整勘定の調整

 ポイント

- 原則法を採用した場合と同様，在外子会社の円貨建貸借対照表の増減額に含まれる為替影響額を把握する必要がある。

　連結キャッシュ・フロー計算書の作成は，各連結会社の個別キャッシュ・フロー計算書を連結することが原則とされるが，必要な連結修正が反映された連結財務諸表（連結貸借対照表，連結損益計算書および連結株主資本等変動計算書）を基に作成することも認められる（連結キャッシュ・フロー実務指針47項）。原則法では親会社を含む各連結会社の個別キャッシュ・フロー計算書を作成する必要があるが，事務的に煩雑となるため，連結会社が多い大企業では，各連結子会社から貸借対照表，損益計算書および株主資本等変動計算書等の純資産の変動を把握できる資料のほか，それらでは把握できない非資金損益項目や固定資産の取得・売却や資金調達等に関する情報を収集したうえで，別途作成した連結貸借対照表および連結損益計算書を基に連結キャッシュ・フロー計算書を作成する実務がむしろ一般的であるものと思われる。

　しかし，この場合でも原則法によった場合と同様，在外子会社の円貨建貸借対照表の増減額に含まれる為替影響額を調整する必要がある。したがって，在外子会社の貸借対照表の換算差額，すなわち，在外子会社から収集した期首および期末の外貨建貸借対照表をそれぞれの為替相場で換算した金額と，外貨建貸借対照表の当期増減額を期中平均相場等の収益および費用の換算に用いる為替相場で換算した金額との差額を把握する必要があることに留意する。

第8章 連結キャッシュ・フロー計算書での取扱い

設例8-2 簡便法による連結キャッシュ・フロー計算書の作成

ポイント

- 簡便法による場合も,在外子会社の円換算後貸借対照表項目に含まれる為替換算の影響額について,原則法と同様に把握する必要がある。

前提条件

(1) 以下に記載のない条件は設例8-1と同様とする。
(2) P社は,市場への株式発行により当期において2,000百万円の増資を行っており,その全額を資本金としている。
(3) 未実現利益の調整に係る非支配株主持分への調整は便宜上無視している。

在外子会社S社を連結したP社の期首および期末の連結貸借対照表は以下のとおりである。

X2年3月31日の連結貸借対照表

(単位:百万円)

	P社	S社	連結修正 投資と資本	連結修正 債権債務	連結修正 未実現利益	連結修正 非支配株主	連結合計
現金及び預金	1,500	550					2,050
売掛金	4,200	3,300		△200			7,300
棚卸資産	4,850	2,200			△110		6,940
有形固定資産	15,100	10,450					25,550
投資有価証券	1,000						1,000
子会社株式	6,000		△6,000				-
買掛金	△4,600	△2,200		200			△6,600
未払法人税等	△400	△550					△950
長期借入金	-	△2,750					△2,750
資本金	△18,000	△6,000	3,600			2,400	△18,000
利益剰余金	△9,650	△4,000	2,400		110	1,600	△9,540
為替換算調整勘定	-	△1,000				400	△600
非支配株主持分	-	-				△4,400	△4,400

X3年3月31日の連結貸借対照表

(単位：百万円)

	P社	S社	連結修正 投資と資本	連結修正 債権債務	連結修正 未実現利益	連結修正 非支配株主	連結合計
現金及び預金	4,300	1,300					5,600
売掛金	4,950	4,550		△250			9,250
棚卸資産	4,400	3,900			△260		8,040
有形固定資産	16,500	11,050					27,550
投資有価証券	700	−					700
子会社株式	6,000	−	△6,000				−
買掛金	△3,800	△3,250		250			△6,800
未払法人税等	△500	△1,300					△1,800
長期借入金	−	△1,950					△1,950
資本金	△20,000	△6,000	3,600			2,400	△20,000
利益剰余金	△12,550	△5,150	2,400		260	2,060	△12,980
為替換算調整勘定	−	△3,150				1,260	△1,890
非支配株主持分	−	−				△5,720	△5,720

P社の連結キャッシュ・フロー計算書（間接法）の作成

P社連結キャッシュ・フロー精算表（間接法）を178, 179頁に示す。

コラム❷ 企業結合会計基準の改正(2)（IFRSとの差異）

　さて，ここでは93頁のコラムの続きとして，平成25年9月13日にASBJから公表された企業会計基準第21号「企業結合に関する会計基準」などの改正内容のうち，為替換算調整勘定に影響する部分について，IFRSの定めとの相違に関して解説します。

　改正により為替換算調整勘定の会計処理に影響する可能性がある事項は「第3章　子会社投資の各ステージにおける為替換算調整勘定の会計処理」でも解説した「少数株主（非支配株主）との取引」になります。日本基準の今回の改正の結果，国際財務報告基準（IFRS）との間に，以下の差異が生じているものと思われます。

　子会社株式を追加取得した場合（例：子会社に対する持分が70%から80%に増加した場合），日本基準では，増加持分に対応する為替換算調整勘定（非支配株主持分に含めて計上されている。）を取得時利益剰余金と同様に取り扱い，追加取得した子会社株式と相殺消去したうえ，投資消去差額を資本剰余金として計上することとされました（第3章「設例3-3　子会社株式の追加取得の場合」参照）。一方，IFRSでは当該取引について明示的な定めはないものの，あくまで資本取引とされることから，増加持分に対応する為替換算調整勘定相当額を非支配持分から為替換算調整勘定へと振り替える処理が行われることになると考えられます[1]。

　なお，子会社の支配は継続したままで，その株式の一部を売却した場合（例：子会社に対する持分が80%から70%に減少した場合）には，売却持分に対応する為替換算調整勘定を非支配（株主）持分に振り替えるとともに，売却持分と売却額の差額を資本剰余金に計上し，損益には計上しない処理が行われる点について，日本基準とIFRSの差異はないと考えられます（「第3章「設例3-4　支配の喪失を伴わない持分の一部売却の場合」参照，国際会計基準（IAS）第21号「外国為替レート変動の影響」48B項，48C項）。

1）「IFRS国際会計の実務 International GAAP® 2013 ［上巻］ Japan Edition4」アーンスト・アンド・ヤングLLP著 419-420頁

P社の連結キャッシュ・フロー計算書（間接法）の作成

P社連結キャッシュ・フロー精算表（簡便法・間接法）

貸借対照表	(1) X2/3/31 連結 (※1)	(2) X3/3/31 連結 (※1)	(2)－(1)	増 減	為替換算差額 (※2)	減価償却費	現金及び現金同等物に係る換算差額	資産・負債増減	受取利息・配当金
現金及び預金	2,050	5,600	3,550	3,400	150		150		
売掛金	7,300	9,250	1,950	1,300	650			(1,300)	
棚卸資産	6,940	8,040	1,100	600	500			(600)	
有形固定資産	25,550	27,550	2,000	200	1,800	3,300			
投資有価証券	1,000	700	(300)	(300)	0				
子会社株式	0	0	0	0	0				
買掛金	(6,600)	(6,800)	(200)	250	(450)			(250)	
未払法人税等	(950)	(1,800)	(850)	(700)	(150)				
長期借入金	(2,750)	(1,950)	800	1,200	(400)				
資本金	(18,000)	(20,000)	(2,000)	(2,000)	0				
利益剰余金	(9,540)	(12,980)	(3,440)	(3,490)	50				
為替換算調整勘定	(600)	(1,890)	(1,290)	0	(1,290)				
非支配株主持分	(4,400)	(5,720)	(1,320)	(460)	(860)				
	0	0	0	0	0	3,300	150	(2,150)	0
キャッシュ・フロー計算書									
I 営業活動によるキャッシュ・フロー：									
税金等調整前当期純利益									
減価償却費						3,300			
受取利息及び受取配当金									(250)
支払利息									
投資有価証券売却益									
売上債権の増加額								(1,300)	
棚卸資産の増加額								(600)	
仕入債務の増加額								(250)	
小計						3,300	0	(2,150)	(250)
利息及び配当金の受取額									250
利息の支払額									
法人税等の支払額									
営業活動によるキャッシュ・フロー						3,300	0	(2,150)	0
II 投資活動によるキャッシュ・フロー：									
有形固定資産の取得による支出									
投資有価証券の売却による収入									
投資活動によるキャッシュ・フロー						0	0	0	0
III 財務活動によるキャッシュ・フロー：									
長期借入れによる収入									
長期借入金の返済による支出									
株式の発行による収入									
配当金の支払額									
財務活動によるキャッシュ・フロー						0	0	0	0
IV 現金及び現金同等物に係る換算差額							150		
V 現金及び現金同等物の増加（減少）額						3,300	150	(2,150)	0
VI 現金及び現金同等物の期首残高									
VII 現金及び現金同等物の期末残高						3,300	150	(2,150)	0

（※1）(1)および(2)の金額は、それぞれX2年3月31日、X3年3月31日現在でのP社およびS社の連結金額（すなわち、P社の連結貸借対照表金額）である。
（※2）設例8－1と同額である。
【解説】P社の連結財務諸表において在外子会社はS社のみであるため、「為替換算差額」は設例8－1で示したS社の個別キャッシュ・フロー精算表における為替換算差額と同額である。

（単位：百万円）

支払利息	法人税等	投資有価証券売却	固定資産取得	資金調達	資金返済	株式発行	支払配当金	為替換算差額	配当に係る換算差額の振替	非支配株主持分	利益剰余金	現金及び預金の振替	合　計
								(150)				(3,550)	0
								(650)					0
								(500)					0
			(3,500)					(1,800)					0
			300					0					0
													0
								450					0
	700							150					0
				1,000	(2,200)			400					0
						2,000		0					0
(3,300)							(500)	(50)		50	(460)	7,700	0
								1,290					0
								860		460			0
0	(2,600)	300	(3,500)	1,000	(2,200)	2,000	(500)	0	50	0	7,700	(3,550)	0
											7,700		7,700
													3,300
													(250)
600													600
		(200)											(200)
													(1,300)
													(600)
													(250)
600	0	(200)	0	0	0	0	0	0	0	0	7,700	0	9,000
													250
(600)													(600)
	(2,600)												(2,600)
0	(2,600)	(200)	0	0	0	0	0	0	0	0	7,700	0	6,050
													0
													0
			(3,500)										(3,500)
		500											500
0	0	500	(3,500)	0	0	0	0	0	0	0	0	0	(3,000)
													0
													0
				1,000									1,000
					(2,200)								(2,200)
						2,000							2,000
							(500)						(500)
0	0	0	0	1,000	(2,200)	2,000	(500)	0	0	0	0	0	300
													0
										50			200
0	(2,600)	300	(3,500)	1,000	(2,200)	2,000	(500)	0	50	0	7,700	0	3,550
												2,050	2,050
0	(2,600)	300	(3,500)	1,000	(2,200)	2,000	(500)	0	50	0	7,700	2,050	5,600

「為替換算差額」は在外子会社の期首および期末の外貨建貸借対照表，期首・期末の換算レートならびに収益・費用の換算相場が把握できていれば，比較的容易に求められるため，連結貸借対照表（および連結損益計算書）を基に連結キャッシュ・フロー計算書を作成する場合には，在外子会社の「為替換算差額」を貸借対照表項目ごとに別途集計する必要がある。

原則法で連結キャッシュ・フロー計算書を作成した場合の，各在外連結子会社の為替換算差額の合計額が簡便法による連結キャッシュ・フロー計算書の為替換算差額となる。

5 新規連結・連結除外に係るキャッシュ・フローの算定における為替換算調整勘定の調整

 ポイント

- 新規連結およびキャッシュ・フローを伴わない連結除外の場合には為替換算調整勘定の調整は不要であるが、キャッシュ・フローを伴う連結除外の場合には為替換算調整勘定の影響を調整する必要がある。

(1) 新規連結

 在外子会社を新たに取得した場合や、新規設立した場合等、新規に在外子会社を連結の範囲に含める場合、当該在外子会社の貸借対照表項目は純資産も含め、連結時点の為替相場で換算される。このため、新規連結時点では通常、為替換算調整勘定の発生はなく、当然、連結キャッシュ・フロー計算書上においても、為替換算調整勘定に係る調整は不要である。

 新規取得の場合には、取得に伴い支出した現金及び現金同等物の額から、当該新規連結会社が保有する現金及び現金同等物の残高を控除した金額を投資活動によるキャッシュ・フローの区分に「連結の範囲の変更を伴う子会社株式の取得による支出」等として表示したうえで、株式の取得により新たに連結子会社となった会社の資産および負債の主な内訳を開示する(連結キャッシュ・フロー作成基準 第二 二 4、第四 3(1)、連結キャッシュ・フロー実務指針46項なお書き)。

 一方、非連結子会社を新たに連結した場合、連結開始時点の現金及び現金同等物の残高を「現金及び現金同等物の期首残高」に加算する形式で独立表示する(連結キャッシュ・フロー実務指針46項本文)。

 なお、いずれの場合においても、新規連結により増加した現金及び現金同等物以外の資産および負債に係る増減については、キャッシュ・フローを伴うものではないため、期首または期末の各資産および負債の残高に当該連結会社の

新規連結時点の連結調整後の残高を加減算（期首であれば加算，期末であれば減算）したうえで増減額を算定するなど，当該連結子会社の追加があった会計期間のキャッシュ・フローに影響させないように調整する必要がある。

(2) 連結除外

　連結子会社について重要性がなくなった等の理由により連結の範囲から除外する場合等，当該連結除外子会社が連結除外時点において保有していた現金及び現金同等物以外にキャッシュ・フローを伴わない場合には，連結除外時点の現金及び現金同等物の残高を「現金及び現金同等物の期首残高」に減算する形式で独立表示する（連結キャッシュ・フロー実務指針46項本文）。

　このとき，在外子会社の円換算後の貸借対照表に含まれる現金及び現金同等物以外の資産および負債も連結貸借対照表に含まれないこととなり，当然連結除外直前まで認識されていた為替換算調整勘定も取り崩されることとなるが，これらの影響による連結貸借対照表の変動は，キャッシュ・フローを伴うものではないため，連結キャッシュ・フロー計算書の作成上，その影響を認識しないように調整する。

　一方，連結子会社について，支配の喪失を伴う売却等のキャッシュ・フローが発生する取引または事象により連結の範囲から除外される場合には，売却により受け取った現金及び現金同等物の額から，連結除外時点の当該子会社の現金及び現金同等物の残高を控除した額を，投資活動によるキャッシュ・フローの区分に「連結の範囲の変更を伴う子会社株式の売却による収入」等として表示する（連結キャッシュ・フロー作成基準 第二 二 4，連結キャッシュ・フロー実務指針46項また書き）。また，連結から除外された会社の資産および負債の主な内訳と売却価額との関係を連結キャッシュ・フロー計算書に関する注記として開示することが求められる（連結キャッシュ・フロー作成基準 第四 3(1)）が，当該注記の作成上，為替換算調整勘定の調整が必要となる。

設例8-3　連結範囲の異動（連結子会社の売却）による為替換算調整勘定の調整

ポイント

- 連結範囲の変更を伴う在外子会社株式の売却によるキャッシュ・フローは，売却価額（為替換算調整勘定の実現部分を含む売却持分と売却損益の合計と一致する）から売却時の現金及び現金同等物を控除した金額として算定される。

前提条件

(1) P社（親会社）はX1年3月31日（前期末）に10百万米ドル（1,000百万円）を出資してS社を設立し，連結子会社とした。

(2) P社はX2年3月31日（当期末）に15百万米ドル（1,800百万円）でS社株式のすべてを売却した。

(3) 決算日は親会社と同一とする。

(4) S社の貸借対照表上の現金及び預金の残高と連結キャッシュ・フロー計算書に含まれる現金及び現金同等物の残高は一致している。

(5) 在外子会社S社の財務諸表項目等の換算相場は以下のとおりである。

　　X1年3月31日（S社設立日）：100円/米ドル

　　X2年3月31日における資産および負債の換算相場：120円/米ドル

　　期中平均相場（収益および費用の換算相場）：110円/米ドル

(6) X2年3月31日におけるS社換算後貸借対照表は以下のとおりである。

（外貨（米ドル）：百万米ドル，円貨：百万円）

科目	外貨	レート	円貨	科目	外貨	レート	円貨
現金及び預金	4	120	480	負債	7	120	840
諸資産	16	120	1,920	資本金	10	100	1,000
				利益剰余金	3	110	330
				為替換算調整勘定	－	－	230

P社個別財務諸表上では以下の金額でS社株式の売却益が認識されている。

1,800百万円（売却価額）－1,000百万円（投資金額）＝800百万円

一方，S社株式の連結上の簿価にはS社の取得後利益剰余金およびその他の包括利益累計額である為替換算調整勘定の持分相当額が含まれているため，P社連結上の売却損益は，個別上の売却損益とは異なる。

このため，当該売却損益を調整するために以下の連結修正が必要となる。

≪S社株式の売却損益の修正に係る連結修正仕訳（単位：百万円）≫

[売却前持分の評価]

（借）S社株式	560	（貸）利益剰余金（連結除外）(※)	330
		為替換算調整勘定 (※)	230
		（連結株主資本等変動計算書）	

(※) 利益剰余金330百万円，為替換算調整勘定230百万円…ともに，S社換算後貸借対照表より

[株式売却益の調整]

（借）S社株式売却益	330	（貸）S社株式	560
為替換算調整勘定（組替調整額）	230		

以上から連結上のS社株式売却益は，以下のとおり算出される。

470百万円＝800百万円（個別上の売却益）－330百万円（連結修正）

連結上のS社株式売却益について図に示すと次図の(A)及び(B)の合計となる。図表8－3のとおり，為替換算調整勘定の組替調整額230，すなわち，在外子会社であるS社の設立以降の円安進行による含み益の実現分（図表8－3(A)）が含まれている。

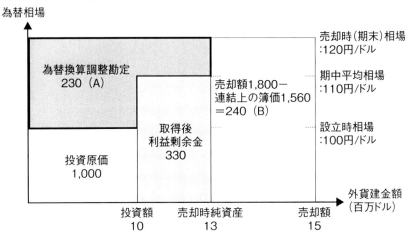

図表8－3　在外子会社の為替換算調整勘定を含む連結上の簿価と売却損益の関係

また，P社の連結キャッシュ・フロー計算書の投資活動によるキャッシュ・フローの区分に表示される「連結の範囲の変動を伴う子会社株式の売却による収入」は，以下のように求められる。

1,320百万円＝1,800百万円（S社株式の売却価額）
　　　　　　－480百万円（連結除外時点のS社の現金及び現金同等物残高）

そして，連結キャッシュ・フロー計算書に関する注記として，以下のように開示される。

≪株式の売却により連結子会社でなくなったことに伴う売却時の資産及び負債の内訳並びに株式の売却価額と売却による収入との関係≫

(単位：百万円)

資産 [※]	2,400
負債 [※]	△840
為替換算調整勘定	△230
株式売却損益	470
株式の売却価額	1,800
現金及び現金同等物	△480
株式の売却による収入	1,320

[※] 実務上の開示においては，資産および負債について，流動・固定区分に分けて記載される例も多く見受けられる。

上表において，株式の売却価額は資産総額から負債総額を控除したうえで，為替換算調整勘定（図表8－3(A)）を調整した金額，すなわち売却したS社株式の連結上の売却原価に売却損益を加減算した金額（図表8－3(A)+(B)）として開示されていることを確認されたい。

なお，当設例では100％子会社のすべての株式を売却しているため，持分法適用会社にもならないケースであるが，売却直前の持分が100％ではない場合には，非支配株主持分の調整が必要となり，連結除外後に持分法適用会社になる場合には，持分法により認識される連結財務諸表上の利益剰余金の調整が必要となることに留意が必要である。

第9章

持分法会計と為替換算調整勘定

1 在外持分法適用会社の財務諸表の換算

 ポイント

- 在外持分法適用会社の財務諸表の換算は、在外子会社の財務諸表項目の換算と同様に行う。

　在外持分法適用会社の財務諸表（評価差額がある場合には、これを修正後のもの）の換算は、在外子会社の財務諸表項目の換算と同様に行うこととされている（会計制度委員会報告第9号「持分法会計に関する実務指針」（以下、本章において「持分法実務指針」という）31項）。在外子会社の財務諸表項目の換算については、「第1章　在外子会社等の財務諸表項目の換算と為替換算調整勘定の発生」を参照のこと。

2　在外持分法適用会社の為替換算調整勘定の連結財務諸表への取込み

 ポイント

- 在外持分法適用会社の財務諸表項目の換算から生じた為替換算調整勘定の持分相当額は，連結貸借対照表上の為替換算調整勘定に含める。

　在外持分法適用会社の財務諸表項目の換算から生じた為替換算調整勘定の持分相当額は，連結貸借対照表上の為替換算調整勘定に含めることとされている（持分法実務指針31項）。

　実務上，持分変動のない連結会計年度においては，①為替換算調整勘定の期首残高に持分比率を乗じた金額を開始仕訳として取り込み，②為替換算調整勘定の期中増減額に持分比率を乗じた金額を当期の連結修正仕訳として取り込むこととなる（設例9－1参照）。

設例9－1　持分法適用会社の為替換算調整勘定の取込み

(ポイント)

- 在外持分法適用会社の財務諸表項目の換算から生じた為替換算調整勘定の持分相当額は，連結貸借対照表上の為替換算調整勘定に含める。

(前提条件)

(1)　P社(親会社)はX1年3月31日に米国に所在するA社株式30%を30百万米ドルで取得した。なお，X1年3月31日の為替相場は120円/米ドルであった。

(2) A社のX1年3月31日現在の貸借対照表は以下のとおりである。

(外貨（米ドル）：百万米ドル，円貨：百万円)

科目	外貨	レート	円貨	科目	外貨	レート	円貨
資産	300	120	36,000	負債	200	120	24,000
				資本金	10	120	1,200
				利益剰余金	90	120	10,800

(3) A社のX2年3月期の当期純利益は60百万米ドル，支払配当金は40百万米ドルであった。

(4) X2年3月期の期中平均相場は115円/米ドル，配当決議時の為替相場は117円/米ドル，決算時の為替相場は110円/米ドルであった。

[会計処理（単位：百万円）]

① X1年3月期
[連結修正仕訳]

> 仕訳なし

② X2年3月期
[A社換算後貸借対照表（X2年3月31日）]

(外貨（米ドル）：百万米ドル，円貨：百万円)

科目	外貨	レート	円貨	科目	外貨	レート	円貨
資産	320	110	35,200	負債	200	110	22,000
				資本金	10	120	1,200
				利益剰余金	110	―	(※1) 13,020
				為替換算調整勘定	―	―	(※2) △1,020

(※1) 13,020百万円＝利益剰余金期首残高10,800百万円＋当期純利益60百万米ドル×115円/米ドル（期中平均相場）－支払配当金40百万米ドル×117円/米ドル（配当決議日の為替相場）

(※2) △1,020百万円＝資産35,200百万円－負債22,000百万円－（資本金1,200百万円＋利益剰余金13,020百万円）

[連結修正仕訳]
■ 当期純利益の取込み

（借）A社株式	2,070	（貸）持分法による投資利益	2,070

2,070百万円＝当期純利益60百万米ドル×115円/米ドル（期中平均相場）×30％（投資会社持分比率）

■支払配当金の処理

(借) 受取配当金	1,404	(貸) A社株式	1,404

1,404百万円＝支払配当金40百万米ドル×117円/米ドル（配当決議時の為替相場）×30％（投資会社持分比率）

■為替換算調整勘定の取込み

(借) 為替換算調整勘定 　　（持分法適用会社に対する 　　　持分相当額：当期発生額）	306	(貸) A社株式	306

△306百万円＝（為替換算調整勘定期末残高△1,020百万円－為替換算調整勘定期首残高0百万円）×30％（投資会社持分比率）

3　段階取得により新たに持分法の適用範囲に含まれることとなる場合の関連会社の為替換算調整勘定の取扱い

☞ ポイント

- 連結財務諸表の作成にあたり，子会社・関連会社の資産および負債を時価評価する必要があるが，子会社については全面時価評価法を，関連会社については部分時価評価法を用いる。

- 持分法適用開始日までに関連会社株式を段階的に取得している場合，部分時価評価法の適用にあたっては，①原則法（関連会社の資産および負債のうち投資会社の持分に相当する部分を株式の取得日ごとに当該日の時価で評価する方法）と②簡便法（関連会社の資産および負債のうち投資会社の持分に相当する部分を持分法適用開始日（またはそれより前の一定時点）における時価で一括評価する方法）の2つの方法が認められている。

- 段階取得により新たに持分法の適用範囲に含まれることとなる場合，連結と異なり，段階取得に係る損益は計上されない。

- 部分時価評価法の原則法を適用した場合，持分法適用開始日には，既存持分に係る為替換算調整勘定が計上される。

・持分法適用開始日を基準日として部分時価評価法の簡便法を適用した場合，持分法適用開始日には，為替換算調整勘定は生じない。

(1) 持分法適用会社の資産および負債の時価評価

① 持分法適用会社の資産および負債の時価評価

持分法の適用にあたっては，持分法の適用日において，持分法適用会社の資産および負債を時価により評価しなければならない。

持分法適用会社が関連会社の場合，時価評価する資産および負債の範囲を投資会社の持分に相当する部分に限定する方法（部分時価評価法）によることとされている。

一方，子会社については，非支配株主持分に相当する部分を含めてすべてを時価評価する方法（全面時価評価法）のみが認められている。したがって，非連結子会社に持分法を適用する場合には，連結子会社の場合と同様に，支配獲得日において，子会社の資産および負債を支配獲得日の時価により評価する方法（全面時価評価法）によることになる（持分法実務指針6項）。

② 部分時価評価法の原則法と簡便法

前項で述べたとおり，持分法適用会社が関連会社の場合には部分時価評価法によることとなるが，持分法適用開始日までに株式を段階的に取得している場合には，関連会社の資産および負債のうち投資会社の持分に相当する部分を株式の取得日ごとに当該日の時価で評価することが原則とされている（いわゆる部分時価評価法の「原則法」）（持分法実務指針6-2項）。

ただし，図表9-1に示したケースにおいては，いわゆる部分時価評価法の「簡便法」が認められる。なお，簡便法を適用することができるかどうかは，関連会社ごとに判断するものとされている（持分法実務指針6-3項）。

図表9－1　簡便法が適用可能となるケースとその取扱い

簡便法が適用可能となるケース	簡便法の適用に関する取扱い
① 株式の段階取得に係る計算の結果が原則法によって処理した場合と著しく相違しない場合	持分法適用開始日における時価を基準として，関連会社の資産および負債のうち投資会社の持分に相当する部分を一括して評価することができる。
② 過去の段階的な株式取得時の詳細なデータが入手できず，投資額と資本持分額の調整計算をある一定時点を基準日として行わざるを得ない場合	持分法適用開始日における時価を基準として，関連会社の資産および負債のうち投資会社の持分に相当する部分を一括して評価することができる。ただし，データ上，投資額と資本持分額の調整計算を持分法適用開始日より前の日を基準日として行うことが可能であれば，部分時価評価法の趣旨からは，可能な限り，調整計算を行い得る日にさかのぼって，当該日における時価を基準として資産及び負債の評価を行うことが望ましい。

以下，本章では，簡便法適用の基準日とされた持分法適用開始日またはそれより前の一定時点を「簡便法適用日」という。

③ 段階取得に係る損益

段階的な株式取得に伴いある会社を子会社化した場合には，連結財務諸表上，既存の投資について支配獲得時の時価で評価し，段階取得に係る損益を計上する（企業結合会計基準25項(2)，連結会計基準23項(1)）。

一方，持分法適用会社に対する投資が段階的に行われている場合には，投資日ごとの原価とこれに対応する被投資会社の資本との差額は，のれんまたは負ののれんとして処理することとされており（持分法会計基準26－3項），段階取得に係る損益は計上されない。

(2) 段階取得により新たに持分法の適用範囲に含まれることとなる場合の関連会社の為替換算調整勘定の取扱い

ここでは，段階取得により新たに持分法の適用範囲に含まれることとなる場合の関連会社の為替換算調整勘定の取扱いを確認する。部分時価評価法の原則法を採用した場合と持分法適用開始日を基準日として部分時価評価法の簡便法を適用した場合とで取扱いが異なるため，以下，それぞれのケースについて，設例を交えて確認することとしたい。

① 部分時価評価法（原則法）を適用した場合

部分時価評価法（原則法）を適用した場合には，関連会社の資産および負債のうち投資会社の持分に相当する部分を株式の取得日ごとに当該日の時価で評価する。このため，段階取得による持分法適用開始日における純資産は，既存持分と追加取得部分とで別々の為替相場を用いて換算することとなる。

② 持分法適用開始日を基準日として部分時価評価法（簡便法）を適用した場合

部分時価評価法（簡便法）を適用した場合には，関連会社の資産および負債のうち投資会社の持分に相当する部分を一括して評価する。このため，簡便法適用日を持分法適用開始日とした場合には，段階取得による持分法適用開始日における純資産は，既存持分，追加取得部分のいずれも，持分法適用開始日の為替相場を用いて換算することとなり，為替換算調整勘定は生じない。

③ 使用する為替相場

段階取得により新規に持分法を適用した場合，持分法適用開始日における純資産は，①部分時価評価法（原則法）を適用した場合，②持分法適用開始日を基準日として部分時価評価法（簡便法）を適用した場合とで，それぞれ図表9－2の為替相場を用いて換算することになると考えられる。

図表9－2　段階取得により新規に持分法を適用した場合の持分法適用開始日における純資産の換算に用いる為替相場

項目	部分時価評価法（原則法）を適用した場合	持分法適用開始日を基準日として部分時価評価法（簡便法）を適用した場合
①資本金・資本剰余金（既存持分）	株式取得時の為替相場	持分法適用開始日の為替相場
②資本金・資本剰余金（追加取得持分）	持分法適用開始日（追加取得時）の為替相場	
③利益剰余金（既存持分）	株式取得時または発生時(※)（追加取得前）の為替相場	
④利益剰余金（追加取得持分）	持分法適用開始日（追加取得時）の為替相場	

（※）収益および費用の換算相場で換算される。

　以下，設例を用いて説明する。この設例9－2では，段階取得によって，従来その他有価証券として分類されていた株式が関連会社株式となり，同社持分について持分法を適用する場合の取扱いを確認する。

設例9－2　株式の段階取得により持分比率が10％から30％になった場合の関連会社における為替換算調整勘定の取扱い

ポイント

- 持分法適用開始日までに関連会社株式を段階的に取得している場合，部分時価評価法の適用にあたっては，原則法と簡便法の2つの方法が認められている。
- 部分時価評価法の原則法を適用した場合，関連会社の資産および負債のうち投資会社の持分に相当する部分を<u>株式の取得日ごとに当該日の時価で評価する</u>ため，持分法適用開始日には，既存持分に係る為替換算調整勘定が計上される。
- 持分法適用開始日を基準日として部分時価評価法の簡便法を適用した場合，

第9章　持分法会計と為替換算調整勘定　195

関連会社の資産および負債のうち投資会社の持分に相当する部分を持分法適用開始日における時価で一括評価するため，持分法適用開始日には，為替換算調整勘定は生じない。

(前提条件)

(1) 米国に所在するA社はX1年3月31日に資本金10百万米ドルで設立され，その設立時にP社が発行済株式総数の10％（取得価額は1百万米ドル）を引き受けた。P社はA社株式をその他有価証券へと分類していたが，X2年3月31日にA社の発行済株式総数の20％を追加取得（取得価額は12百万米ドル）し，A社を持分法適用関連会社とした。

(2) A社のX2年3月期の当期純利益は50百万米ドル，X3年3月期の当期純利益は100百万米ドルであった。

(3) A社のX1年3月31日現在，X2年3月31日現在およびX3年3月31日現在の外貨建の貸借対照表は以下のとおりであった。

≪A社貸借対照表（X1年3月31日）≫

（外貨（米ドル）：百万米ドル）

科目	外貨	科目	外貨
資産	10	資本金	10

≪A社貸借対照表（X2年3月31日）≫

（外貨（米ドル）：百万米ドル）

科目	外貨	科目	外貨
資産	100	負債	40
		資本金	10
		利益剰余金	50

≪A社貸借対照表（X3年3月31日）≫

（外貨（米ドル）：百万米ドル）

科目	外貨	科目	外貨
資産	300	負債	140
		資本金	10
		利益剰余金	150

(4) 為替相場は以下のとおりであった。

X1年3月31日：120円/米ドル
X2年3月31日：110円/米ドル
X3年3月31日：100円/米ドル
X2年3月期　期中平均相場：115円/米ドル
X3年3月期　期中平均相場：105円/米ドル

(5) A社の資産および負債は個別財務諸表上で時価評価されており，時価と簿価に乖離は生じていない。

（ケース1）部分時価評価法（原則法）を適用した場合の処理
① X2年3月期における処理
≪X2年3月31日現在の持分計算表≫

(外貨（米ドル）：百万米ドル，円貨：百万円)

	A社個別B/S	P社持分					
		外貨			円貨		
	外貨	既存持分(10%)	追加取得(20%)	計(30%)	既存持分(10%)	追加取得(20%)	計(30%)
資本金	10	1	2	3	120	220	340 (※1)
利益剰余金(X2年3月期発生分)	50	5	10	15	(※2)575	(※3)1,100	1,675
為替換算調整勘定	−	−	−	−	△35	−	△35 (※4)
純資産合計	60	6	12	18	660	1,320	1,980 (※5)

（※1）既存持分は120円/米ドル（X1年3月31日現在の為替相場）で，追加取得持分は110円/米ドル（X2年3月31日現在の為替相場）で換算
（※2）取得後利益剰余金に該当するため，115円/米ドル（X2年3月期の期中平均相場）で換算
（※3）取得時利益剰余金に該当するため，110円/米ドル（X2年3月31日現在の為替相場）で換算
（※4）差額で算出
（※5）110円/米ドル（X2年3月31日現在の為替相場）で換算

≪会計処理（単位：百万円）≫

[P社個別（A社株式の追加取得に係る会計処理）]

（借）A社株式	1,320	（貸）現金	1,320

1,320百万円＝取得価額12百万米ドル×110円／米ドル（X2年3月31日現在の為替相場）

[P社連結]

■利益剰余金（既存持分）の取込み

（借）A社株式	575	（貸）持分法適用会社の増加に伴う利益剰余金増加高（連結株主資本等変動計算書）	575

575百万円…持分計算表参照

■既存持分から生じた為替換算調整勘定の取込み

（借）為替換算調整勘定 （連結株主資本等変動計算書）	35	（貸）A社株式	35

35百万円…持分計算表参照

≪X2年3月31日における為替換算調整勘定の分析（単位：百万円）≫

	P社持分（30%）		外部持分（70%）	
	既存持分（10%）	追加取得持分（20%）		
資本金	① △10	② －		①（既存持分）…｜10百万米ドル×(110－120)円／米ドル｜×10% ②（追加持分）…発生せず
利益剰余金（X2年3月期発生分）	③ △25	④ －		③（既存持分）…｜50百万米ドル×(110－115)円／米ドル｜×10% ④（追加持分）…発生せず

↓
△35
為替換算調整勘定

（※）表中の①～④は，「図表9－2　段階取得により新規に持分法を適用した場合の持分法適用開始日における純資産の換算に用いる為替相場」の項目における①～④にそれぞれ対応している。

② X3年3月期における処理

≪X3年3月31日現在の持分計算表≫

(外貨(米ドル):百万米ドル、円貨:百万円)

	A社個別B/S	P社持分					
		外貨			円貨		
	外貨	既存持分(10%)	追加取得(20%)	計(30%)	既存持分(10%)	追加取得(20%)	計(30%)
資本金	10	1	2	3	120	220	340 (※1)
利益剰余金(X2年3月期発生分)	50	5	10	15	(※2)575	(※3)1,100	1,675
利益剰余金(X3年3月期発生分)	100	10	20	30	1,050	2,100	3,150 (※4)
為替換算調整勘定	-	-	-	-	△145	△220	△365 (※5)
純資産合計	160	16	32	48	1,600	3,200	4,800 (※6)

(※1) 既存持分は120円/米ドル(X1年3月31日現在の為替相場)で、追加取得持分は110円/米ドル(X2年3月31日現在の為替相場)で換算
(※2) 取得後利益剰余金に該当するため、115円/米ドル(X2年3月期の期中平均相場)で換算
(※3) 取得時利益剰余金に該当するため、110円/米ドル(X2年3月31日現在の為替相場)で換算
(※4) 105円/米ドル(X3年3月期の期中平均相場)で換算
(※5) 差額で算出
(※6) 100円/米ドル(X3年3月31日現在の為替相場)で換算

≪会計処理(単位:百万円)≫

[P社連結]

■当期純利益の取込み

(借) A社株式	3,150	(貸) 持分法による投資利益	3,150

3,150百万円…持分計算表参照

第9章 持分法会計と為替換算調整勘定　199

■為替換算調整勘定の取込み

（開始仕訳）

(借) 為替換算調整勘定（期首残高） 35　　(貸) A社株式　　35

（当期仕訳）

(借) 為替換算調整勘定　　330　　(貸) A社株式　　330
　　　（持分法適用会社に対する
　　　　持分相当額：当期発生額）

△330百万円＝△365百万円－△35百万円

　為替換算調整勘定の持分相当額はX2年3月31日現在で△35百万円，X3年3月31日現在で△365百万円である（各期の持分計算表を参照）ため，当期仕訳で△365百万円－△35百万円＝△330百万円だけ取り込む必要がある。

《X3年3月31日における為替換算調整勘定の分析（単位：百万円）》

P社持分（30％）

	既存持分 （10％）	追加取得 持分（20％）	外部持分 （70）％	
資本金	① △20	② △20		①（既存持分）…｜10百万米ドル 　×(100－120)円/米ドル｜×10％ ②（追加持分）…｜10百万米ドル 　×(100－110)円/米ドル｜×20％
利益剰余金 （X2年3月 期発生分）	③ △75	④ △100		③（既存持分）…｜50百万米ドル 　×(100－115)円/米ドル｜×10％ ④（追加持分）…｜50百万米ドル 　×(100－110)円/米ドル｜×20％
利益剰余金 （X3年3月 期発生分）	⑤ △50	⑤ △100		⑤｜100百万米ドル×(100－105) 　円/米ドル｜×10％または20％

⇩
△365
為替換算調整勘定

(※) 表中の①～④は,「図表9－2 段階取得により新規に持分法を適用した場合の持分法適用開始日における純資産の換算に用いる為替相場」の項目における①～④にそれぞれ対応している。また,表中の⑤は,持分法適用後の取得後利益剰余金として,収益および費用の換算相場(期中平均相場または期末時相場)で換算される。

(ケース2) 持分法適用開始日を基準日として部分時価評価法(簡便法)を適用した場合の処理

① X2年3月期における処理

≪X2年3月31日現在の持分計算表≫

(外貨(米ドル):百万米ドル,円貨:百万円)

	A社個別B/S	P社持分						
		外貨			円貨			
	外貨	既存持分(10%)	追加取得(20%)	計(30%)	既存持分(10%)	追加取得(20%)	計(30%)	
資本金	10	1	2	3	110	220	330	(※1)
利益剰余金(X2年3月期発生分)	50	5	10	15	550	1,100	1,650	(※1)
為替換算調整勘定	−	−	−	−	−	−	−	(※2)
純資産合計	60	6	12	18	660	1,320	1,980	(※3)

(※1) 既存持分,追加取得持分とも110円/米ドル(X2年3月31日現在の為替相場)で換算
(※2) 差額で算出。資本金・利益剰余金・純資産合計のいずれも110円/米ドル(X2年3月31日現在の為替相場)で換算されているため,為替換算調整勘定は生じない。
(※3) 110円/米ドル(X2年3月31日現在の為替相場)で換算

≪会計処理(単位:百万円)≫

[P社個別(A社株式の追加取得に係る会計処理)]

(借) A社株式	1,320	(貸) 現金	1,320

1,320百万円 = 取得価額12百万米ドル × 110円/米ドル(X2年3月31日現在の為替相場)

[P社連結]

■利益剰余金(既存持分)の取込み

仕訳なし

既存持分に係る利益剰余金は簡便法適用日であるX2年3月31日までに生じ

たものであるため，P社持分としては認識されず，投資と相殺消去される。このことから，振替えは行わない。

■ 為替換算調整勘定の取込み

> 仕訳なし

資本金・純資産合計とも110円/ドル（X2年3月31日現在の為替相場）で換算されているため，為替換算調整勘定は生じていない。

② X3年3月期における処理

《X3年3月31日現在の持分計算表》

(外貨（米ドル）：百万米ドル，円貨：百万円)

	A社個別B/S	P社持分						
		外貨			円貨			
	外貨	既存持分(10%)	追加取得(20%)	計(30%)	既存持分(10%)	追加取得(20%)	計(30%)	
資本金	10	1	2	3	110	220	330	(※1)
利益剰余金(X2年3月期発生分)	50	5	10	15	550	1,100	1,650	(※1)
利益剰余金(X3年3月期発生分)	100	10	20	30	1,050	2,100	3,150	(※2)
為替換算調整勘定	−	−	−	−	△110	△220	△330	(※3)
純資産合計	160	16	32	48	1,600	3,200	4,800	(※4)

（※1）既存持分，追加取得持分とも110円/米ドル（X2年3月31日現在の為替相場）で換算
（※2）105円/米ドル（X3年3月期の期中平均相場）で換算
（※3）差額で算出
（※4）100円/米ドル（X3年3月31日現在の為替相場）で換算

≪会計処理(単位:百万円)≫

[P社連結]

■当期純利益の取込み

| (借) A社株式 | 3,150 | (貸) 持分法による投資利益 | 3,150 |

3,150百万円…持分計算表参照

■為替換算調整勘定の取込み

| (借) 為替換算調整勘定
(持分法適用会社に対する
持分相当額:当期発生額) | 330 | (貸) A社株式 | 330 |

△330百万円…持分計算表参照

≪X3年3月31日における為替換算調整勘定の分析(単位:百万円)≫

P社持分(30%)

	既存持分 (10%)	追加取得 持分(20%)	外部持分 (70%)	
資本金	① △10	② △20		①および②…｜10百万米ドル× (100−110) 円/米ドル｜×10% または20%
利益剰余金 (X2年3月 期発生分)	③ △50	④ △100		③および④…｜50百万米ドル× (100−110) 円/米ドル｜×10% または20%
利益剰余金 (X3年3月 期発生分)	⑤ △50	⑤ △100		⑤｜100百万米ドル×(100− 105) 円/米ドル｜×10%または 20%

⇩

△330

為替換算調整勘定

(※) 表中の①~④は,「図表9−2 段階取得により新規に持分法を適用した場合の持分法適用開始日における純資産の換算に用いる為替相場」の項目における①~④にそれぞれ対応している。また,表中の⑤は,持分法適用後の取得後利益剰余金として,収益および費用の換算相場(期中平均相場または期末時相場)で換算される。

4 関連会社株式の一部売却により残存投資がその他有価証券となった場合の関連会社の為替換算調整勘定の取扱い

> **ポイント**
> ・関連会社株式の一部売却により残存投資がその他有価証券となった場合，持分法により取り込んでいた為替換算調整勘定の投資会社持分は全額取り崩される。

ここでは，関連会社株式の一部売却により残存投資がその他有価証券となった場合の関連会社の為替換算調整勘定の取扱いを設例を交えて確認することとしたい。

設例9－3 関連会社株式の一部売却により残存投資がその他有価証券となった場合

ポイント
・関連会社株式の一部売却により残存投資がその他有価証券となった場合，持分法により取り込んでいた為替換算調整勘定の投資会社持分（残存持分比率見合い）は，全額連結株主資本等変動計算書を通じて取り崩される。

前提条件
(1) P社は，その設立より発行済株式総数の30％を保有し，持分法適用関連会社としていた米国所在のA社について，X1年4月1日に同社の発行済株式総数の20％を売却（売却価額は2,000百万円）し，同社への出資はその他有価証券に分類されることとなった。
(2) A社のX1年3月31日の純資産は次表のとおりである。

(外貨(米ドル):百万米ドル, 円貨:百万円)

	外貨	レート	円貨
資本金	10	105	1,050
利益剰余金	30	−	3,450
為替換算調整勘定	−	−	300
純資産合計	40	120	4,800

(3) 設立時に保有していたA社株式(30%)の取得原価は3百万米ドル(315百万円)とする。

会計処理(X1年4月1日)(単位:百万円)

[P社個別(A社株式の一部売却に係る会計処理)]

(借) 現金	(※1)2,000	(貸) A社株式	(※2)210
		A社株式売却益	(※3)1,790

(※1) 2,000百万円…前提条件(1)より
(※2) 210百万円=A社株式取得原価(前提条件(2)より)315百万円÷30%(売却前持分比率)×20%(売却持分比率)
(※3) 1,790百万円…差額として算出

[P社連結]

(開始仕訳)

■利益剰余金の取込み

(借) A社株式	1,035	(貸) 利益剰余金期首残高	1,035

1,035百万円=X1年3月31日利益剰余金残高3,450百万円×30%(投資会社持分比率)

■為替換算調整勘定の取込み

(借) A社株式	90	(貸) 為替換算調整勘定(期首残高)	90

90百万円=X1年3月31日為替換算調整勘定残高300百万円×30%(投資会社持分比率)

(当期仕訳)

■ 株式売却益の修正および持分法からの除外

(借) A社株式売却益	(※1) 690	(貸) A社株式	(※2) 1,125
持分法適用会社の減少に伴う利益剰余金減少高 (連結株主資本等変動計算書)	(※3) 345		
為替換算調整勘定 (持分法適用会社に対する持分相当額:組替調整額)	(※4) 60		
為替換算調整勘定 (連結株主資本等変動計算書)	(※5) 30		

(※1) 690百万円=取得後利益剰余金3,450百万円×20%（売却持分比率）
(※2) 1,125百万円…持分法仕訳の戻し
(※3) 345百万円=取得後利益剰余金3,450百万円×10%（残存持分比率）
(※4) 60百万円=持分法仕訳90百万円÷30%（売却前持分比率）×20%（売却持分比率）
(※5) 30百万円=持分法仕訳90百万円÷30%（売却前持分比率）×10%（残存持分比率）

取得後利益剰余金の投資会社持分は，売却部分と残存部分に区分され，それぞれ売却損益の修正と連結株主資本等変動計算書を通じた利益剰余金の減少部分とに分けられる。また，為替換算調整勘定の投資会社持分は，同様に売却部分（60百万円）と残存部分（30百万円）に区分される。前者は，組替調整されて株式売却損益に含まれ，後者は，利益剰余金と同様に連結株主資本等変動計算書を通じて，純資産（その他の包括利益累計額）を直接減少させる（資本連結実務指針46項参照）。

また，連結財務諸表上の関係会社株式売却益は，個別財務諸表上の売却益1,790百万円－連結修正額690百万円により1,100百万円となっている。売却損益には，純資産に含まれるが過年度に純損益に含まれていないその他の包括利益累計額が含まれるため，売却価額（2,000百万円）から株主資本合計の売却持分（4,500百万円×20%＝900百万円）を差し引いて求められる。

5 持分法適用開始後、関連会社株式を追加取得し、引き続き持分法を適用することとなる場合の関連会社の為替換算調整勘定の取扱い

 ポイント

- 持分法適用開始後、関連会社株式を追加取得し、引き続き持分法を適用することとなる場合、追加取得日には、為替換算調整勘定は生じない。

ここでは、持分法適用開始後、関連会社株式を追加取得し、引き続き持分法を適用することとなる場合（例：持分比率30%→40%）の取扱いを確認することとしたい。このようなケースでは、追加取得日において、各項目を図表9－3の為替相場を用いて換算することになると考えられる。

図表9－3 持分法適用開始後、関連会社株式を追加取得し、引き続き持分法を適用することとなる場合の、追加取得日における純資産の換算に用いる為替相場

項目	使用する為替相場
資本金・資本剰余金（既存持分）	株式取得時の為替相場
資本金・資本剰余金（追加取得持分）	追加取得日の為替相場
利益剰余金（追加取得前に生じたもの）	株式取得時または発生時[※]（追加取得前）の為替相場
利益剰余金（追加取得持分）	追加取得日の為替相場

（※）収益および費用の換算相場で換算される。

以下、設例を用いて説明する。

設例9-4 株式の追加取得により持分比率が30%から40%になった場合の関連会社における為替換算調整勘定の取扱い

ポイント

- 関連会社については，投資日ごとに当該日における時価によって評価することとされているため，追加取得持分については追加取得日の為替相場で換算することとなる。したがって，持分法適用開始後に関連会社株式を追加取得し，引き続き持分法を適用することとなる場合，追加取得日には，為替換算調整勘定は生じない。

前提条件

(1) 米国に所在するA社はX1年3月31日に資本金10百万米ドルで設立され，その設立時にP社が発行済株式総数の30%（取得価額は3百万米ドル）を引き受け，P社はA社を持分法適用関連会社とした。その後，P社はX2年3月31日にA社の発行済株式総数の10%を追加取得（取得価額は6百万米ドル）した。

(2) A社のX2年3月期の当期純利益は50百万米ドル，X3年3月期の当期純利益は100百万米ドルであった。

(3) A社のX1年3月31日現在，X2年3月31日現在およびX3年3月31日現在の外貨建の貸借対照表は以下のとおりであった。

《A社貸借対照表（X1年3月31日）》

(外貨（米ドル）：百万米ドル)

科目	外貨	科目	外貨
資産	10	資本金	10

《A社貸借対照表（X2年3月31日）》

(外貨（米ドル）：百万米ドル)

科目	外貨	科目	外貨
資産	100	負債	40
		資本金	10
		利益剰余金	50

≪A社貸借対照表（X3年3月31日）≫

(外貨（米ドル）：百万米ドル)

科目	外貨	科目	外貨
資産	300	負債	140
		資本金	10
		利益剰余金	150

(4) 為替相場は以下のとおりであった。

X1年3月31日：120円/米ドル

X2年3月31日：110円/米ドル

X3年3月31日：100円/米ドル

X2年3月期　期中平均相場：115円/米ドル

X3年3月期　期中平均相場：105円/米ドル

(5) A社の資産および負債は個別財務諸表上で時価評価されており，時価と簿価に乖離は生じていない。

(会計処理（単位：百万円）)

① X2年3月期における処理

［X2年3月31日現在の持分計算表］

(外貨（米ドル）：百万米ドル，円貨：百万円)

	A社個別B/S	P社持分					
		外貨			円貨		
	外貨	既存持分(30%)	追加取得(10%)	計(40%)	既存持分(30%)	追加取得(10%)	計(40%)
資本金	10	3	1	4	360	110	470 (※1)
利益剰余金 (X2年3月期発生分)	50	15	—	15	1,725	—	1,725 (※2)
為替換算調整勘定	—	—	—	—	△105	—	△105 (※3)
純資産合計	60	18	1	19	1,980	110	2,090 (※4)

(※1) 既存持分は120円/米ドル（X1年3月31日現在の為替相場）で，追加取得持分は110円/米ドル（X2年3月31日現在の為替相場）で換算
(※2) 115円/米ドル（X2年3月期の期中平均相場）で換算
(※3) 差額で算出
(※4) 110円/米ドル（X2年3月31日現在の為替相場）で換算

[P社連結]

■ 当期純利益の取込み

| （借） A社株式 | 1,725 | （貸） 持分法による投資利益 | 1,725 |

1,725百万円…持分計算表参照

■ 為替換算調整勘定の取込み

| （借） 為替換算調整勘定
（持分法適用会社に対する
持分相当額：当期発生額） | 105 | （貸） A社株式 | 105 |

105百万円…持分計算表参照

② X3年3月期における処理

[X3年3月31日現在の持分計算表]

(外貨（米ドル）：百万米ドル，円貨：百万円)

	A社個別B/S	P社持分						
		外貨			円貨			
	外貨	既存持分(30%)	追加取得(10%)	計(40%)	既存持分(30%)	追加取得(10%)	計(40%)	
資本金	10	3	1	4	360	110	470	(※1)
利益剰余金 （X2年3月期発生分）	50	15	-	15	1,725	-	1,725	(※2)
利益剰余金 （X3年3月期発生分）	100	30	10	40	3,150	1,050	4,200	(※3)
為替換算調整勘定	-	-	-	-	△435	△60	△495	(※4)
純資産合計	160	48	11	59	4,800	1,100	5,900	(※5)

(※1) 既存持分は120円/米ドル（X1年3月31日現在の為替相場）で，追加取得持分は110円/米ドル（X2年3月31日現在の為替相場）で換算
(※2) 115円/米ドル（X2年3月期の期中平均相場）で換算
(※3) 105円/米ドル（X3年3月期の期中平均相場）で換算
(※4) 差額で算出
(※5) 100円/米ドル（X3年3月31日現在の為替相場）で換算

[P社連結]

■ 当期純利益の取込み

（借）A社株式	4,200	（貸）持分法による投資利益	4,200

4,200百万円…持分計算表参照

■ 為替換算調整勘定の取込み

（開始仕訳）

（借）為替換算調整勘定 　　　（期首残高）	105	（貸）A社株式	105

（当期仕訳）

（借）為替換算調整勘定 　　　（持分法適用会社に対する 　　　　持分相当額：当期発生額）	390	（貸）A社株式	390

△390百万円＝△495百万円－△105百万円

　為替換算調整勘定の持分相当額はX2年3月31日現在で△105百万円，X3年3月31日現在で△495百万円である（各期の持分計算表を参照）ため，当期仕訳で△495百万円－△105百万円＝△390百万円だけ取り込む必要がある。

6 持分法適用会社の業績悪化に伴う為替換算調整勘定の取崩し

 ポイント

- 持分法適用会社の業績が悪化した場合，のれんの減損を行うことがあるが，投資会社の投資日における投資のうち被投資会社の資本に相当する部分（のれん以外の部分）については，減損会計の対象外となる。
- 在外持分法適用会社の業績が悪化し，のれんの減損を行った場合であっても，為替換算調整勘定を特段調整する必要はない。

投資会社の投資日における投資とこれに対応する被投資会社の資本との間に差額がある場合には，当該差額はのれんまたは負ののれんとし，のれんは投資に含めて処理することとされている（持分法会計基準11項）。したがって，持分法適用会社に関するのれんは，減損の兆候の把握においても，連結子会社に関するのれんと同様に取り扱われる。ただし，持分法は投資額を修正する会計処理であるため，連結子会社に関するのれんと異なり，持分法適用会社に関するのれんを持分法適用会社の各事業へ分割する必要はないと考えられる。したがって，持分法適用会社に関するのれんの減損処理は，原則として，当該持分法適用の出資全体に関して適用されると考えられる（企業会計基準適用指針第6号「固定資産の減損に係る会計基準の適用指針」94項）。

このため，投資会社の投資日における投資のうち被投資会社の資本に相当する部分（のれん以外の部分）については，減損会計の対象外と考えられる。すなわち，在外持分法適用会社の業績が悪化し，のれんの減損を行った場合であっても，為替換算調整勘定を特段調整する必要はない。

第10章

為替換算調整勘定に係る税効果

1 在外子会社への投資に係る連結財務諸表固有の一時差異

 ポイント

- 在外子会社の場合，留保利益のほか，為替換算調整勘定も連結財務諸表固有の一時差異となる。

(1) 在外子会社への投資に係る一時差異の発生原因

　投資直後において在外子会社への投資は，連結財務諸表上も個別財務諸表上も取得価額を取得時相場で換算した価額で計上（連結財務諸表上は当該在外子会社の資産および負債として計上）され，親会社からみて連結および個別財務諸表上の投資額は一致していることから，当該投資に係る一時差異は生じない。

　しかし，その後当該在外子会社が純損益を計上し，また為替相場が変動するにつれ，連結財務諸表上は投資の価額が変動していくのに対し，個別財務諸表上は，評価減が計上されない限り当初の投資額による評価が継続されるため，連結および個別財務諸表上の投資額に差額が生じる。当該差額は，当該子会社が獲得した利益を親会社へ配当した場合や，親会社が投資を第三者に売却した場合または投資に対して評価減を実施した場合に解消され，親会社が支払う税

金を増額または減額させる効果を生じさせることになるため、連結財務諸表固有の一時差異に該当する（連結税効果実務指針29項）（図表10－1参照）。

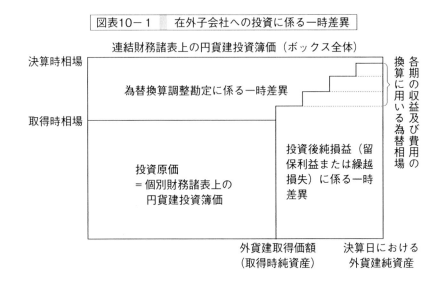

(2) 一時差異の解消のタイミング

子会社への投資に係る連結財務諸表固有の一時差異は、以下の事由が発生した場合に解消されることになる。

① 子会社から配当を受領したとき
② 子会社への投資に対する評価減が税務上損金算入されたとき
③ 子会社への投資を売却したとき

留保利益に係る一時差異については、上記①または③の事由により、繰越損失に係る一時差異については②または③の事由により解消されることになる。
一方、為替換算調整勘定に係る一時差異は、②および③の事由が発生したときにその一部または全部が解消されるが、①の配当受領時には留保利益が源泉となることから為替換算調整勘定には影響を与えず、解消事由とはならない

(図表10−2参照)。

図表10−2　在外子会社への投資に係る一時差異の原因別の解消事由

一時差異原因	一時差異解消事由		
	①配当受領	②評価減の損金算入	③投資の売却
為替換算調整勘定	解消しない	解消する^(※)	解消する
留保利益	解消する	−	解消する
繰越損失	−	解消する	解消する

(※) 在外子会社株式の減損処理(評価損)の判定は基本的に外貨ベースで行われるが,外貨建有価証券の時価(実質価額)をどのように円換算するか(すなわち,取得時相場で換算するか,決算時相場で換算するか)については税務上必ずしも明確ではない。このため,投資後に為替相場が円高方向へ変動したことにより発生した負の為替換算調整勘定について,決算日の外貨建の実質価額を取得時相場で換算して税務上の評価損が算定される場合には,会計上の評価損の一部が税務上否認されることになる。この場合,評価損の算入では当該為替換算調整勘定に係る一時差異の一部が解消しないことになるため,留意が必要である(設例10−2参照)。

2　為替換算調整勘定に係る税効果

- 為替換算調整勘定については,在外子会社への投資の売却の意思が明らかな場合にのみ税効果を認識する。

(1) 為替変動による在外子会社への投資に係る一時差異の発生

在外連結子会社等への投資後に為替相場が変動することにより,為替換算調整勘定が発生し,当該在外連結子会社等への投資の連結貸借対照表上の価額(すなわち,連結上の簿価)を増加させることもあれば,減少させることもある。この結果,親会社の個別財務諸表上の価額との間には差額が生じ,一時差異が発生する(連結税効果実務指針29項)(図表10−3参照)。

図表10－3　投資後の為替変動と為替換算調整勘定に係る一時差異の関係

投資後の為替変動	為替換算調整勘定	一時差異の種類
円高	負（借方）	将来減算一時差異
円安	正（貸方）	将来加算一時差異

(2) 税効果会計上の取扱い

　税効果会計の適用上，為替換算調整勘定に係る一時差異は，予測可能な将来において子会社等の株式を売却する意思が明らかな場合にのみ，為替換算調整勘定を含む子会社等への投資に係る一時差異について，税効果を認識することが必要になる（連結税効果実務指針38－2項，53項）。この場合，連結貸借対照表の純資産の部にその他の包括利益累計額として計上される為替換算調整勘定は，これに対応して認識された繰延税金資産および繰延税金負債に見合う額を加減して計上される。なお，負の為替換算調整勘定（含み損）が発生している状況において，親会社による売却の意思決定があった場合でも，親会社による繰延税金資産の回収可能性の検討が必要であることに留意が必要である。一方，投資の評価損は，会計上は株式の売却に該当せず，為替換算調整勘定は実現しないため，個別財務諸表上税効果が認識されている場合でも，為替換算調整勘定に対応する部分は連結修正仕訳により戻し入れられることになる。また，売却時には，為替換算調整勘定の実現額を当該子会社等の株式の売却損益に含めて計上することになる（図表10－4参照）。

図表10-4　為替換算調整勘定に係る税効果計上の判断フロー

設例10-1　売却の意思が明確でない場合の為替換算調整勘定に係る税効果

ポイント
- 子会社等に対する投資について明確な売却の意思がない場合には、為替換算調整勘定に係る税効果は認識されない。

前提条件
(1) P社（親会社）はX1年3月31日に10百万米ドル（1,200百万円）を出資してS社（100%子会社）を設立し、連結子会社とした。
(2) 為替相場は以下のとおりである。
　　X1年3月31日（S社設立時）：120円/米ドル
　　X2年3月31日：100円/米ドル
　　X2年3月期　期中平均相場：110円/米ドル
(3) P社はS社の今後の事業の成果に応じて、将来的にはS社の売却も視野に入れているが、X2年3月31日現在、S社を売却する明確な意思はない。
(4) X2年3月31日におけるS社の貸借対照表は以下のとおりである。なお、利益剰余金は全額当期純利益である。

≪X2年3月31日時点のS社貸借対照表≫

科目	外貨	レート	円貨	科目	外貨	レート	円貨
資産	23	100	2,300	負債	4	100	400
				資本金	10	120	1,200
				利益剰余金	9	110	990
				為替換算調整勘定	−	−	△290

(5) S社と借入先金融機関との金銭消費貸借契約の中に財務制限条項として，一定期間P社への配当が禁止される旨の取決めがある。

〔会計処理〕

[P社連結（S社の為替換算調整勘定に係る税効果仕訳）]

> 仕訳なし

期末時点で親会社であるP社に明確な売却の意思がないことから，為替換算調整勘定に係る税効果は認識されない。なお，財務制限条項によりP社への配当が禁止されていることから，留保利益に係る税効果も認識しない（次節参照）。

設例10-2　会計上・税務上の評価損と為替換算調整勘定の税効果

〔ポイント〕

- 子会社等に対する投資の評価損に係る一時差異のうち，繰越損失を構成しない為替換算調整勘定に対する税効果は連結修正により戻し入れる。
- 税務上の在外子会社株式の時価（実質価額）をどのように円換算するかによって，税効果の金額が異なることに留意する。

〔前提条件〕

(1) P社（親会社）はX0年3月31日に20百万米ドル（2,200百万円）を出資してS社（100％子会社）を設立し，連結子会社とした。
(2) 為替相場は以下のとおりである。
　X0年3月31日（S社設立時）：110円/米ドル
　X5年3月31日：90円/米ドル

(3) X5年3月31日におけるS社の貸借対照表は以下のとおりである。S社は当期において，大規模な純損失を計上し，実質価額が大幅に下落したため，P社は個別財務諸表上S社の投資を減額し，評価損を計上した。

(外貨（米ドル）：百万米ドル，円貨：百万円)

科目	外貨	レート	円貨	科目	外貨	レート	円貨
資産	40	90	3,600	負債	30	90	2,700
				資本金	20	110	2,200
				利益剰余金	△10	—	△1,000
				為替換算調整勘定	—	—	△300

(4) 企業支配に係る対価を加算する（法人税基本通達9－1－15）点も考慮すると，当期においてはP社が計上した評価損は税務上否認する必要があると考えられるため，課税所得の計算上加算している。ただし，翌期においてS社はさらに純損失を計上することが見込まれており，当該評価損について税務上の損金算入要件を満たすことが確実であるものとする。

(5) P社の法定実効税率は30%とする。なお，繰延税金資産の回収可能性に問題はないものとする。

会計処理（単位：百万円）

[P社個別（S社株式評価損に係る仕訳）]

（借）S社株式評価損	1,300	（貸）S社株式	1,300

1,300百万円＝当初投資価額2,200百万円－期末純資産（20－10）百万米ドル×90円/米ドル（決算時相場）

(ケース1) 税務上の時価が取得時相場で換算される場合

税務上の時価：外貨建時価10百万米ドル×110円/米ドル（取得時相場）
=1,100百万円

税務上の損金算入可能額：簿価2,200百万円－時価1,100百万円
=1,100百万円

[P社個別（S社株式評価損に係る税効果仕訳）]

| （借）繰延税金資産 | 330 | （貸）法人税等調整額 | 330 |

330百万円＝税務上損金算入可能額1,100百万円×法定実効税率30％

[P社連結]

■S社株式評価損に係る連結修正仕訳

| （借）S社株式 | 1,300 | （貸）S社株式評価損 | 1,300 |

■投資と資本の相殺仕訳

| （借）資本金 | 2,200 | （貸）S社株式 | 2,200 |

■税効果調整仕訳

| （借）法人税等調整額 | 30 | （貸）繰延税金資産 | 30 |

30百万円＝（税務上損金算入可能額1,100百万円－連結上の繰越損失1,000百万円）×法定実効税率30％

P社の個別財務諸表上認識された税効果の一部について，連結修正により戻し入れる。
なお，翌期の一時差異解消時には，上記の逆仕訳が連結修正として必要となる。

（ケース2） 税務上の時価が決算時相場で換算される場合

税務上の時価：外貨建時価10百万米ドル×90円/米ドル（決算時相場）
　　　　　　　＝900百万円

税務上の損金算入可能額：簿価2,200百万円－時価900百万円
　　　　　　　　　　　　＝1,300百万円

[P社個別（S社株式評価損に係る税効果仕訳）]

| （借）繰延税金資産 | 390 | （貸）法人税等調整額 | 390 |

390百万円＝税務上損金算入可能額1,300百万円×法定実効税率30％

[P社連結（税効果調整仕訳）(※)]

| （借）法人税等調整額 | 90 | （貸）繰延税金資産 | 90 |

90百万円＝（税務上損金算入可能額1,300百万円－連結上の繰越損失1,000百万円）×法定実効税率30％

P社の個別財務諸表上認識された税効果の一部について，連結修正により戻し入れる。
なお，翌期の一時差異解消時には，上記の逆仕訳が連結修正として必要となる。
(※) 他の連結修正仕訳はケース1と同様であるため，割愛している。

3 留保利益と為替換算調整勘定に係る税効果

 ポイント

・在外連結子会社等の留保利益について，配当を行わないことについて親会社等と合意がある場合や，配当しないことが確実な金額を除き，将来加算一時差異として，繰延税金負債を認識しなければならない。

(1) 在外子会社の利益計上による一時差異の発生

在外連結子会社への投資に係る税効果を考慮するにあたり，為替換算調整勘定と併せて考慮されるのが，在外子会社の留保利益に係る税効果である。

留保利益は，連結手続上，子会社の資本の親会社持分額および利益剰余金に含まれるが，親会社の個別貸借対照表上の投資簿価には含まれないため，為替換算調整勘定と同様，連結上の簿価と個別貸借対照表上の簿価との間には差額が発生する。この差額は将来加算一時差異であり，配当または子会社株式の売却等により解消される。

(2) 税効果会計上の取扱い

① 配当による解消

配当の場合，親会社が在外子会社の利益を配当として受け入れる場合に配当等の額の5％が益金不算入とならないことおよび当該配当等に対する外国源泉所得税が，通常損金不算入となることにより追加納付税金が発生することから，当該追加納付税金分だけ，原則として，繰延税金負債を計上する（連結税効果実務指針34項）。

先述の為替換算調整勘定に係る税効果が在外子会社の投資の売却の意思が明らかな場合にのみ認識されるのと対照的に，在外子会社等の留保利益に係る税効果は，当該在外子会社等が親会社を含む株主との間に利益配当を行わないこ

とについて合意がある場合や，留保利益が法令その他の規制や株主，債権者等との取決め等により一定の金額に達しない限り配当できない場合等において，当該配当されないと見込まれる金額を除き，税効果を認識しなければならない（連結税効果実務指針35項）。

この場合，配当により解消される将来加算一時差異は，連結財務諸表上で過去の各会計期間の収益・費用の換算相場で各期の損益を換算した円貨額を累積した利益剰余金の金額ではなく，在外子会社の外貨建貸借対照表の留保利益を当該子会社の決算日（または仮決算日）の為替相場を用いて換算した円貨額となり，実質的に為替換算調整勘定の一部を含むことに留意が必要である（連結税効果実務指針36項）（図表10－5参照）。

② 投資の売却による解消

留保利益または繰越損失に係る一時差異のうち，売却等により解消すると見込まれる部分については，過去の各会計期間の収益・費用の換算相場で累積された利益剰余金の金額を用いて一時差異の金額を算定する（図表10－5参照）。

図表10－5　在外子会社への投資に係る一時差異の解消事由および換算相場

項目	解消事由	換算相場
留保利益	配当の受領	決算時相場
	投資の売却	各期相場の累積（円換算後貸借対照表計上額）
繰越損失	投資の売却	各期相場の累積（円換算後貸借対照表計上額）
	評価損の損金算入	
為替換算調整勘定	投資の売却	各期相場の累積（円換算後貸借対照表計上額）（※）

（※）支配の喪失を伴う売却の場合，投資の売却時点で計上されている為替換算調整勘定は株式売却損益として調整されることにより実現する（外貨建実務指針42－2項）。一方，支配の喪失を伴わない（支配が継続する）一部売却の場合，為替換算調整勘定のうち，売却により減少する持分比率に相当する部分は資本剰余金として調整されたうえで，一部は増加する非支配株主持分に振り替えられる（外貨建実務指針42－3項）。支配が継続する一部売却の場合，為替換算調整勘定の減少額は連結財務諸表上，投資の売却損益を構成しないが，支配を喪失する場合と同様に投資売却の意思が明確になった時点で税効果を認識

し，売却を実行した会計期間においては，対応する税金計上額を資本剰余金から控除する（連結税効果実務指針30項）。なお，外貨建のれんの償却から生じる為替換算調整勘定は支配が継続する一部売却においては取り崩されないため，売却の意思が明確であっても，税効果は認識しない。

(3) 繰越損失の取扱い

繰越損失が発生し，子会社への投資に係る将来減算一時差異が発生している場合には，原則として繰延税金資産を計上しない。ただし，当該将来減算一時差異が予測可能な将来において税務上の損金算入要件を満たすか，第三者への売却等により解消される可能性が高く，かつ，繰延税金資産の回収可能性に係る判断要件が満たされる場合に限り繰延税金資産を計上することができる（連結税効果実務指針32項）。

設例10－3　在外子会社の留保利益に係る税効果

ポイント
- 在外子会社の所在国の外国源泉所得税率を確認する必要がある。
- 留保利益のうち配当で解消されると見込まれる部分は，決算時相場で換算した金額を基に税効果を測定する。

前提条件
(1) 設例10－1の翌期（X2年4月1日～X3年3月31日）の末日におけるS社の貸借対照表は以下のとおりである。

(外貨（米ドル）：百万米ドル，円貨：百万円)

科目	外貨	レート	円貨	科目	外貨	レート	円貨
資産	40	100	4,000	負債	10	100	1,000
				資本金	10	120	1,200
				利益剰余金	(※1) 20	－	(※2) 1,980
				為替換算調整勘定	－	－	△180

(※1) 20百万米ドル＝前期末利益剰余金9百万米ドル＋当期純利益11百万米ドル

(※2) 1,980百万円＝9百万米ドル×110円/米ドル（X2年3月期期中平均相場）＋11百万米ドル×90円/米ドル（X3年3月期期中平均相場）

(2) 為替相場は以下のとおりである。

X3年3月31日：100円/米ドル

期中平均相場：90円/米ドル

(3) 当期にS社からP社への配当支払はなく，その他の利益処分もない。

(4) 当期において，S社によるP社への配当を禁止する旨の取決めに代え，S社の利益剰余金が10百万米ドルを超えた場合に限り，10百万米ドルを超えた金額を配当原資としてP社へ利益配当を実施できるものとすることをP社，S社及びS社の借入先金融機関の三者間で取り決めた。

(5) X3年3月31日現在，P社はS社を売却する明確な意思はない。

(6) P社の法定実効税率は30％，S社からの配当があった場合の当該配当に係る外国源泉所得税率は10％とする。

(7) 記載以外の条件は設例10－1と同様とする。

会計処理（単位：百万円）

[P社連結（S社の留保利益に係る税効果仕訳）]

（借）法人税等調整額	115	（貸）繰延税金負債	115

115百万円＝配当予定額1,000百万円(※)×5％（在外子会社配当の益金不算入割合）×P社法定実効税率30％＋1,000百万円×外国源泉所得税率10％

(※) 配当予定額1,000百万円＝（20百万米ドル－10百万米ドル）×100円/米ドル（決算時相場）

設例10－4　売却決定時の為替換算調整勘定に係る税効果（投資を全て売却する場合）

ポイント

- 売却の意思が明らかになった場合，留保利益に係る税効果とともに，為替換算調整勘定に係る税効果を認識する。

前提条件

(1) 設例10－3の翌期（X3年4月1日～X4年3月31日）の末日におけるS

社の貸借対照表は以下のとおりである。

(外貨(米ドル):百万米ドル,円貨:百万円)

科目	外貨	レート	円貨	科目	外貨	レート	円貨
資産	60	100	6,000	負債	20	100	2,000
				資本金	10	120	1,200
				利益剰余金	(※1)30	−	(※2)3,000
				為替換算調整勘定	−	−	△200

(※1) 30百万米ドル＝前期利益剰余金20百万米ドル−当期配当10百万米ドル＋当期純利益20百万米ドル

(※2) 3,100百万円＝前期利益剰余金1,980百万円−当期配当10百万米ドル×108円/米ドル＋当期純利益20百万米ドル×105円/米ドル

(2) X3年7月1日にS社からP社へ10百万米ドルの配当を実施することを決議し，同日に支払が行われた。

(3) 為替相場は以下のとおりである。

　　X4年3月31日：100円/米ドル

　　期中平均相場：105円/米ドル

　　X3年7月1日（配当決議時）の為替相場：108円/米ドル

(4) P社はX4年4月1日付でS社の全株式を第三者に16百万米ドル（1,600百万円，P社個別財務諸表上の売却益400百万円）で売却することについて，X4年3月期中に意思決定した。

(5) 売却にあたっては，まずS社の利益剰余金のうち10百万米ドルを配当金として受け取り，その後，同日のうちに売却することを予定している。

(6) S社株式の売却時における為替相場はX4年3月31日現在の為替相場と同一であった。

(7) P社の繰延税金資産の回収可能性に問題はないものとする。

(8) 記載以外の条件は設例10−1と同様とする。

会計処理（単位：百万円）

① X4年3月期期末

[P社連結]

■S社留保利益に係る税効果仕訳（配当により解消されるもの）

（借）法人税等調整額	115	（貸）繰延税金負債	115

115百万円＝配当予定額1,000百万円 ^{（※）}×5％（在外子会社配当の益金不算入割合）×P社法定実効税率30％＋1,000百万円×外国源泉所得税率10％

（※）配当予定額1,000百万円＝10百万米ドル×100円/米ドル（決算時相場）

■S社留保利益に係る税効果仕訳（株式売却により解消されるもの）

（借）法人税等調整額	600	（貸）繰延税金負債	600

600百万円＝2,000百万円 ^{（※）}×P社法定実効税率30％

（※）2,000百万円＝期末利益剰余金3,000百万円－配当予定額1,000百万円

■為替換算調整勘定に係る税効果仕訳

（借）繰延税金負債 ^{（※1）}	60	（貸）為替換算調整勘定 （当期発生額）^{（※2）}	60

60百万円＝期末為替換算調整勘定200百万円×P社法定実効税率30％

（※1）異なる納税主体に係るものを除き、繰延税金資産と繰延税金負債は流動・固定それぞれの区分で相殺して表示する（税効果会計基準 第三 2）。ここでは、留保利益に係る税効果仕訳で計上された繰延税金負債と相殺したものとしている。

（※2）子会社投資に係る一時差異のうち、利益剰余金を構成しない為替換算調整勘定に対する税効果は為替換算調整勘定に加減して処理する。

② X4年4月1日

[P社連結]

■開始仕訳

（投資と資本の相殺に関する開始仕訳）

（借）資本金	1,200	（貸）S社株式	1,200

（S社留保利益に係る税効果仕訳（配当により解消されるもの）の開始仕訳）

（借）利益剰余金期首残高	115	（貸）繰延税金負債	115

（S社留保利益に係る税効果仕訳（株式売却により解消されるもの）の開始仕訳）

（借）利益剰余金期首残高	600	（貸）繰延税金負債	600

(為替換算調整勘定に係る税効果仕訳の開始仕訳)

(借) 繰延税金負債	60	(貸) 為替換算調整勘定 (期首残高)	60

■S社からの配当の相殺消去およびその税効果の取崩し仕訳

(借) 受取配当金	1,000	(貸) 利益剰余金(支払配当金)	1,000
(借) 繰延税金負債	115	(貸) 利益剰余金期首残高	115

■投資と資本の相殺に関する開始仕訳の戻し

(借) S社株式	1,200	(貸) 資本金	1,200

■S社貸借対照表連結除外仕訳及び売却簿価と売却持分の相殺消去

(借) 負債	2,000	(貸) 資産	(※1) 5,000
資本金	1,200	為替換算調整勘定 (組替調整額)	200
S社株式売却益	(※2) 2,000		

(※1) X4年3月期末S社資産6,000百万円－配当による減少額1,000百万円
(※2) S社株式全株売却によるP社持分減少額＝配当後S社純資産合計(1200百万円＋3,000百万円＋△200百万円－1,000百万円)

■S社株式売却に係る前期計上税効果仕訳の取崩し仕訳

(留保利益分)

(借) 繰延税金負債	600	(貸) 法人税等調整額	600

(為替換算調整勘定分)

(借) 為替換算調整勘定 (組替調整額)	60	(貸) 繰延税金負債	60

なお、P社の個別財務諸表上はS社株式売却益400百万円に対する税金計上額に関し、以下の会計処理が行われている。

(借) 法人税等	120	(貸) 未払法人税等	120

未払法人税等120百万円＝S社株式売却益400百万円×P社法定実効税率30%

　S社株式の売却の実行時におけるS社株式売却に係るP社連結財務諸表上の税金費用は、上記法人税等の120百万円と貸方の法人税等調整額△600百万円により差引△480百万円となる。

　一方、連結財務諸表上S社株式売却による損益は、P社の個別財務諸表上のS

社株式売却益400百万円から売却による持分減少額2,000百万円（売却時のS社純資産合計）を差し引いて△1,600百万円（売却損）と算定されるが，これにP社法定実効税率30％を乗じると△480百万円となり，上記税効果会計を反映した税金費用と対応していることが確認できる。

これらの一連の流れから，連結決算において，在外子会社の株式売却時に，為替換算調整勘定に計上されていた未実現の為替差損が，子会社株式売却損に含められていることを確認されたい。

設例10－5　売却決定時の為替換算調整勘定に係る税効果（支配が継続する場合）

（ポイント）
- 売却の意思が明らかになった場合，留保利益に係る税効果とともに，為替換算調整勘定に係る税効果を認識する点は，支配を喪失する場合と同様である。
- 支配が継続する場合，売却時において売却額と連結上の売却持分の差額相当額は連結財務諸表上，資本剰余金に計上されるが，当該差額に対する法人税相当額は法人税等を相手勘定として控除する。

（前提条件）

(1)～(3)および(5)～(8)は設例10－4と同様

(4)のみ以下のとおり変更する。

(4)P社はX4年4月1日付でS社の株式の25％を第三者に4百万米ドル（400百万円，P社個別財務諸表上の売却益100百万円）で売却することについて，X4年3月期中に意思決定した。

（会計処理（単位：百万円））

① X4年3月期末

［P社連結］

■S社留保利益に係る税効果仕訳（配当により解消されるもの）

第10章 為替換算調整勘定に係る税効果

設例10－4と同様

■S社留保利益に係る税効果仕訳（株式売却により解消されるもの）

| （借）法人税等調整額 | 150 | （貸）繰延税金負債 | 150 |

150百万円＝2,000百万円（※）×25％（売却予定持分比率）×P社法定実効税率30％
（※）2,000百万円＝期末利益剰余金3,000百万円－配当予定額1,000百万円

■為替換算調整勘定に係る税効果仕訳

| （借）繰延税金負債（※1） | 15 | （貸）為替換算調整勘定（※2） | 15 |

15百万円＝期末為替換算調整勘定200百万円×25％（売却予定持分比率）×P社法定実効税率30％
（※1）設例10－4と同様，留保利益に係る税効果仕訳で計上された繰延税金負債と相殺したものとしている。
（※2）設例10－4と同様，為替換算調整勘定に対する税効果は為替換算調整勘定に加減して処理する。

② X4年4月1日

［P社連結］

■開始仕訳

（投資と資本の相殺に関する開始仕訳）

設例10－4と同様

（S社留保利益に係る税効果仕訳（配当により解消されるもの）の開始仕訳）

設例10－4と同様

（S社留保利益に係る税効果仕訳（株式売却により解消されるもの）の開始仕訳）

| （借）利益剰余金期首残高 | 150 | （貸）繰延税金負債 | 150 |

（為替換算調整勘定に係る税効果仕訳の開始仕訳）

| （借）繰延税金負債 | 15 | （貸）為替換算調整勘定（期首残高） | 15 |

■S社からの配当の相殺消去およびその税効果の取崩し仕訳

| （借）受取配当金 | 1,000 | （貸）利益剰余金（支払配当金） | 1,000 |
| （借）繰延税金負債 | 115 | （貸）利益剰余金期首残高 | 115 |

■売却簿価と売却持分の相殺消去

（借）S社株式	(※1) 300	（貸）非支配株主持分	(※2) 750
S社株式売却益	(※3) 500	為替換算調整勘定 　　　（連結株主資本等変動計算書）	(※4) 50

(※1) 300百万円＝S社株式1,200百万円×25％（売却持分比率）÷100％（売却前P社持分比率）
(※2) 売却による非支配株主持分増加額750百万円＝配当後S社純資産合計（1200百万円＋3,000百万円－200百万円－1,000百万円）×25％（売却持分比率）
(※3) 500百万円＝売却簿価300百万円－売却持分800百万円（750百万円－△50百万円）
(※4) 50百万円＝円換算後貸借対照表計上額200百万円×25％（売却持分比率）

■S社株式売却に係る前期計上税効果仕訳の取崩し仕訳

（留保利益分）

（借）繰延税金負債	150	（貸）法人税等調整額	150

（為替換算調整勘定分）

（借）為替換算調整勘定 　　　（連結株主資本等変動計算書）	15	（貸）繰延税金負債	15

■P社の持分変動による差額の資本剰余金への振替

（借）資本剰余金	400	（貸）S社株式売却益	400

P社持分変動による差額△400百万円＝売却価額400百万円－売却持分800百万円

■関連する法人税等の調整

（借）法人税等	120	（貸）資本剰余金	120

法人税等の修正額120百万円＝持分変動による差額400百万円×P社法定実効税率30％

　なお，P社の個別財務諸表上はS社株式売却益100百万円に対する税金計上額に関し，以下の会計処理が行われている。

（借）法人税等	30	（貸）未払法人税等	30

未払法人税等30百万円＝S社株式売却益100百万円×P社法定実効税率30％

　ここで，S社株式の売却の実行時におけるS社株式売却に係る税金費用は，上記法人税等の合計額150百万円（120百万円＋30百万円）と貸方の法人税等調

整額△150百万円により，ゼロとなる。

　S社への支配の喪失を伴わないS社株式の一部売却は連結財務諸表上損益を発生させない取引であるため，S社株式の売却実行時には税金費用が計上されないことが確認できる。

4　在外子会社の有償減資と為替換算調整勘定に係る税効果

 ポイント

- 在外子会社が有償減資を行う際，会計・税務上の為替差損益の取扱いが異なる場合には，個別財務諸表上有償減資時点で一時差異が発生し，税効果が認識される。一方，連結財務諸表上は為替換算調整勘定が実現しない場合には，税効果を認識しないものと考えられる。

(1)　個別財務諸表上の一時差異の発生原因

　在外子会社が有償減資，すなわち資本の払戻しを本邦親会社に行った場合，会計上，会社清算や株式売却と同様とみなせない場合には，当該在外子会社に対する投資原価（投資時の為替相場で換算）から，実際に払戻しを受けた現金等（有償減資実行時の為替相場で換算）の額を控除する（「第3章　子会社投資の各ステージにおける為替換算調整勘定の会計処理　6　有償減資を行った場合の為替換算調整勘定の処理」参照）。

　一方，税務上は外貨建減資額を投資時の為替相場で換算した金額を投資原価から控除するものとされている（法人税法61条の2第17項，法人税法施行令119条の9第1項）。このため，投資時と減資時の為替相場の違いにより，実際に払戻しを受ける現金等の額とこれに伴って減額される投資の額が異なることになる。この結果，当該在外子会社の投資に対する為替差損益が税務上のみ一部実現することになるため，一時差異が発生する。

なお，当該一時差異は税務上の譲渡損益の計上によって生じるものであるため，税効果は有償減資の意思決定時点では認識せず，有償減資の実行時点で認識されることに留意されたい。

(2) 連結財務諸表上の取扱い

在外子会社への投資に係る投資後の為替変動から生じる為替差損益は，連結財務諸表上は為替換算調整勘定に含まれる形で認識されている（外貨建会計基準 三 4）。本章「2 為替換算調整勘定に係る税効果」で述べたように，為替換算調整勘定は連結財務諸表上，子会社への投資に係る連結財務諸表固有の一時差異を構成する。しかし，当該一時差異は当該投資が売却された場合に限り純損益として実現するものであるため，子会社等の売却の意思が明確な場合等にのみ税効果を認識し，それ以外の場合には税効果は認識されない。有償減資は税務上，譲渡として取り扱われることで為替差損益が実現し，一時差異の一部が解消することになるものであるが，会計上は会社清算や株式売却と同様とみなせない場合，為替換算調整勘定は実現しないことになる。また，有償減資に伴い個別財務諸表上で税効果が認識された場合でも，売却予定があること等により連結財務諸表上も為替換算調整勘定に税効果が認識される場合を除き，当該個別財務諸表上の税効果は連結修正仕訳により戻し入れられることになると考えられる。

設例10-6 在外子会社の有償減資の税効果

（ポイント）
- 個別財務諸表上は在外子会社等の有償減資実行時に税効果を認識する。
- 連結財務諸表上は子会社等の株式の売却の明確な意思等がない限り，個別財務諸表上で認識された税効果を戻し入れるものと考えられる。

（前提条件）
(1) P社（親会社）はX1年3月31日に10百万米ドル（1,500百万円）を出資し

てS社(100%子会社)を設立し,連結子会社とした。
⑵ 為替相場は以下のとおりである。
 X1年3月31日(S社設立時):150円/米ドル
 X5年3月31日:100円/米ドル
⑶ S社はその後,X5年3月31日において,P社に対して5百万米ドルの有償減資を実施した。なお,当該有償減資によって,個別財務諸表および連結財務諸表において,為替差損(為替換算調整勘定)は実現しないものと判断されている。
⑷ P社はX5年3月31日現在,S社を売却する明確な意思はない。
⑸ X5年3月31日(有償減資直前)におけるS社の貸借対照表は以下のとおりである。

(外貨(米ドル):百万米ドル,円貨:百万円)

科目	外貨	レート	円貨	科目	外貨	レート	円貨
資産	50	100	5,000	負債	30	100	3,000
				資本金	10	150	1,500
				利益剰余金	10	–	1,200
				為替換算調整勘定	–	–	△700

⑹ 留保利益に係る税効果については,本設問では無視することとする。
⑺ 本邦税法におけるみなし配当制度(法人税法24条1項)は,設例の前提上,無視するものとする。
⑻ P社の法定実効税率は30%とする。

会計処理(単位:百万円)
[P社個別]
■有償減資に係る個別財務諸表上の仕訳

(借) 現金 500 (貸) S社株式 500

500百万円=有償減資実行額5百万米ドル×100円/米ドル(減資実行時の為替相場)

■有償減資に係る税務上の仕訳

(借) 現金	500	(貸) S社株式	(※) 750
S社株式譲渡損 (為替差損)	250		

(※) 750百万円＝有償減資実行額5百万米ドル×150円/米ドル（投資時の為替相場）
これにより，税務上は為替差損が子会社株式譲渡損として実現し，将来加算一時差異となる。

■有償減資に係る個別財務諸表上の税効果仕訳

(借) 法人税等調整額	75	(貸) 繰延税金負債	75

75百万円＝将来加算一時差異250百万円×法定実効税率30％

[P社連結（有償減資に係る連結修正仕訳）]

(借) 繰延税金負債	75	(貸) 法人税等調整額	75

　税務上S社株式譲渡損として認識された為替差損は，P社の連結財務諸表上では，為替換算調整勘定に係る将来減算一時差異に既に吸収されているといえる。したがって，P社の連結財務諸表上，当該有償減資の実行は新たな将来加算一時差異を発生させるものではなく，過年度に為替換算調整勘定の発生に伴って発生した将来減算一時差異の一部を解消させるものに過ぎない。このため，当該為替換算調整勘定に係る将来減算一時差異について，本設例のように子会社等の株式を売却する明確な意思等がないことにより，従来税効果を認識していないのであれば，連結財務諸表にはなんら影響を及ぼさない。具体的には，P社の連結財務諸表上において，個別財務諸表上認識した繰延税金負債を戻し入れる必要があると考えられる。

　一方，有償減資以前からP社にS社の株式を売却する明確な意思等があった場合には，為替換算調整勘定の総額に対応する将来減算一時差異の金額から有償減資に伴って個別財務諸表上計上した繰延税金負債を控除した額（本設例では，為替換算調整勘定1,300百万円×40％－100百万円＝420百万円）を上限として，連結財務諸表上の繰延税金資産を計上することができる。

第11章

在外子会社の記帳通貨・換算相場の変更等

1 在外子会社等の記帳通貨の変更

 ポイント

- 原則として，記帳通貨は現地通貨を採用することとなるが，経営者の判断により現地通貨以外の通貨を採用することも考えられる。
- 記帳通貨の変更が，会計方針の変更に該当する場合と該当しない場合があると考えられる。
- 会計方針の変更に該当する場合には，過年度遡及会計基準に準拠して原則として遡及適用する必要がある。
- 会計方針の変更に該当しない場合には，会計基準に特段の定めがないため，為替換算調整勘定の取扱いを整理したうえで，会計処理を行うこととなる。

(1) 在外子会社等が記帳通貨として採用する通貨

① 日本基準を採用している在外子会社等

在外子会社等の財務諸表は，一般的に当該在外子会社等が所在する国の現地通貨により記録された会計帳簿により作成される。しかし，現地通貨以外の外

貨建債権債務および当該外貨の保有状況ならびに決済方法等から外貨建取引を当該現地通貨以外の外国通貨により記録することが合理的であると認められる場合には，取引発生時の外国通貨により記録する方法を採用することができる（外貨建実務指針31項本文）。したがって，在外子会社等では原則として現地通貨により記帳するが，外貨の保有状況等に応じて外国通貨により記帳することができるため，経営者はどの通貨により記帳するか判断する必要がある。

② 国際財務報告基準または米国会計基準を採用している在外子会社等

実務対応報告第18号では，在外子会社等の財務諸表が国際財務報告基準または米国会計基準に準拠して作成されている場合，当面の間，それらを連結決算手続上利用することができるとされている。国際財務報告基準（国際会計基準第21号「外国為替レート変動の影響」（以下，本章において「IAS第21号」という）9項から13項）または米国会計基準（米国財務会計基準審議会会計基準コーディフィケーション（ASC）トピック830「外貨換算」830-10-45-1～6, 830-10-55-5）の定めにより，経営者は企業が営業活動を行う主たる経済環境等を考慮して機能通貨を決定しなければならず，原則として機能通貨により記帳がなされる。

しかし，実務対応報告第18号は，わが国の基準に準拠した連結財務諸表作成のための在外子会社等の財務諸表作成における取扱いである。実務対応報告第18号において，国際財務報告基準または米国会計基準に準拠して作成された在外子会社等の財務諸表は，明らかに合理的でないと認められる会計処理を除いて日本基準への修正を不要としているが，原則は，同一環境下で行われた同一の性質の取引等については，親会社および子会社が採用する会計処理の原則および手続は統一して連結財務諸表を作成することとなる（連結会計基準17項）。

したがって，親会社および子会社が採用する会計処理の原則および手続は統一して，在外子会社等は所在する国の現地通貨により記録された会計帳簿を基礎とした財務諸表（連結パッケージ）を作成することが原則となる。ただし，在外子会社等の財務諸表（連結パッケージ）が，機能通貨により作成した場合

と現地通貨により作成した場合とを比較して明らかに合理的でないと認められなければ，機能通貨により作成された財務諸表（連結パッケージ）を連結手続上取り込むことが許容されると考えられる。

(2) 記帳通貨の変更と会計方針の変更

① 会計方針の変更とは

会計方針の変更は，以下の2つの類型に分けられる。

- 会計基準等の改正に伴う会計方針の変更
- 上記以外の正当な理由による会計方針の変更（いわゆる「自発的な会計方針の変更」）

記帳通貨の変更は，会計基準等（企業会計基準適用指針第24号「会計上の変更及び誤謬の訂正に関する会計基準の適用指針」（以下，本章において「過年度遡及適用指針」という）5項参照）の改正に伴うものではないため，自発的な会計方針の変更に該当するケースが考えられる。

自発的な会計方針の変更の場合，会計基準等の改正に伴う会計方針の変更のように，会計基準等の改正が正当な理由になるものではなく，正当な理由があるかどうか，適切な判断が求められる。

自発的に会計方針を変更した場合の正当な理由として，次の要件を満たすことが求められる（過年度遡及適用指針6項，監査・保証実務委員会実務指針第78号「正当な理由による会計方針の変更等に関する監査上の取扱い」8項）。

- 会計方針の変更が企業の事業内容または企業内外の経営環境の変化に対応して行われるものであること
- 会計方針の変更が会計事象等を財務諸表に，より適切に反映するために行われるものであること
- 変更後の会計方針が一般に公正妥当と認められる企業会計の基準に照らして妥当であること
- 会計方針の変更が利益操作等を目的としていないこと
- 会計方針を当該事業年度（連結会計年度）に変更することが妥当であること

> （いわゆる「変更の適時性」）

② 記帳通貨の変更が会計方針の変更に該当する場合

ⅰ）原則的な取扱い

　記帳通貨の変更が自発的に行われ，その変更に正当な理由がある場合には会計方針の変更として取り扱われる。その場合には，原則として，新しく採用する記帳通貨により過去の財務諸表へと遡及適用する。

ⅱ）実務上不可能な場合の取扱い

　在外子会社等の記帳通貨を変更する場合に，例えば，過去の為替相場の情報が保存されていないような場合には，原則的な取扱いである会社設立時まで遡った換算を行うことができない。

　このようなときには，遡及適用を行うことが実務上不可能な場合の取扱いに従うことになるが，記帳通貨の変更の影響は，過去からの積上げで算定されることになるため，当期首の時点で累積的影響額を算定することはできないと考えられる。このため，当期首以前の実行可能な最も古い日における直物為替相場または一定期間を基礎として計算された平均相場により換算して，当該最も古い日から将来にわたって，新たな記帳通貨を採用する（過年度遡及会計基準9項(2)）。

③ 記帳通貨の変更が会計方針の変更に該当しない場合

　会計方針の変更に該当しない場合として過年度遡及適用指針第8項に下記のとおり定められている。

> - 会計処理の対象となる会計事象等の重要性が増したことに伴う本来の会計処理の原則および手続への変更
> - 会計処理の対象となる新たな事実の発生に伴う新たな会計処理の原則および手続
> - 連結財務諸表作成のための基本となる重要な事項のうち，連結または持分法の適用の範囲に関する変動

例えば，従来採用していた記帳通貨以外の通貨による取引量が増大したことにより記帳通貨を変更する場合は，「会計処理の対象となる会計事象等の重要性が増したことに伴う本来の会計処理の原則及び手続への変更」に該当し，会計方針の変更には該当しないことも考えられる。

会計方針の変更に該当しない場合は，記帳通貨の変更を遡及適用せず，変更時点から将来にわたって，新たな記帳通貨を適用することとなる。また，会計方針の変更に該当しないため，会計方針の変更に関する注記は不要であるが，当該記帳通貨の変更に関し，会計方針の記載以外に追加的に開示する必要があると認めた場合は，追加情報として会計方針の記載に合わせて注記する（監査・保証実務委員会実務指針第77号「追加情報の注記について」7項，財規9条3項等）。

④ 会計方針の変更に該当しないものとして整理された場合

会計方針の変更に該当しない（つまり，遡及処理しない）場合における記帳通貨の変更に関する会計処理については日本の会計基準（外貨建会計基準など）では特段の定めはない。この点については，在外子会社等が変更する通貨によって下記の2パターンの会計処理が考えられる。

ⅰ）通貨を外貨から円貨へ変更する場合

記帳通貨を円貨に変更した在外子会社等については，その財務諸表が円建となることから，過去から引き継いでいる為替換算調整勘定をどのように処理するかが問題となる。

記帳通貨の変更により純損益を認識することは妥当ではないこと，在外子会社等における財務諸表が円貨であり換算が不要となるため，為替換算調整勘定がなくなると考えられること，出資等に関わらないことから資本金・資本剰余金には含まれないこと，過年度における為替の換算差額であることなどを鑑みると，為替換算調整勘定を利益剰余金に振り替えることも考えられる。

しかしながら，親会社としては，在外子会社等が記帳通貨を変更しても，当該在外子会社等に対する投資は相変わらず継続している。このような状況にお

いては，記帳通貨変更前の換算によって生じた換算差額自体は解消（為替差損益は実現）されていないため，在外子会社等の記帳通貨変更前の財務諸表を記帳通貨変更後も引き継ぎ，記帳通貨変更前に計上していた為替換算調整勘定も引き続き計上することが理論的ではないかと考えられる。

また，国際財務報告基準（IFRS）を適用し，当該決算を連結決算手続上利用している子会社において，機能通貨が変更された場合の親会社連結財務諸表上の取扱いが論点となりうる。この場合でも，上記のとおり，為替換算調整勘定は当該子会社の株式が売却された場合等に限って実現するものであることから，個別財務諸表上の換算処理にかかわらず，連結財務諸表上は為替換算調整勘定を引き続き計上することが考えられる。

設例11－1　在外子会社の記帳通貨の変更（外貨→円貨）

ポイント
- 親会社による投資が継続しており，換算差額自体は実現していないと考え，過去に発生した為替換算調整勘定は引き続き円貨建貸借対照表上認識することが考えられる。
- 円貨建貸借対照表には為替換算調整勘定は発生しないと考える場合には，過去に発生した為替換算調整勘定を利益剰余金に振り替えることも考えられる。

前提条件
(1) 期首時点で米ドルから円に記帳通貨を変更する。
(2) 為替相場は以下のとおりとする。
　　出資時相場：120円/米ドル
　　前期末（変更時）相場：100円/米ドル

会計処理（単位：百万円）

[前期末の在外子会社の貸借対照表]

(外貨（米ドル）：百万米ドル，円貨：百万円)

科目	外貨	レート	円貨	科目	外貨	レート	円貨
資産	100	100	10,000	負債	50	100	5,000
				資本金	10	120	1,200
				利益剰余金	40	−	4,400
				為替換算調整勘定	−	−	△600

　IFRSを適用し，当該決算を連結決算手続上利用している子会社において，機能通貨が変更された場合，個別財務諸表上は，変更時の為替相場ですべての貸借対照表項目を換算替えする（IAS第21号37項参照）。

　在外子会社が日本基準を適用している場合にも同様の方法により換算替えすることは可能と考えられる。

[当期首の在外子会社の貸借対照表]

(単位：百万円)

科目	円貨	科目	円貨
資産	10,000	負債	5,000
		資本金	1,000
		利益剰余金	4,000

　なお，日本基準を適用している場合には，変更時点における資本金および利益剰余金の円貨額を引き継ぐ方法が考えられる。この考え方により記帳通貨の変更を行った場合，円貨額の貸借が一致しないことになるが，個別財務諸表上では為替換算調整勘定が発生することは想定されていないこと，また，この差額は記帳通貨の変更前までに発生した過年度の為替変動差額であり，過去から円貨を記帳通貨としていた場合には為替差損益として処理されていたものであること，一方で，記帳通貨の変更により損益を認識することは妥当ではないことから，利益剰余金に含める会計処理が考えられる。

(単位:百万円)

科目	円貨	科目	円貨
資産	10,000	負債	5,000
		資本金	1,200
		利益剰余金	4,400
		利益剰余金(貸借差額)	△600

[連結修正仕訳]

 上記ⅰ)に記載のとおり,記帳通貨を外貨から円貨へ変更する場合には,(ケース1)為替換算調整勘定をそのまま引き継ぐ方法と,(ケース2)為替換算調整勘定を利益剰余金に振り替える方法が考えられる。連結修正仕訳では,上記の[前期末の在外子会社の貸借対照表]と[当期首の在外子会社の貸借対照表]における資本金および利益剰余金の不一致金額を調整する必要があるが,(ケース1)と(ケース2)で相手勘定が異なることになる。

(ケース1) 為替換算調整勘定をそのまま引き継ぐ方法

 資本金および利益剰余金の不一致金額を為替換算調整勘定とすることにより,変更時点の為替換算調整勘定はそのまま引き継がれることになる。

| (借) 為替換算調整勘定 | 600 | (貸) 資本金 | 200 |
| (期首残高) | | 利益剰余金期首残高 | 400 |

 なお,[当期首の在外子会社の貸借対照表]において,変更時点における資本金および利益剰余金の円貨額を引き継ぐ方法を採用した場合には,利益剰余金の不一致金額を為替換算調整勘定とすることにより,変更時点の為替換算調整勘定はそのまま引き継がれることになる。

| (借) 為替換算調整勘定 | 600 | (貸) 利益剰余金期首残高 | 600 |
| (期首残高) | | | |

(ケース2) 為替換算調整勘定を利益剰余金に振り替える方法

 資本金および利益剰余金の不一致金額を利益剰余金減少高とすることにより,

変更時点の為替換算調整勘定は利益剰余金に振り替えられることになる。

(借)　利益剰余金減少高　　　　　　600	(貸)　資本金　　　　　　　　　　200
（連結株主資本等変動計算書）	利益剰余金期首残高　　　　400

　なお，［当期首の在外子会社の貸借対照表］において，変更時点における資本金および利益剰余金の円貨額を引き継ぐ方法を採用した場合には，利益剰余金の不一致金額を利益剰余金減少高とすることにより，変更時点の為替換算調整勘定は利益剰余金に振り替えられることになる。

(借)　利益剰余金減少高　　　　　　600	(貸)　利益剰余金期首残高　　　　600
（連結株主資本等変動計算書）	

ⅱ）記帳通貨を外貨から外貨へ変更する場合

　記帳通貨を外貨から外貨へ変更する場合は，外貨から円貨へ変更する場合と異なり，連結財務諸表作成のための円換算は引き続き必要になる。また，記帳通貨が変更になっても変更前の換算によって生じた換算差額自体は解消（為替差損益は実現）されないため，ⅰ）と同様，記帳通貨変更前に計上していた為替換算調整勘定を引き続き計上することが理論的と考えられる。

設例11－2　在外子会社の記帳通貨の変更（外貨→外貨）

（ポイント）

- 記帳通貨を外貨から外貨へ変更する場合は，変更後も連結財務諸表作成のための円換算が必要になる。
- 記帳通貨が変更になっても変更前の換算によって生じた換算差額自体は解消（為替差損益は実現）されないため，記帳通貨変更前に計上していた為替換算調整勘定を引き続き計上することが理論的と考えられる。

> **前提条件**
(1) 期首時点で米ドルからユーロに記帳通貨を変更する。
(2) 為替相場は以下のとおりとする。

   出資時相場：110円/米ドル，165円/ユーロ，1.5米ドル/ユーロ

   前期末（変更時）相場：100円/米ドル，125円/ユーロ，1.25米ドル/ユーロ

> **会計処理**

[前期末の在外子会社の貸借対照表]

（外貨（米ドル）：百万米ドル，円貨：百万円）

科目	外貨	レート	円貨	科目	外貨	レート	円貨
資産	100	100	10,000	負債	70	100	7,000
				資本金	30	110	3,300
				為替換算調整勘定	－	－	△300

[当期首の在外子会社の記帳通貨変更後の貸借対照表]

設例11－1同様，個別財務諸表上は，変更時の為替相場ですべての貸借対照表項目を換算替えする。また，連結財務諸表作成のための円換算は，すべての貸借対照表項目を当期首の為替相場で行う。

（外貨（ユーロ）：百万ユーロ，円貨：百万円）

科目	外貨	レート	円貨	科目	外貨	レート	円貨
資産	80	125	10,000	負債	56	125	7,000
				資本金	24	125	3,000

[連結修正仕訳]

連結修正仕訳では，上記の[前期末の在外子会社の貸借対照表]と[当期首の在外子会社の記帳通貨変更後の貸借対照表]における資本金（円貨）の不一致金額を調整する必要があり，当該不一致金額を為替換算調整勘定とすることにより，変更時点の為替換算調整勘定はそのまま引き継がれることになる。

（借）為替換算調整勘定　　　300	（貸）資本金　　　300
（期首残高）	

2 在外子会社等の換算相場の変更

 ポイント

- 在外子会社等の収益および費用の換算について，決算時の為替相場による換算から，原則的な換算方法である期中平均相場を用いた換算へと変更した場合，会計方針の変更に該当し，原則として，遡及適用する必要がある。
- 在外子会社等の換算相場の変更は，自発的な会計方針の変更に該当するため，変更の適時性を含む正当な理由の要件を満たしていることが求められる。
- 遡及適用の影響は，有価証券報告書の場合には前期首の残高に，会社法上の計算書類の場合は当期首の残高に反映され，いずれも為替換算調整勘定と利益剰余金の額に影響する。

(1) 決算時相場から期中平均相場への変更

① 変更の際の会計上の取扱い

在外子会社等の収益および費用の換算については，原則として期中平均相場により行われる。ただし，決算時の為替相場により換算することもできる（外貨建会計基準 三 3）。

これらは，いずれも一般に公正妥当と認められる会計処理の原則および手続であると考えられ（過年度遡及会計基準4項(1)），当該会計処理を変更した場合には，会計方針の変更に該当する（過年度遡及会計基準4項(5)）。

なお，これら換算方法を変更する場合であっても，認められる会計処理である決算時の為替相場による換算から，原則的な会計処理である期中平均相場による換算への変更のみが認められることになると考えられる。その反対に，期中平均相場による換算から決算時の為替相場による換算へと変更することは，

原則的な処理方法から，容認された処理方法への変更にあたるため，認められないのではないかと考えられる（外貨建実務指針3項なお書き参照）。

② 換算相場を変更した場合の具体的な取扱い
ⅰ）原則的な取扱い

　在外子会社等の収益および費用の換算について，決算時の為替相場による換算から，期中平均相場を用いた換算へと変更した場合，会計方針の変更に関する原則的な取扱いに従い，過去から期中平均相場を用いて換算していたかのように遡及処理することになる。原則としては，当該在外子会社の設立時に遡って，収益および費用を期中平均相場で換算する。収益および費用の換算相場が変更となることで，積上げで算定される利益剰余金（各年度の当期純利益）の金額が変動し，対応して為替換算調整勘定の額が変動してくることになる。子会社株式の追加取得が行われているケースなどでは，取得時利益剰余金として取り扱われ相殺消去される為替換算調整勘定（非支配株主持分）の金額が変わってくる可能性があるため，留意が必要である。

　最終的な表示上は，前期首（会社法上の連結計算書類では当期首）の残高へと影響させることになるため，利益剰余金および為替換算調整勘定の金額に変動が生じる可能性がある。

ⅱ）実務上不可能な場合の取扱い

　在外子会社等の収益および費用の換算を期中平均相場による換算へと変更する場合，例えば，過去の為替相場情報が保存されていないような場合には，原則的な取扱いである設立時まで遡った換算を行うことができない。

　このようなときには，遡及適用を行うことが実務上不可能な場合の取扱いに従うことになるが，換算相場の変更の影響は，過去からの積上げで算定されることになるため，当期首の時点で累積的影響額を算定することはできないと考えられる。このため，当期首以前の実行可能な最も古い日から将来にわたって，期中平均相場による換算へと変更する（過年度遡及会計基準9項(2)）。

iii) 設　　例

ここでは，在外子会社等の収益および費用の換算相場を決算時の為替相場から期中平均相場へと変更した場合の会計処理上の取扱いについて，簡単な設例で説明する。

設例11－3　在外子会社等の収益および費用の換算相場の変更（遡及適用）

（ポイント）
- 在外子会社等の収益および費用の換算相場を変更した場合，原則として過去から変更後の為替相場を用いて換算していたかのように遡及適用を行う。
- 遡及適用の影響は，期首の利益剰余金および為替換算調整勘定の金額に反映される。

（前提条件）
(1) P社（親会社）は，米国に連結子会社であるS社を有している。S社の株式についてはX1年4月の同社設立以来，その発行済株式総数の80％を保有している（投資原価8百万ドル（960百万円））。
(2) P社，S社ともに3月決算とする。
(3) P社は，S社の設立3期目であるX4年3月期に，同社の収益および費用の換算について，決算時の為替相場による換算から，期中平均相場を用いた換算へと変更した。なお，前提として，会計方針の変更に関する正当な理由の要件は満たしているものとする。
(4) 設立時および各期末の純資産の状況は以下のとおりとする。なお，S社は設立以来配当を行っていない前提とする。

≪S社純資産額の変動表≫

(米ドルは百万米ドル,円は百万円)

	X1/4/1	X2/3/31	X3/3/31	X4/3/31
決算時相場	120	100	90	80
期中平均相場		110	95	85
外貨				
資本金	10	10	10	10
利益剰余金		10	30	60
純資産合計	10	20	40	70
円貨(決算時相場で換算)				
資本金	1,200	1,200	1,200	
利益剰余金		1,000	2,800	
株主資本合計	1,200	2,200	4,000	
為替換算調整勘定		△200	△400	
純資産合計	1,200	2,000	3,600	
円貨(期中平均相場で換算)				
資本金	1,200	1,200	1,200	1,200
利益剰余金		1,100	3,000	5,550
株主資本合計	1,200	2,300	4,200	6,750
為替換算調整勘定		△300	△600	△1,150
純資産合計	1,200	2,000	3,600	5,600

(※) X3年3月期の当期純利益20の内訳は、収益100,費用80とする。

(5) 売却予定がないため、税効果は認識しない前提とする。

X4年3月期の会計処理(単位:百万円)

[P社連結]

■ 開始仕訳①(投資と資本の相殺消去)

(借) 資本金	(※1) 1,200	(貸) S社株式	(※2) 960
利益剰余金期首残高	(※3) 560	非支配株主持分	(※4) 800

(※1) 1,200百万円…純資産額の変動表より
(※2) 960百万円…前提条件(1)より
(※3) 560百万円=X3年3月31日利益剰余金残高2,800百万円×20%(非支配株主持分比率)
(※4) 800百万円=X3年3月31日株主資本残高4,000百万円×20%(非支配株主持分比率)

第11章　在外子会社の記帳通貨・換算相場の変更等　249

■開始仕訳②（為替換算調整勘定の非支配株主持分への振替）

| （借）非支配株主持分 | 80 | （貸）為替換算調整勘定
（期首残高） | 80 |

80百万円＝X3年3月31日為替換算調整勘定残高400百万円×20％（非支配株主持分比率）

■会計方針の変更の影響額反映①（X3年4月1日時点）

| （借）為替換算調整勘定
　　　（期首残高） | 160 | （貸）利益剰余金期首残高 | 160 |

160百万円＝会計方針の変更の影響額200百万円×80％（親会社持分比率）

■会計方針の変更の影響額反映②（表示上…前期首分）

| （借）為替換算調整勘定
　　　（連結株主資本等変動計算書） | 80 | （貸）利益剰余金増加高
　　　（連結株主資本等変動計算書） | 80 |

80百万円＝会計方針の変更の影響額100百万円×80％（親会社持分比率）

■会計方針の変更の影響額反映③（表示上…前期中（P/L）分）

| （借）費用　　　　　　　　（※1） | 400 | （貸）収益　　　　　　　　（※2） | 500 |
| 　　　当期純利益（P/L）　（※3） | 100 | | |

| （借）非支配株主に帰属す　（※4）
　　　る当期純利益 | 20 | （貸）非支配株主持分　　　（※4） | 20 |

| （借）為替換算調整勘定　　（※5）
　　　（当期発生額） | 80 | （貸）当期純利益　　　　　（※3）
　　　（連結株主資本等変動計算書） | 100 |
| 　　　非支配株主持分　　　（※6） | 20 | | |

（※1）400百万円＝費用80百米ドル×（95円/米ドル（期中平均相場）－90円/米ドル（決算時相場））
（※2）500百万円＝収益100百米ドル×（95円/米ドル（期中平均相場）－90円/米ドル（決算時相場））
（※3）100百万円＝遡及適用による収益への影響額500百万円－費用への影響額400百万円
（※4）20百万円＝当期純利益への影響額100百万円×20％（非支配株主持分比率）
（※5）80百万円＝為替換算調整勘定への影響額100百万円×80％（親会社持分比率）
（※6）20百万円＝為替換算調整勘定への影響額100百万円×20％（非支配株主持分比率）

　設例11－3は完全遡及適用した例となっており，その影響は，会計帳簿（連

結精算表）上で当期首の利益剰余金と為替換算調整勘定に反映される。

また，表示上の取扱いとして，会社法上の連結計算書類では，当該影響額を連結株主資本等変動計算書上の当期首残高に反映させることになる。一方，有価証券報告書上の連結財務諸表では，比較情報にも遡及適用の影響を反映させる必要がある。具体的には，「会計方針の変更の影響額反映②」の仕訳により連結株主資本等変動計算書上の前期首残高へと影響を反映する。その上で，連結損益計算書についても「会計方針の変更の影響額反映③」の仕訳で影響が反映されることになる。実際には，表示上でその影響を反映することが考えられるが，ここでは仕訳形式で影響額の反映プロセスを示している。

なお，前期（比較情報）分の仕訳である会計方針の変更の影響額反映②・③の仕訳を合計すると，当期首の仕訳である会計方針の変更の影響額反映①の仕訳に一致している点もご確認いただきたい。

(2) 期中平均相場内での変更

在外子会社等の収益および費用の換算に用いる原則的な為替相場は，期中平均相場である。ただし，期中平均相場にもいくつかの種類があり，これらのうちどれを用いるかによって，連結財務諸表への影響も異なってくる（図表11－1参照）。

図表11－1　期中平均相場の例示
・通期の平均為替相場 ・半期（6か月）の平均為替相場 ・四半期（3か月）の平均為替相場 ・月次（1か月）の平均為替相場

例えば，会計方針として通期の平均為替相場を用いていたとする場合，四半期決算との関係では，3月決算であることを前提に，各四半期で図表11－2に掲げた為替相場を用いることになる。

図表11－2　通期の平均為替相場を用いる場合の四半期決算

決算	用いる為替相場
第1四半期（6月決算）	4月～6月の3か月の平均為替相場
第2四半期（9月決算）	4月～9月の6か月の平均為替相場
第3四半期（12月決算）	4月～12月の9か月の平均為替相場
年度決算	4月～3月の12か月の平均為替相場

　この場合，第2四半期以降の各四半期会計期間（3か月）の円貨ベースの収益および費用は，差額で算出されることになる。これは，半期（6か月）の平均為替相場を用いる場合の第2四半期・第4四半期も同様である。

　四半期決算手続との関係では，通期の平均為替相場を用いる方法は「累計差額方式」，半期（6か月）の平均為替相場を用いる方法は「折衷方式」，四半期（3か月）の平均為替相場を用いる方法は「四半期単位積上げ方式」として整理されている（企業会計基準第12号「四半期財務諸表に関する会計基準」41項）。四半期決算手続としては，これらのうちどれかを強制する形にはなっておらず，また，個別の会計処理（会計方針）が適切に選択適用されることにより，特に財務諸表利用者の判断を誤らせることはないとされている。

　また，この平均為替相場内の換算方法を変更した場合，例えば，これまで通期の平均為替相場によっていた会社が四半期（3か月）の平均為替相場による換算へと変更した場合などには，同じ平均相場法の枠内ではあるものの，計算結果が異なることから，原則として，会計方針の変更に該当するものと考えられる。

(3) 在外子会社等の収益および費用の換算相場変更の影響

　在外子会社等の収益および費用の換算相場については，決算時相場を用いるよりは期中平均相場を用いた方が，また，期中平均相場でもその計算期間がより短い方が，実際の取引時の為替相場に近い為替相場で換算されることになると考えられる。これらの方法へと変更することによって，より適切な業績報告が可能になると考えられる。

その一方，例えば月次為替相場や週次為替相場での換算を行うとした場合などには，為替相場の集計，換算といったプロセスが換算回数の分生じることになり，実務上の手続は煩雑となる。

3 重要性の増加による新規連結子会社や新たに連結財務諸表を作成する場合の取扱い

ポイント

- 重要性が増したことにより，これまで非連結子会社であった在外子会社を新たに連結の範囲に含めた場合，実務上，取得後利益剰余金の換算が論点となってくる場合が考えられる。
- 新たに連結財務諸表を作成するような場合にも，同様に，在外連結子会社等の過年度の取得後利益剰余金の換算が論点となりうる。
- 非連結子会社を新たに連結の範囲に含める場合や連結財務諸表を新たに作成する場合に，為替換算調整勘定の金額に影響するような新たな会計基準の適用をどこまで遡及するかについても論点となる。

(1) 新規連結における取得後利益剰余金の換算

① 取得後利益剰余金の換算が論点となるケース

親会社は，すべての子会社を連結の範囲に含めることが原則である（連結会計基準13項）。ただし，重要性が乏しい小規模な子会社については，一定の要件の下，連結の範囲から除外することができるものと定められている（連結会計基準（注3））。当該定めに従い，連結の範囲から除外していた会社について，重要性が増加した場合には，新たに連結の範囲に含めることが必要となる（監査・保証実務委員会報告第52号「連結の範囲及び持分法の適用範囲に関する重要性の原則の適用等に係る監査上の取扱い」（以下，本章において「連結範囲取扱い」という）参照）。

また，これまで連結財務諸表の作成義務がなかった会社において，新たに金

融商品取引法の規定に基づき，有価証券届出書等を提出する場合が考えられる。この場合に，連結子会社となるような会社が存在するケースでは，これまで会社法の規定に基づく個別ベースの財務諸表（会社法上の計算書類）のみを作成していた会社において，新たに連結財務諸表を作成することになる。

このとき，重要性の増加により新たに連結子会社となるような会社，または新規に連結財務諸表を作成する会社の連結子会社が在外子会社であるような場合，取得後利益剰余金の換算をどのように行うかが論点となる。なお，在外子会社だけではなく，在外持分法適用会社についても同様の論点が生じる。

② 原則的な取扱い

原則的には，会社の会計方針（収益および費用の換算方法）に従い，取得後利益剰余金を各決算期の期中平均相場または決算時相場により換算し，初度連結時の円貨建の取得後利益剰余金を算定する。取得後利益剰余金の金額が確定すれば，必然的に為替換算調整勘定の金額が決定されることになる。

③ 実務上の論点

実務上は，初度連結となる当該在外子会社に係る過去の為替相場の情報を，会社が保有していないようなケースも考えられる。連結の範囲および持分法の適用範囲の決定に係る重要性の判定においては，利益剰余金基準が定められているが（連結範囲取扱い4項④），当該利益剰余金には重要性がある場合に為替換算調整勘定を含むことが求められている（連結範囲取扱い6項）。このため，当期末の決算時相場を用いて重要性検討目的の利益剰余金の計算を行っていたとしても，特段の問題はない。このような場合には，利益剰余金の中に為替換算調整勘定部分が含まれてしまっていることになり，初度連結時の取得後利益剰余金の換算（算定）をどのように行うかが論点となる。

具体的には，以下のいずれかの考え方を用いて，取得後利益剰余金の換算を行うことが考えられる。

〔考え方①〕過年度遡及会計基準第8項の考え方を準用し，遡及可能な期間まで遡る方法
〔考え方②〕平成7年の外貨建会計基準改正の際の取扱いを準用し，初度連結時の換算相場（初度連結時の前期末の決算時相場）を用いて換算する方法
〔考え方③〕米国財務会計基準書（SFAS）第52号が適用された際の取扱いを参考とし，比較年度期首の時点（前々期末の決算時相場）で換算したうえで，比較年度1年間は会社の会計方針に沿って換算する方法

| 考え方① | 過年度遡及会計基準第8項の考え方を準用する方法 |

過年度遡及会計基準では，会計方針を変更した際に，新たな会計基準を遡及できない場合の取扱いが設けられている。今回の論点は，厳密には会計方針の変更とは異なるものの，それに準じて，遡及可能な時点まで遡って換算することが考えられる。

| 考え方② | 平成7年の外貨建会計基準改正の際の取扱いを準用する方法 |

平成7年の外貨建会計基準の改正において，在外子会社等の財務諸表項目の換算方法は，それまでの修正テンポラル法から決算日レート法へと改正された。その際の経過措置として，適用初年度の直前年度の期末における剰余金等を当該決算時の為替相場により換算し，適用初年度の期首の剰余金等を算定する方法が規定されていた（「『外貨建取引等会計処理基準の改訂について』（平成7年5月26日企業会計審議会報告）の取扱いについて」（蔵証第767号　平成7年6月7日））。

当該取扱いはあくまで平成7年改正外貨建会計基準適用の際のルールであり，単純に準用できるものではないと思われるが，重要性なども勘案し，初度連結時の前期末の決算時相場で一律に換算することも考えられる。

| 考え方③ | 比較年度期首まで遡及して換算する方法 |

過去，米国財務会計基準書（SFAS）第52号「外貨換算」が適用され，それ

までの在外子会社等の換算がテンポラル法から決算日レート法に変更になった際，比較年度の期首まで遡って換算し直すような方法が採られていたとされている[1]。日本でも，金融商品取引法に基づく連結財務諸表は二期併記とされており，1つの考え方として，比較年度の期首まで遡り，前々期末の決算時相場で前期首の利益剰余金を換算し，以降は会社の会計方針に従い，期中平均相場か決算時相場で換算する方法を採用することが考えられる。

(2) 新規連結財務諸表作成会社に適用される過去の会計基準

前項でも説明した新規に連結財務諸表を作成する会社については，在外子会社の取得後利益剰余金の過年度の換算の論点に限らず，過去の当該在外子会社の財務諸表や連結手続において，どのような会計基準を適用するか，という論点が存在する。

特に，換算に関する会計基準については，為替換算調整勘定の金額に影響を及ぼすこともあり，どの時点まで遡及すべきかという点が実務上は重要となってくると思われる。(1)に記載した在外子会社の取得後利益剰余金について，過年度に遡って換算していた場合でも，会計基準の改正をどこまで遡るかについては，個別の判断が必要になると思われる。この点，為替換算調整勘定の金額に影響すると思われる会計基準について，図表11－3にまとめている。

---

1 「新・外貨建取引等会計処理基準をめぐって（座談会）」JICPAジャーナル　No.481　平成7年8月号　27頁

図表11－3　新規連結財務諸表作成会社における会計基準の遡及

会計基準	内容	経過措置
平成7年改正 外貨建会計基準	在外子会社の財務諸表項目の換算が，それまでの修正テンポラル法から決算日レート法に改正	あり
平成20年改正 外貨建実務指針	在外子会社（持分法適用会社）の外貨建のれんの換算	あり
平成9年改正 連結財務諸表原則	資本連結手続の明確化など	なし（遡及する）[※]

（※）「改正連結原則の適用初年度における資本連結手続に関するQ&A」（平成11年7月1日日本公認会計士協会）Q3において，過去に遡及する考え方が示されている。

新規連結財務諸表作成会社における遡及適用の要否は，基本的にはそれぞれの会計基準の定めに従うことになると思われるが，遡及免除に係る定めが企業の負担を考慮したものであることからすると，新規連結財務諸表作成会社において旧来の定めで過去の数字を作成することが負担となることが考えられ，定めがない場合（図表11－3の「経過措置」が「あり」になっているケース）でも基本的に遡及することが考えられる。また，その場合でも前記「(1)新規連結における取得後利益剰余金の換算③実務上の論点」に記載したように，過年度遡及会計基準の原則的な取扱いが実務上不可能な場合の取扱いを準用することも考えられる。

第12章

在外孫会社の間接所有

1 直接連結方式と間接連結方式における為替換算調整勘定

 ポイント

- 間接連結方式を採用している場合，いったん在外子会社において為替換算調整勘定が認識される。
- 直接連結方式・間接連結方式いずれを採用しているかにかかわらず，親会社の連結財務諸表に計上される為替換算調整勘定の金額は変わらない。

(1) 直接連結方式と間接連結方式

 間接所有とは，子会社または親会社と子会社を通じて会社等（以下，本章において「孫会社等」という）を間接的に支配している状態である。

 在外子会社を通じて在外孫会社を間接的に所有している場合，当該孫会社を連結する手続としては直接連結方式と間接連結方式が挙げられる。

 直接連結方式とは，連結子会社等の連結処理を親会社で一括して行う方式をいい，間接連結方式とは，子会社がその傘下の子会社等の連結処理を行ったうえで親会社に連結ベースの数値を報告し，親会社においてその数値を基に連結処理を行う方式をいう（図表12－1参照）。

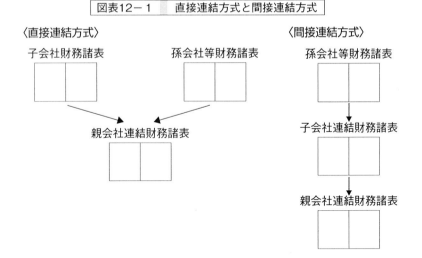

　直接連結方式を採用している場合，在外孫会社に関連する為替換算調整勘定は，親会社での連結手続において認識される。一方，間接連結方式を採用している場合においても，在外子会社と在外孫会社が同一国に所在している，すなわち記帳通貨が一致しているのであれば，在外孫会社に関連する為替換算調整勘定は親会社での連結手続において認識される。しかし，在外子会社と在外孫会社の記帳通貨が異なる場合においては，在外孫会社に関連する為替換算調整勘定はいったんその上位の在外子会社での連結手続において認識され，さらに親会社での連結手続において，在外子会社に関連するものと合わせて認識されることになる。

　ここでそれぞれの方式における為替換算調整勘定の認識過程について，設例を用いて見ていくこととする。

設例12－1　直接連結方式を採用している場合の為替換算調整勘定の認識

(ポイント)
- 在外子会社および在外孫会社に関連する為替換算調整勘定は，親会社での

第12章 在外孫会社の間接所有　259

連結手続においてそれぞれ認識される。
- 在外孫会社株式の発生時相場と決算時相場の換算差額については，為替換算調整勘定にて処理される。

(前提条件)
(1) P社（3月決算）はX1年3月31日に米国においてS1社（3月決算）を100％子会社として設立した。S1社の資本金は10百万米ドルである。
(2) S1社はX1年3月31日にドイツにおいてS2社（3月決算）を100％子会社として設立した。S2社の資本金は4百万ユーロである。
(3) X1年3月31日の直物為替相場は120円/米ドル，180円/ユーロ，1.5米ドル/ユーロである。
(4) X2年3月期において，S1社は5百万米ドル，S2社は2百万ユーロの当期純利益をそれぞれ計上した。
(5) X2年3月期の決算時相場は100円/米ドル，130円/ユーロ，1.3米ドル/ユーロ，期中平均相場（収益および費用の換算相場）は110円/米ドル，154円/ユーロ，1.4米ドル/ユーロである。
(6) 各会社に出資された資本金の全額は，子会社に投資される金額を除いて，それぞれの設立国において事業用資産を取得するために使用される。

(会計処理（単位：百万円）)
① X1年3月期
[X1年3月31日現在のS1社，S2社の貸借対照表]

S1社（単位：百万米ドル）

諸　資　産	4	資　本　金	10
S 2 社 株 式	6		

S2社（単位：百万ユーロ）

資　産	4	資　本　金	4

[P社連結に取り込むためのそれぞれの円換算後貸借対照表]

S1社（単位：百万円）

諸　資　産	資　本　金
480	1,200
S2社株式	
720	

S2社（単位：百万円）

資　　産	資　本　金
720	720

[両財務諸表をP社連結に取り込む]

S1社＋S2社（単位：百万円）

資　　産	資　本　金
1,200	1,200

[P社連結]

（借）資本金（S2社）　　720　　（貸）S2社株式　　720

S1社所有のS2社株式とS2社の資本金は連結財務諸表上消去される。

② X2年3月期

[X2年3月31日現在のS1社，S2社の貸借対照表]

S1社（単位：百万米ドル）

諸　資　産	資　本　金
9	10
S2社株式	利益剰余金
6	5

S2社（単位：百万ユーロ）

資　　産	資　本　金
6	4
	利益剰余金
	2

[P社連結に取り込むためのそれぞれの円換算後貸借対照表]

S1社（単位：百万円）

諸　資　産	資　本　金
900	1,200
S2社株式	利益剰余金
600	550
	為替換算調整勘定
	（※1）△250

S2社（単位：百万円）

資　　産	資　本　金
780	720
	利益剰余金
	308
	為替換算調整勘定
	（※2）△248

（※1）△250百万円＝資本金10百万米ドル×（100円/米ドル（当期決算時相場）－120円/米ドル（発生時相場））＋利益剰余金5百万米ドル×（100円/米ドル（当期決算時相場）－110円/米ドル（当期期中平均相場））

（※2）△248百万円＝資本金4百万ユーロ×（130円/ユーロ（当期決算時相場）－180円/ユーロ（発生時相場））＋利益剰余金2百万ユーロ×（130円/ユーロ（当期決算時相場）－154円/ユーロ（当期期中平均相場））

[両財務諸表をP社連結に取り込む]

S1社＋S2社（単位：百万円）

資　産	資　本　金
1,680	1,200
	利益剰余金
	858
	為替換算調整勘定
	（※）△378

（※）△378＝△250＋△248＋120

[P社連結]

(借) 資本金（S2社）	720	(貸) S2社株式	600
		為替換算調整勘定（当期発生額）	120

S1社のS2社株式とS2社の資本金は連結財務諸表上消去される。S2社株式の発生時相場と決算時相場の換算差額については，為替換算調整勘定にて処理される。

上記の結果，為替換算調整勘定は，S1社財務諸表を円に換算した際に認識される△250百万円，S2社財務諸表を円に換算した際に認識される△248百万円，S2社株式の発生時相場と決算時相場の換算差額120百万円の合計額△378百万円となる。

設例12-2　間接連結方式を採用している場合の為替換算調整勘定の認識

ポイント

- 在外孫会社に関連する為替換算調整勘定は，まずその上位の在外子会社の連結手続において認識される。
- 親会社の連結手続において，在外子会社および在外孫会社に関連する為替換算調整勘定が併せて認識される。

前提条件

前提条件については設例12-1と同じとする。

会計処理（単位：百万米ドル）

① X1年3月期

[X1年3月31日現在のS1社，S2社の貸借対照表]

S1社（単位：百万米ドル）

諸資産	4	資本金	10
S2社株式	6		

S2社（単位：百万ユーロ）

資産	4	資本金	4

[S1社連結に取り込むための米ドル換算後S2社貸借対照表]

S2社（単位：百万米ドル）

資産	6	資本金	6

[S1社連結貸借対照表]

S1社連結（単位：百万米ドル）

資産	10	資本金	10

[S1社連結]

（借）資本金（S2社）　　　　6　　（貸）S2社株式　　　　6

S1社所有のS2社株式とS2社の資本金は連結財務諸表上消去される。

[P社連結に取り込むための円換算後S1社連結貸借対照表]

S1社連結（単位：百万円）

資　　産	資　本　金
1,200	1,200

② X2年3月期

[X2年3月31日現在のS1社，S2社の貸借対照表]

S1社（単位：百万米ドル）

諸　資　産 9	資　本　金 10
S2社株式 6	利益剰余金 5

S2社（単位：百万ユーロ）

資　　産 6	資　本　金 4
	利益剰余金 2

[S1社連結に取り込むための米ドル換算後S2社貸借対照表]

S2社（単位：百万米ドル）

資　　産 7.8	資　本　金 6
	利益剰余金 2.8
	為替換算調整勘定 (※) △1

（※）△1百万米ドル＝資本金4百万ユーロ×（1.3米ドル/ユーロ（当期決算時相場）－1.5米ドル/ユーロ（発生時相場））＋利益剰余金2百万ユーロ×（1.3米ドル/ユーロ（当期決算時相場）－1.4米ドル/ユーロ（当期期中平均相場））

[S1社連結貸借対照表]

S1社連結（単位：百万米ドル）

資　　産 16.8	資　本　金 10
	利益剰余金 7.8
	為替換算調整勘定 △1

[S1社連結]

(借) 資本金 (S2社) 6 (貸) S2社株式 6

S1社所有のS2社株式とS2社の資本金は連結財務諸表上消去される。

[P社連結に取り込むための円換算後S1社連結貸借対照表]

S1社連結（単位：百万円）

資　　産	資　本　金
1,680	1,200
	利 益 剰 余 金
	858
	為替換算調整勘定
	(※) △378

(※) △378百万円＝資本金10百万米ドル×（100円/米ドル（当期決算時相場）－120円/米ドル（発生時相場））＋利益剰余金7.8百万米ドル×（100円/米ドル（当期決算時相場）－110円/米ドル（当期期中平均相場））＋為替換算調整勘定△1百万米ドル×100円/米ドル（当期決算時相場）

　上記の結果，為替換算調整勘定は，S1社連結財務諸表を円貨に換算する際に資本金から認識される△200百万円，利益剰余金から認識される△78百万円，S2社財務諸表を米ドルに換算する際に認識される△100百万円の合計額△378百万円となり，直接連結方式の場合と同額となる。

(2) 連結方式の相違に係る考察

　直接連結方式を採用している場合，まずP社連結に取り込むためにS1社財務諸表およびS2社財務諸表を円換算した際に，為替換算調整勘定がそれぞれ△250百万円および△248百万円認識される。両社の合算値にS2社に係る投資と資本の消去にて認識される為替換算調整勘定120百万円を加算した結果，△378百万円となっている。

　間接連結方式を採用している場合，まずS1社連結に取り込むためにS2社財務諸表を米ドル換算した際に為替換算調整勘定が△1百万米ドル認識される。

当該為替換算調整勘定を当期決算時相場にて円換算した金額△100百万円に，P社連結に取り込むためにS1社連結財務諸表を円換算した際に認識される為替換算調整勘定△278百万円を加算した結果，△378百万円となっている。

上記のように直接連結方式を採用している場合と間接連結方式を採用している場合では為替換算調整勘定の認識過程は違うものの，いずれを採用しているかにかかわらず，最終的に認識される為替換算調整勘定は一致する。

(3) 株式保有比率と実質持分比率

資本連結手続上，孫会社等の資本を親会社持分額と非支配株主持分額に按分する必要があるが，その際に用いる按分比率として株式保有比率と実質持分比率がある。

資本金，資本剰余金および支配獲得日の利益剰余金については，親会社持分額は株式保有比率（孫会社等株式の親会社持分比率＋孫会社等株式の子会社持分比率）を用いて算定し，支配獲得日以降の利益剰余金については実質持分比率（孫会社等株式の親会社持分比率＋孫会社等株式の子会社持分比率×子会社株式の親会社持分比率）を用いて算定する（間接所有実務指針2項）。

支配獲得日以降の利益剰余金について実質持分比率を用いて按分することによって，子会社の非支配株主持分にも按分することになる。

なお，当該按分比率を意識して孫会社等の資本連結手続を行う必要があるのは直接連結方式を採用している場合であり，間接連結方式を採用している場合には子会社の連結財務諸表を取り込むことによって自動的に調整されている。

2　間接所有している在外孫会社を売却・清算した際の為替換算調整勘定の取扱い

 ポイント

- 直接連結方式と間接連結方式のいずれを採用したとしても，間接所有している在外孫会社に関連する為替換算調整勘定の認識額は一致する。
- 在外子会社と在外孫会社の記帳通貨が同一の場合には，間接所有している在外孫会社を売却・清算した場合に為替換算調整勘定を実現させないことが適当と考えられる。
- 在外子会社と在外孫会社の記帳通貨が異なる場合には，在外孫会社を売却・清算した場合に，取得後利益剰余金から生じた為替換算調整勘定を実現させるかどうかについて2つの考え方がある。

(1) 直接連結方式および間接連結方式における在外孫会社に関連する為替換算調整勘定の認識額

本章「1　直接連結方式と間接連結方式における為替換算調整勘定」にて検証したように，間接所有している在外孫会社および当該孫会社を直接所有している在外子会社，両社に関連する為替換算調整勘定の認識額は直接連結方式と間接連結方式のいずれを採用しても一致する。

しかし，いずれの方法を採用するかによって，為替換算調整勘定の認識過程は大きく異なっている。このため，在外孫会社に関連する為替換算調整勘定の認識額は，いずれかの方法を採用するかによって異なるのかどうかが議論となる。

以下，本章「1　直接連結方式と間接連結方式における為替換算調整勘定」の設例に基づいて検証していくこととする。

① 直接連結方式における在外孫会社に関連する為替換算調整勘定（設例12－1）

直接連結方式を採用した場合における在外孫会社に関連する為替換算調整勘定は，まず親会社連結に取り込むために在外孫会社財務諸表を親会社通貨に換算した際に認識される（図表12－2参照）。

図表12－2　直接連結方式における為替換算調整勘定の発生

[P社連結に取り込むためのそれぞれの円換算後貸借対照表]

S1社（単位：百万円）

諸　資　産　900	資　本　金　1,200
S 2 社株式　600	利益剰余金　550
	為替換算調整勘定 (※1) △250

S2社（単位：百万円）

資　産　780	資　本　金　720
	利益剰余金　308
	為替換算調整勘定 (※2) △248

（※1）△250百万円＝資本金10百万米ドル×（100円/米ドル（当期決算時相場）－120円/米ドル（発生時相場））＋利益剰余金5百万米ドル×（100円/米ドル（当期発生時相場）－110円/米ドル（当期期中平均相場））

（※2）△248百万円＝資本金4百万ユーロ×（130円/ユーロ（当期決算時相場）－180円/ユーロ（発生時相場））＋利益剰余金2百万ユーロ×（130円/米ドル（当期決算時相場）－154円/ユーロ（当期期中平均相場））

[両財務諸表をP社連結に取り込む]

S1社＋S2社（単位：百万円）

資　産　1,680	資　本　金　1,200
	利益剰余金　858
	為替換算調整勘定 (※) △378

（※）△378百万円＝△250百万円＋△248百万円＋120百万円

まず，在外孫会社（＝S2社）に関連する為替換算調整勘定の額は，S2社

財務諸表の円換算から生じる為替換算調整勘定△248百万円となり，在外子会社（＝S1社）に関連する為替換算調整勘定の額は，S1社財務諸表の円換算から生じる為替換算調整勘定△250百万円となる。

ここで，S2社の投資と資本の消去から生じる為替換算調整勘定120百万円が，S1社とS2社のどちらに関連する為替換算調整勘定となるかがポイントとなる。S2社は間接所有であることから，S2社への投資はP社からではなく，S1社を介して行われている。S2社の投資と資本の消去から生じる為替換算調整勘定は，S1社を介してS2社への投資が行われていることから生じているものであるため，当該為替換算調整勘定は，S2社に関連するものであると考えられる。

以上より，S1社に関連する為替換算調整勘定の額は△250百万円，S2社に関連する為替換算調整勘定の額は，S2社財務諸表の円換算から生じる為替換算調整勘定△248百万円にS2社の投資と資本の消去から生じる為替換算調整勘定120百万円を加算した△128百万円となるものと考えられる。

② 間接連結方式における在外孫会社に関連する為替換算調整勘定
（設例12－2）

間接連結方式を採用した場合における在外孫会社に関連する為替換算調整勘定は，その上位にある在外子会社連結に取り込むために在外孫会社財務諸表を在外子会社通貨に換算した際に認識される為替換算調整勘定の額，および当該連結財務諸表を親会社連結に取り込む際に認識される在外孫会社の取得後利益剰余金部分から生じる為替換算調整勘定の額となる（図表12－3参照）。

第12章　在外孫会社の間接所有　269

図表12-3　間接連結方式による為替換算調整勘定の発生

[S1社連結に取り込むための米ドル換算後S2社貸借対照表]

S2社（単位：百万米ドル）

資　産	資　本　金
7.8	6
	利益剰余金
	2.8
	為替換算調整勘定
	（※）△1

（※）△1百万米ドル＝資本金4百万ユーロ×（1.3米ドル/ユーロ（当期決算時相場）－1.5米ドル/ユーロ（発生時相場））＋利益剰余金2百万ユーロ×（1.4米ドル/ユーロ（当期決算時相場）－1.5米ドル/ユーロ（当期期中平均相場））

[P社連結に取り込むためにS1社の連結財務諸表を円に換算]

S1社連結（百万円）

資　産	資　本　金
1,680	1,200
	利益剰余金
	858
	為替換算調整勘定
	（※）△378

（※）△378百万円＝資本金10百万米ドル×（100円/米ドル（当期決算時相場）－120円/米ドル（発生時相場））＋利益剰余金7.8百万米ドル×（100円/米ドル（当期決算時相場）－110円/米ドル（当期期中平均相場））＋為替換算調整勘定△1百万米ドル×100円/米ドル（当期決算時相場）

　この場合における在外孫会社（＝S2社）に関連する為替換算調整勘定の額は，S2社財務諸表の米ドル換算から生じる為替換算調整勘定△100百万円（＝△1百万米ドル×100円/米ドル）となり，在外子会社（＝S1社）に関連する為替換算調整勘定の額は，S1社連結財務諸表の円換算から生じる為替換算調整勘定△278百万円となる。

　ただし，S1社連結財務諸表の円換算から生じる為替換算調整勘定には，S2社に帰属する利益剰余金から生じる為替換算調整勘定が含まれている（図表12-4参照）。

| 図表12-4 | 間接連結方式における為替換算調整勘定の内訳 |

S1社連結(百万円)

資　　　産	資　本　金
1,680	1,200
	利 益 剰 余 金
	858
	為替換算調整勘定
	(※) △378

(※) △378百万円＝資本金10百万米ドル×(100円/米ドル(当期決算時相場)－120円/米ドル(発生時相場))＋利益剰余金⑺.⑻百万米ドル×(100円/米ドル(当期決算時相場)－110円/米ドル(当期期中平均相場)))＋為替換算調整勘定△1百万米ドル×100円/米ドル(当期決算時相場)

S1社取得後利益剰余金5百万米ドル＋S2社取得後利益剰余金2.8百万米ドル

　利益剰余金7.8百万米ドルのうち，S2社に帰属する利益剰余金は2.8百万米ドルである。このため，当該利益剰余金から生じる為替換算調整勘定△28百万円(＝2.8百万米ドル×(100円/米ドル(当期決算時相場)－110円/米ドル(当期期中平均相場)))は，S2社に関連する為替換算調整勘定に含められることとなる。

　以上より，S2社に関連する為替換算調整勘定の額は，S2社財務諸表の米ドル換算から生じる為替換算調整勘定△100百万円に，S1社連結財務諸表の円換算から生じる為替換算調整勘定のうちS2社利益剰余金から生じる額△28百万円を加算した△128百万円となり，S1社に関連する為替換算調整勘定の額は，S1社連結財務諸表の円換算から生じる為替換算調整勘定のうち，S1社の資本金および剰余金から生じる△250百万円(＝資本金10百万米ドル×(100円/米ドル(当期決算時相場)－120円/米ドル(発生時相場))＋利益剰余金5百万米ドル×(100円/米ドル(当期決算時相場)－110円/米ドル(当期期中平均相場)))となると考えられる。

③　直接連結方式と間接連結方式の比較

　上述したように，直接連結方式，間接連結方式いずれの方法によっても親会

第12章 在外孫会社の間接所有　271

社連結財務諸表上の為替換算調整勘定の額は変わらない。

図表12−5　直接連結方式・間接連結方式の場合の為替換算調整勘定の比較

・S1社（米国子会社）

	直接連結方式	間接連結方式	
資本金	△200	△200	…10百万米ドル×(100−120)円/米ドル
利益剰余金	△50	△50	…5百万米ドル×(100−110)円/米ドル
	⇩	⇩	
	△250 為替換算調整勘定	△250 為替換算調整勘定	

・S2社（ドイツ孫会社）

	直接連結方式	間接連結方式
資本金	①△200	③△80
	②120	
利益剰余金	④△48	⑤△20
		⑥△28
	⇩	⇩
	△128 為替換算調整勘定	△128 為替換算調整勘定

直接①…10百万米ドル×(100−120)円/米ドル

直接②…（投資と資本の相殺消去）…6百万米ドル×(120−100)円/米ドル

間接③…（S1社連結財務諸表の為替換算調整勘定）…｛4百万ユーロ×(1.3−1.5)米ドル/ユーロ｝×100円/米ドル

直接④…2百万ユーロ×(130−154)円/ユーロ

間接⑤…（S1社連結財務諸表の為替換算調整勘定）…｛2百万ユーロ×(1.3−1.4)米ドル/ユーロ｝×100円/米ドル

間接⑥…（S1社連結財務諸表のS2社取得後利益剰余金）…2百万米ドル×(100−110)円/米ドル

さらに，在外孫会社に関連する為替換算調整勘定の額についても，直接連結方式を採用した場合は△128百万円，間接連結方式を採用した場合も△128百万円となり，いずれかを採用するかにかかわらず一致すると考えられる（図表12－5参照）。

(2) 間接所有している在外孫会社を売却・清算した場合の為替換算調整勘定の取扱い

直接所有している在外子会社等を売却・清算した場合には，当該在外子会社等に関連する為替換算調整勘定は，売却・清算時に換算差額が実現したものとして純損益に振り替える処理が必要となる（「第3章 子会社投資の各ステージにおける為替換算調整勘定の会計処理」参照）。これは，親会社が所有している在外子会社等への投資勘定が処分されたことが明らかであるからである。

これに対し，間接所有している在外孫会社等を売却・清算した場合において，当該孫会社に関連する為替換算調整勘定をどう取り扱うかが論点となる。特に間接連結方式を採用している場合，間接所有している在外孫会社等に関連する為替換算調整勘定を直接的に把握することが困難であるため，在外孫会社等を売却・清算した場合に，換算差額が実現したと取り扱うことができるか，また実現したと考えられる場合にどの金額を処理すべきかが検討ポイントとなる。

① 在外子会社と在外孫会社の記帳通貨が同一である場合

設例12－3 在外子会社と在外孫会社の記帳通貨が同一である場合

（ポイント）
- 日本基準においては明文化されていないものの，基準上の定めとして，在外子会社等の評価はあくまでも記帳通貨ベースで行うことが前提としてある。
- 記帳通貨が同一である場合，両社の間には換算差額は生じないものとして取り扱うことが適当と考えられる。

第12章 在外孫会社の間接所有　273

> 前提条件

(1) P社はX1年3月31日に米国においてS1社を100％子会社として設立した。資本金は10百万米ドルである。
(2) S1社はX1年3月31日に同じく米国においてS2社を100％子会社として設立した。資本金は4百万米ドルである。
(3) X1年3月31日の直物為替相場は120円／米ドルとする。
(4) X2年3月期において，S1社は5百万米ドル，S2社は2百万米ドルの当期純利益をそれぞれ計上した。
(5) X2年3月期の決算時相場は100円／米ドル，期中平均相場は110円／米ドルとする。
(6) S1社は，X2年4月1日に，S2社株式をグループ外部へ売却したものとする。

（ケース1）　直接連結方式による場合

《X2年3月31日現在のS1社，S2社の貸借対照表》

S1社（単位：百万米ドル）

| 諸資産 11 | 資本金 10 |
| S2社株式 4 | 利益剰余金 5 |

S2社（単位：百万米ドル）

| 資産 6 | 資本金 4 |
| | 利益剰余金 2 |

《P社連結に取り込むためのそれぞれの円換算後貸借対照表》

S1社（単位：百万円）

諸資産 1,100	資本金 1,200
S2社株式 400	利益剰余金 550
	為替換算調整勘定（※1）△250

S2社（単位：百万円）

資産 600	資本金 480
	利益剰余金 220
	為替換算調整勘定（※2）△100

(※1) △250百万円＝資本金10百万米ドル×（100円/米ドル（当期決算時相場）－120円/米ドル（発生時相場））＋利益剰余金5百万米ドル×（100円/米ドル（当期決算時相場）－110円/米ドル（当期期中平均相場））

(※2) △100百万円＝資本金4百万米ドル×（100円/米ドル（当期決算時相場）－120円/米ドル（発生時相場））＋利益剰余金2百万米ドル×（100円/米ドル（当期決算時相場）－110円/米ドル（当期期中平均相場））

≪両財務諸表をP社連結に取り込む≫

S1社＋S2社（単位：百万円）

資　産	資　本　金
1,700	1,200
	利益剰余金
	770
	為替換算調整勘定 (※1) △270

(※1) △270百万円＝△250百万円＋△100百万円＋80百万円
(※2) 80百万円＝S2社株式4百万米ドル×（120円/米ドル（発生時相場）－100円/米ドル（当期決算時相場））

（ケース2）　間接連結方式による場合

≪X2年3月31日現在のS1社，S2社の貸借対照表≫

S1社（単位：百万米ドル）

諸　資　産	資　本　金
11	10
S2社株式	利益剰余金
4	5

S2社（単位：百万米ドル）

資　産	資　本　金
6	4
	利益剰余金
	2

≪S1社連結貸借対照表≫

S1社連結（単位：百万米ドル）

資　産	資　本　金
17	10
	利益剰余金
	7

会計処理(単位:百万米ドル)

[S1社連結]

| (借)資本金(S2社) | 4 | (貸)S2社株式 | 4 |

S1社所有のS2社株式とS2社の資本金は連結財務諸表上消去される。

[P社連結に取り込むための円換算後S1社連結貸借対照表]

S1社連結(単位:百万円)

資　　　産	資　本　金
1,700	1,200
	利　益　剰　余　金
	770
	為替換算調整勘定
	(※) △270

(※) △270百万円=資本金10百万米ドル×(100円/米ドル(当期決算時相場)-120円/米ドル(発生時相場))+利益剰余金⑦百万米ドル×(100円/米ドル(当期決算時相場)-110円/米ドル(当期期中平均相場))

S1社取得後利益剰余金5百万米ドル+S2社取得後利益剰余金2百万米ドル

　いずれの方式においても,S1社に関連する為替換算調整勘定は△250百万円(=資本金10百万米ドル×(100円/米ドル(当期決算時相場)-120円/米ドル(発生時相場))+利益剰余金5百万米ドル×(100円/米ドル(当期決算時相場)-110円/米ドル(当期期中平均相場)))となる。一方,S2社に関連する為替換算調整勘定は,直接連結方式ではS2社財務諸表を円換算した際に認識される為替換算調整勘定(△100百万円=資本金4百万米ドル×(100円/米ドル(当期決算期相場)-120円/米ドル(発生時相場))+利益剰余金2百万米ドル×(100円/米ドル(当期決算時相場)-110円/米ドル(当期期中平均相場)))とS2社の投資と資本の相殺消去から生じる為替換算調整勘定(80百万円=S2社株式4百万米ドル×(100円/米ドル(当期決算時相場)-120円/米ドル(発生時相場)))の合計額となり,間接連結方式ではS2社の取得後利益剰余金に係る為替換算調整勘定(△20百万円=利益剰余金2百万米ドル×(100

円/米ドル（当期決算時相場）－110円/米ドル（当期期中平均相場））＝△20百万円）となり，いずれも△20百万円となる。

　ここで，S1社がS2社株式を売却した場合におけるS2社に関連する為替換算調整勘定△20百万円の取扱いがポイントとなる。

　S1社とS2社は記帳通貨が同一通貨であることから，同一通貨の連結子会社については為替換算調整勘定は認識されない。このため，同一通貨の連結子会社であるS2社を売却・清算した場合においては，親会社において換算差額は実現しない，という考え方がある。

　一方，S2社に関連する為替換算調整勘定は，S2社の取得後利益剰余金を円換算した際に生じるものであり，S2社の売却に際してはS2社の取得後利益剰余金は実現したという取扱いになることから，当該取得後利益剰余金の換算差額についても実現したものとして取り扱うという考え方もある。

　この点，日本基準において，当該為替換算調整勘定の取扱いについて明文の定めはない。ただし，在外子会社ののれんについては外貨ベースにて認識し，毎期換算替えを行うものとされていることから（企業結合適用指針77－2項，外貨建実務指針40項参照），会計基準上の定めとしては，在外子会社等の評価はあくまでも記帳通貨ベースで行うことが前提としてある。その点に鑑みると，同一通貨である在外子会社と在外孫会社との間では換算差額は生じず，為替換算調整勘定については全額在外子会社にて生じたものとして取り扱い，在外孫会社の売却・清算の際には原則当該換算差額を実現させないことが適当と考えられる。また，換算差額が実現しないため，その他の包括利益の内訳項目別（為替換算調整勘定）の組替調整額の注記にも含まれない。

② **在外子会社と在外孫会社の記帳通貨が異なる場合**

設例12－4 在外子会社と在外孫会社の記帳通貨が異なる場合

（ポイント）
- 記帳通貨が異なる場合，両社の間には換算差額が生じるものと考えられる。

第12章　在外孫会社の間接所有　277

- 直接連結方式，間接連結方式のいずれを採用するかによって，実現させるべき換算差額の金額が異なる可能性がある。

(前提条件)

前提条件については，設例12－1と同じとする。

この場合，「図表12－5　直接連結方式・間接連結方式の場合の為替換算調整勘定の比較」にて検証したように，S1社に関連する為替換算調整勘定は△250百万円，S2社に関連する為替換算調整勘定は△128百万円となる。

≪S1社連結財務諸表≫

S1社連結（単位：百万円）

資　　産	資　本　金
1,680	1,200
	利 益 剰 余 金
	858
	為替換算調整勘定
	△378

[S1社に関連する為替換算調整勘定]

△250百万円＝S1社資本金10百万米ドル×（100円/米ドル（当期決算時相場）－120円/米ドル（発生時相場））＋S1社取得後利益剰余金5百万米ドル×（100円/米ドル（当期決算時相場）－110円/米ドル（当期期中平均相場））

[S2社に関連する為替換算調整勘定]

＜直接連結方式を採用した場合の認識過程＞

△128百万円＝S2社財務諸表を円換算した際の為替換算調整勘定△248百万円＋S2社投資と資本の消去から生じる為替換算調整勘定120百万円

<間接連結方式を採用した場合の認識過程>
△128百万円＝Ｓ１社連結財務諸表上の為替換算調整勘定△１百万米ドル×100円/米ドル（当期決算時相場）＋Ｓ２社取得後利益剰余金2.8百万米ドル×(100円/米ドル（当期決算時相場）－110円/米ドル（当期期中平均相場))

（為替換算調整勘定△１百万米ドル から 換算差額 への矢印）

設例12－3のように，在外孫会社とその上位にある在外子会社の記帳通貨が同一である場合，両社の間には換算差額は生じないものとして取り扱うことが適当と考えられる。しかし，設例12－4のように両社の記帳通貨が異なる場合，両社の間には換算差額が生じるものと考えられる。したがって，記帳通貨が異なる場合，在外孫会社を売却・清算したときには換算差額が実現したとして，為替換算調整勘定を純損益に振り替える処理が必要になると考えられる。

ここで，Ｓ２社に関連する為替換算調整勘定のうち，どの部分が実現したとして認識すべきかが議論となる。

ⅰ）直接連結方式を採用した場合

直接連結方式を採用した場合におけるＳ２社に関連する為替換算調整勘定は，上記のようにＳ２社財務諸表を円換算した際の為替換算調整勘定△248百万円と，投資と資本の消去から生じる為替換算調整勘定120百万円から構成される。両者はともにＳ２社に係る換算差額と考えられることから，△128百万円全額について実現したとして認識することになると考えられる。

ⅱ）間接連結方式を採用した場合

一方，間接連結方式を採用した場合におけるＳ２社に関連する為替換算調整勘定は，Ｓ２社財務諸表を米ドル換算した際の為替換算調整勘定△100百万円と，Ｓ２社取得後利益剰余金を円換算した際の為替換算調整勘定△28百万円から構成される。Ｓ２社財務諸表を米ドル換算した際の為替換算調整勘定についてはＳ２社に係る換算差額と考えられるが，Ｓ２社取得後利益剰余金を円換算した際の為替換算調整勘定については見解が異なる可能性がある。

ⅲ）それぞれの方式における取扱いの比較

S2社に係る換算差額はその上位会社であるS1社において実現するものであるという考え方に基づくと，S2社に係る換算差額はS1社連結に取り込む際にS2社財務諸表を米ドル換算した際の為替換算調整勘定△100百万円となる。この考え方に基づくと，直接連結方式を採用した場合と間接連結方式を採用した場合で純損益に振り替える金額が異なることとなる。

一方，S2社の売却に際してS2社の取得後利益剰余金は実現したという取扱いになることから，当該取得後利益剰余金の換算差額についても実現したものとして取り扱うという考え方に基づくと，S2社に係る換算差額は△128百万円全額となる。この考え方は，同一通貨における検証において用いたロジックと異なることとなる。

③ 実務上の取扱い

直接連結方式を採用している場合，在外孫会社の財務諸表を円換算した場合に生じる為替換算調整勘定の額，および当該孫会社に係る投資と資本の相殺消去から生じる為替換算調整勘定の額を把握することは容易であると思われる。したがって，直接連結方式を採用している場合，間接所有の在外孫会社を売却・清算した際の為替換算調整勘定から純損益への振替処理は特に問題は生じないと思われる。

間接連結方式を採用している場合，在外孫会社をその上位にある在外子会社の連結財務諸表に取り込む際に生じる為替換算調整勘定の額を把握することは容易であると思われる。しかし，在外孫会社の取得後利益剰余金に係る為替換算調整勘定の額を把握するには，過去からの推移（純損益の額，換算相場，配当の有無等）が把握されている必要があるため，非常に手間がかかると思われる。このため，実務上はその上位にある在外子会社の連結財務諸表に取り込む際に生じる為替換算調整勘定の額をもって実現すべき換算差額として取り扱うケースも多いと思われる。

3 連結方式を変更する場合の実務上の取扱い

> **ポイント**
> - 決算早期化やIFRS対応という観点から、連結方式の変更を検討する機会が増えることが想定される。
> - 間接連結方式から直接連結方式へ変更する際に為替換算調整勘定を各社に振り分ける場合、実務上は簡便的な方法によることも考えられる。

決算の早期化および決算発表の前倒しの傾向は年々進んでおり、これに伴い、連結子会社等における財務諸表等の報告期限も前倒しとなっている。また、IFRS導入を控え、連結子会社等へ要求する情報等が増加することも予想される。

このような流れの中で、従来採用していた連結方式を見直す企業が増えることも想定される。特に間接連結方式を採用している企業において、連結子会社等からの報告期限の前倒しを行うために、従来連結子会社にて行われていた連結手続を親会社にて行うこととする、すなわち直接連結方式への変更を検討する企業が増えるものと想定される（図表12-6参照）。

なお、連結方式の変更は手続上の問題であるため、会計方針の変更には該当しないと考えられる。

図表12-6　直接連結方式と間接連結方式のメリット・デメリット

	直接連結方式	間接連結方式
メリット	子会社等からの報告期限を早めることができる。	親会社での連結手続が省力化できる。
デメリット	親会社での連結手続が増える。	子会社等からの報告に時間を要する。

この場合に、従来まで合算にて把握されていた在外孫会社およびその上位にある在外子会社の為替換算調整勘定を、どのようにしてそれぞれに振り分ける

かが実務上大きなポイントとなる（図表12-7参照）。

図表12-7　為替換算調整勘定の振分け

S1社連結（単位：百万円）

資　　産	資　本　金
1,680	1,200
	利 益 剰 余 金
	858
	為替換算調整勘定
	△378

（※）設例12-3の数値を前提としている。

[S1社に関連する為替換算調整勘定]

△250百万円＝S1社資本金10百万米ドル×（100円/米ドル（当期決算時相場）－120円/米ドル（発生時相場））＋S1社取得後利益剰余金5百万米ドル×（100円/米ドル（当期決算時相場）－110円/米ドル（当期期中平均相場））

[S2社に関連する為替換算調整勘定]

△128百万円＝S1社連結財務諸表上の為替換算調整勘定△1百万米ドル×100円/米ドル（当期決算時相場）＋S2社取得後利益剰余金2.8百万米ドル×（100円/米ドル（当期決算時相場）－110円/米ドル（当期期中平均相場））

今まで見てきたように，親会社の連結財務諸表上合算値にて計上されている為替換算調整勘定は，図表12-7のようにそれぞれの会社に理論上分解することができる。

それぞれの会社に分解するためには年度ごとの利益剰余金の増減額およびそれに対応する収益および費用の換算相場の把握が必要となる。しかし，当該モデルケースは単純な前提条件に基づいており，かつ，設立より1年後の状態で

あることから分解するための要素の把握が容易であり，分解することが可能である。

実際には，子会社等設立後より長期間経過しており，また配当の実施等資本取引の発生も考えられることから，為替換算調整勘定を分解するための要素を把握することは難しいことも考えられる。

為替換算調整勘定は，実務上は差額として把握されることが多いと思われる。したがって，実務上は利益剰余金を在外孫会社とその上位の在外子会社にどのように分解するかがポイントになると考えられる。その対応としては以下の方法が考えられる（前提として，収益および費用の換算相場に期中平均相場を用いているものとする）。

- 外貨ベースの年度ごとの剰余金増減額を把握し，それぞれに対応する期中平均相場を乗じることによって利益剰余金の積上げを行う（期中平均相場については，月次の為替相場を過去まで遡って把握することができるサイトがあり，当該サイトで把握した月次の為替相場を用いて各年の期中平均相場を算定する）。
- 設立初年度（または買収時）まで遡って利益剰余金増減額を把握することができない場合，遡ることができる年度までは上記の方法により，それ以前についてはその時点の利益剰余金残高にその時点の直物為替相場を乗じる。

いずれにしても，実務上簡便的な方法を用いらざるを得ない状況が多いと思われる。

為替換算調整勘定の分解は，連結方式を変更する局面だけでなく，間接所有の在外孫会社を売却・清算する場合の換算差額の実現額の把握においても必要となるため，会社としての考え方を明確に定めておく必要があると思われる。

4　在外孫会社ののれんに係る為替換算調整勘定

　ポイント

- 在外孫会社ののれんは在外孫会社の記帳通貨にて把握され，決算時の為替相場にて換算される。
- 在外孫会社ののれんに係る為替換算調整勘定は，全額在外子会社の持分として処理される。

(1)　在外孫会社ののれんの換算

　のれんは子会社に対する投資と子会社の資本の親会社持分相当額との差額である。

　在外子会社ののれんについては，支配獲得日に在外子会社の記帳通貨にて把握し，残高については決算時の為替相場で，償却額については原則として期中平均相場にてそれぞれ換算する（外貨建実務指針40項）。

　在外孫会社ののれんについても同様であり，在外孫会社の記帳通貨にて把握されたのれんについて，残高については決算時の為替相場で，償却額については原則として期中平均相場にて換算する。

　なお，上記の取扱いは，平成20年に改正された企業結合会計基準適用後の定めである。その一方，当該会計基準が適用となる前に実施された企業結合において発生した在外孫会社ののれんについては，在外子会社の現地通貨で固定されており，在外子会社が間接連結方式に基づき現地通貨により連結財務諸表を作成する段階では，のれんおよびのれん償却額は現地通貨の為替変動による影響を受けない。ただし，当該連結財務諸表を親会社の連結手続において換算する段階では，のれんおよびのれん償却額はそれぞれ決算時の為替相場および原則として期中平均相場で換算されるため，円貨ベースののれんおよびのれん償却額は為替変動による影響を受けることになる（平成21年改正前外貨建実務指

針40項また書き）（在外子会社における取扱いについては，「第3章　子会社投資の各ステージにおける為替換算調整勘定の会計処理　1　在外子会社の資本連結手続における為替換算調整勘定の処理　(4)のれんの換算方法」参照）。

(2)　在外孫会社ののれんに係る為替換算調整勘定

資本連結手続において，子会社の資本は親会社持分と非支配株主持分に配分されることになるが，当該資本には為替換算調整勘定が含まれる。このため，為替換算調整勘定のうち非支配株主持分に配分される額は，連結貸借対照表上非支配株主持分に含めて計上される（外貨建実務指針41項）。

しかし，在外孫会社ののれんに係る為替換算調整勘定については全額在外子会社の持分として処理し，在外孫会社の非支配株主持分には配分しない。これは，在外孫会社ののれんは原則としてすべて在外子会社に属するものであり，この場合非支配株主に属するものではないからである。

5　子会社同士の合併における為替換算調整勘定の取扱い

　ポイント

- 持分比率が減少する場合，為替換算調整勘定のうち持分割合相当額の処理は，支配の喪失の有無により異なる。
- 持分比率が増加する会社に対応する為替換算調整勘定と，持分比率が減少する会社に対応する為替換算調整勘定は通算させない。

(1)　吸収合併存続会社における受入れの処理

吸収合併消滅会社は，合併期日の前日において決算を行い，資産および負債の適正な帳簿価額を算定する（企業結合会計基準41項）。

吸収合併存続会社は，合併期日の前日に付された適正な帳簿価額をもって，吸収合併消滅会社の資産および負債を受け入れる（企業結合適用指針247項(1)）。

また，吸収合併消滅会社の株主資本項目については，原則として，払込資本（資本金または資本剰余金）として処理される。なお，合併対価がある場合には，合併期日の前日の資本金，資本準備金，その他資本剰余金，利益準備金およびその他利益剰余金の内訳科目をそのまま引き継ぐ処理が認められ，対価がない場合にも，合併期日の前日の資本金，資本準備金およびその他資本剰余金をその他資本剰余金として，利益準備金およびその他利益剰余金をその他利益剰余金として引き継ぐことが認められている（企業結合適用指針247項(2)，185項，203-2項(1)，会社計算規則36条2項）。

(2) 為替換算調整勘定の取扱い

連結貸借対照表の純資産の部に計上された為替換算調整勘定は，在外子会社等に対する投資持分から発生した為替換算差額であるが，いまだ連結財務諸表上の純損益に計上されていないという性格を有する。持分変動により親会社の持分比率が減少する場合，連結貸借対照表に計上されている為替換算調整勘定のうち持分比率の減少割合相当額は取り崩されることとなる（外貨建実務指針42項）。

為替換算調整勘定のうち持分比率の減少割合相当額の処理は，支配の喪失の有無により異なる。持分変動により支配を喪失した場合，為替換算調整勘定のうち持分比率の減少相当額は連結損益計算書に計上される（外貨建実務指針42-2項）。一方，持分変動によっても支配関係が継続される場合には為替換算調整勘定のうち持分比率の減少割合相当額は，資本剰余金に含められるとともに，非支配株主持分に振り替えることになる（外貨建実務指針42-3項）。

持分比率の異なる在外子会社同士を合併させると，持分比率が増加する子会社と持分比率が減少する子会社が発生する。この場合，両子会社に対する支配関係が継続されるため，持分比率が減少する子会社に係る為替換算調整勘定の減少割合相当額は，資本剰余金に含められるとともに，非支配株主持分に振り替えられることとなる。

設例12－5 持分比率の異なる在外子会社の合併における為替換算調整勘定の取扱い

ポイント
- 為替換算調整勘定の実現については，持分比率が増加する在外子会社と持分比率が減少する在外子会社，それぞれに関連するものに分けて検討する。
- 持分比率が減少する在外子会社に関連する為替換算調整勘定の減少割合相当額について，非支配株主持分に振り替える。

前提条件
(1) P社の80％在外子会社S1社を吸収合併消滅会社とし，60％在外子会社S2社を吸収合併存続会社とする吸収合併を行う。
(2) S2社の吸収合併前発行済株式総数は80株である。
(3) 吸収合併するにあたって，S2社はS1社の株主に20株を割り当てる。
(4) 合併期日の前日のP社連結財務諸表におけるS1社およびS2社の為替換算調整勘定の金額はそれぞれ80百万円（＝100百万円×80％）および60百万円（＝100百万円×60％）である。

当該吸収合併により，S2社に対するP社の持分比率は64％となる。
吸収合併後のS2社の発行済株式総数　80株＋20株＝100株
吸収合併後のP社の持株数　80株×60％＋20株×80％＝64株

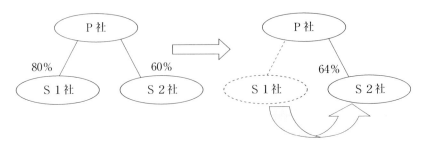

ここで当該吸収合併において両社に関連する為替換算調整勘定を実現させるべきかどうかが論点となる。

まず，S2社については，当該吸収合併によりP社の持株比率が60％から64％に増加している。このため，S2社に関連する為替換算調整勘定については実現させないこととなる。

一方，吸収合併消滅会社であるS1社については，当該吸収合併によりP社の持分比率が80％から64％に減少している。ただし，支配関係は継続されることから，S1社に関連する為替換算調整勘定の減少割合相当額16百万円（＝80百万円×(80％－64％)÷80％）を実現させず，非支配株主持分に振り替えることとなる。

6　在外子会社を有する会社を取得した場合の為替換算調整勘定の取扱い

- 支配獲得時に在外子会社の連結財務諸表にて計上されている在外孫会社に関連する為替換算調整勘定は，のれんに振り替えられる。

記帳通貨の異なる在外子会社等を有する会社を取得して子会社としたときに，当該子会社が現地において連結財務諸表を作成している場合，その子会社の連結財務諸表には為替換算調整勘定が計上されている。当該在外子会社グループを親会社の連結財務諸表に取り込む際に，在外子会社の連結財務諸表に計上されている為替換算調整勘定の取扱いがポイントとなる。

この為替換算調整勘定は，在外孫会社に対する在外子会社の投資持分から発生した換算差額である。親会社は在外子会社の支配を獲得した時点において，在外子会社を通じてその子会社である在外孫会社の支配も獲得したと考えられる。したがって，支配獲得時において在外子会社の連結財務諸表に計上されている為替換算調整勘定は，在外孫会社に対する投資と在外孫会社の資本の親会社持分相当額との差額と考えられることから，のれんとしての性格を有すると考えられる。

以上より，支配獲得時に在外子会社の連結財務諸表に計上されている為替換算調整勘定は，支配獲得日の為替相場で換算し，のれんに振り替えると考えられる。

 なお，のれんへの振替はあくまでも親会社連結での取扱いであり，在外子会社の連結財務諸表においては引き続き為替換算調整勘定として取り扱われることとなる。

第13章

在外子会社・関連会社の持分ヘッジ取引

1　在外子会社等の持分ヘッジ取引

 ポイント

- 在外子会社等に対する持分投資についても，外貨建債権債務や将来の外貨建売上取引・仕入取引と同様に為替変動リスクを負っているため，為替予約等をヘッジ手段として，子会社等の持分投資に係るヘッジ取引（以下，本章において「持分ヘッジ取引」という）を行った場合，ヘッジ会計を適用することが認められる。
- 持分ヘッジ取引のヘッジ手段として，為替予約等のデリバティブ取引のほか，借入金などの外貨建金銭債務を利用することができる。

(1)　子会社等の持分投資に係る為替変動リスク

　本書のテーマである為替換算調整勘定は，在外子会社等において，決算時の為替相場で換算される資産・負債と，発生時の為替相場で換算され積み上げられる資本項目との差額として算出される（外貨建会計基準 三 4）。

　在外子会社等への投資当初に比べて円高方向に為替相場が変動した場合，プラスの純資産であることを想定すると，資産・負債は円高の為替相場で換算され，一方，資本項目は過去の円安時代の為替相場で換算された金額で積上げ計

算されるため，為替換算調整勘定はマイナスとなる。

このマイナスの為替換算調整勘定は，在外子会社等への持分投資に係る為替の含み損を示しているが，換言すると，在外子会社等への持分投資は，円高になると純資産が為替の影響により目減りすることを表している。

すなわち，同じ1億米ドルの投資（純資産）であったとしても，為替相場が100円/米ドルから80円/米ドルに変動することにより，20%の純資産が毀損することになり，財務上，在外子会社等への持分投資が為替変動リスクを負っていることを読み取ることができる（図表13−1参照）。

図表13−1　在外子会社への持分投資と為替変動との関係

外貨建純資産	為替相場	換算後純資産[※]
1億米ドル	100円/米ドル	100億円
1億米ドル	80円/米ドル	80億円

（※）為替換算調整勘定を含む。

(2) 持分投資をヘッジする取引の仕組み

① 持分ヘッジ取引の考え方

(1)に記載したように，在外子会社等に対する持分投資は為替変動リスクを負っているため，当該リスクをヘッジするために，ヘッジ取引を行うことが考えられる。具体的には，在外子会社等への持分投資は，例えば，為替相場が円高に振れた場合に損が出るため，為替相場が円高方向に変動した際に益が出るような金融商品を保有することにより，純資産の損失と金融商品の利益を相殺することができる（図表13−2参照）。

```
┌─────────────── 図表13-2　持分ヘッジ取引のメカニズム ───────────────┐
```

```
┌──────────────────┐        ┌──────────────────┐
│  純資産  100億円  │        │  純資産  80億円   │
│   (1億米ドル)    │  円高  │   (1億米ドル)    │
│        ×         │────→   │        ×         │
│  100円/米ドル)   │        │   80円/米ドル)   │
└──────────────────┘        └──────────────────┘
                            ┌──────────────────┐
                            │   損失  20億円    │
                            └──────────────────┘
                                     ↕ 相殺関係
                            ┌──────────────────┐
                            │   利益  20億円    │
┌──────────────────┐        ├──────────────────┤
│  借入金  100億円  │        │  借入金  80億円   │
│   (1億米ドル)    │  円高  │   (1億米ドル)    │
│        ×         │────→   │        ×         │
│  100円/米ドル)   │        │   80円/米ドル)   │
└──────────────────┘        └──────────────────┘
```

　もちろん，図表13－2のような純資産と金融商品（借入金）を保有している状況で，為替相場がヘッジ取引開始時（100円/米ドル）から円安に振れた場合には，純資産には利益が発生する一方，金融商品からは損失が発生し，それらが相殺し合う関係ともなる。

② **持分ヘッジ取引に用いられる金融商品（ヘッジ手段）**

ⅰ）デリバティブ取引を用いた持分ヘッジ取引

　一般的に，ヘッジ取引のために用いられる金融商品（ヘッジ手段）として，デリバティブ取引が挙げられる。在外子会社等の持分ヘッジ取引についても例外ではなく，為替予約取引や通貨オプション取引をヘッジ手段として用いることが考えられる（図表13－3参照）。

図表13－3　ヘッジ対象とヘッジ手段

種別	意義	持分ヘッジ取引では
ヘッジ対象	相場・為替・金利変動等のリスクを負っており，ヘッジ取引によりそのリスクが相殺・減殺され得るもの	在外子会社等の持分
ヘッジ手段	ヘッジ対象のリスクを相殺・減殺するために用いられる金融商品	為替予約等または外貨建金銭債務

　為替予約取引については，円高に振れた際に利益が生じる円買い・外貨売りの契約が用いられる。円買い（外貨売り）の為替予約取引は，輸出企業が外貨建売掛金の為替変動リスクを回避するためのヘッジ取引にも用いられるが，持分ヘッジ取引も投資（資産）をヘッジ対象とする点では，同趣旨の取引であるといえる。

　また，通貨オプション取引については，円高に振れた際に利益が生じるプット・オプションの買いを用いることが考えられる。プット・オプションの買いとは，事前にオプション料を支払ったうえで，為替相場が定められた水準よりも円高になった場合に，当初約定した為替相場で外貨を売ることができるため，利益が生じるような契約形態となる（設例13－1参照）。

設例13－1　プット・オプションの買い

（ポイント）
- プット・オプションの買いは，損失が事前に支払ったオプション料の範囲に限定されている一方，為替相場が円高に振れると，利益が発生するようなデリバティブ取引である。

（前提条件）
(1) A社は，X1年4月1日に通貨オプション取引の契約を締結する。行使日はX2年3月31日とし，行使日のみにオプションが行使できるヨーロピアン型オプションである。

(2) 想定元本は1億米ドルとし,行使価格(行使相場)は120円/米ドルとする。すなわち,満期日(X2年3月31日)の為替相場が120円/米ドルより円高となった場合,A社がオプションを行使することにより,120円/米ドルで1億ドルを売却することができるため,(120円/米ドル−直物為替相場)×想定元本(1億米ドル)の利益が生じる。

(3) オプション料は1.5億円とする。

本通貨オプション取引の最終的な損益

X2年3月31日の為替相場	オプション料から生じる損益	オプション行使による損益	損益合計
122円/米ドル	△1.5億円	行使せず	△1.5億円
119円/米ドル	△1.5億円	1億円(※1)	△0.5億円
116円/米ドル	△1.5億円	4億円(※2)	2.5億円

(※1) 1億円=(120−119)円/米ドル×1億米ドル
(※2) 4億円=(120−116)円/米ドル×1億米ドル

　設例13−1に示したような通貨オプション取引(プット・オプションの買い)を持分ヘッジ取引のヘッジ手段として用いた場合,為替相場が円安方向に変動した場合の持分に生じる利益を享受できる一方,オプション料が一定のコストとして生じることになる。

　なお,為替予約の金利相当部分,通貨オプションの時間的価値の取扱いについては,本章「3　持分ヘッジ取引に係る実務上の諸論点 (2)為替予約等をヘッジ手段とする場合の金利部分などの取扱い」で詳細に検討している。

ⅱ) 外貨建金銭債務を用いた持分ヘッジ取引

　デリバティブ取引以外にも,為替相場が円高方向に変動した際に利益が発生する金融商品として,外貨建金銭債務が挙げられる。図表13−2ではヘッジ手段に借入金を用いているが,この借入金を例に取ると,為替相場が円高に振れたときに円貨ベースの返済義務額が減少するため,利益が生じることになる。

　わが国の会計基準上,ヘッジ手段として用いることができる商品は,原則と

してデリバティブ取引であるとされている。ただし，一定の外貨建取引をヘッジ対象とするヘッジ取引については，例外的に外貨建金銭債権債務等をヘッジ手段として用いることができる（金融商品実務指針165項(1)）。在外子会社等に対する投資の持分をヘッジ対象とするヘッジ取引についても，例外的に外貨建金銭債務をヘッジ手段として用いることができるものとされている（金融商品実務指針165項(1)③，168項）。

(3) 持分ヘッジ取引におけるヘッジ対象

持分ヘッジ取引におけるヘッジ対象は，連結財務諸表において投資持分が純資産の部に反映され，為替相場の変動の影響が為替換算調整勘定として計上されるものに限られる。

このため，在外連結子会社のほか，在外持分法適用会社（持分法適用非連結子会社または関連会社）についても，同様のヘッジ取引を行っている場合に，ヘッジ会計の適用が認められている（外貨建実務指針35項なお書き）。

一方，連結財務諸表の純資産の部に投資持分が反映されていない非連結子会社（持分法を適用していない場合）や持分法非適用関連会社，さらにはその他有価証券として保有する投資先については，持分ヘッジ取引の対象とはならない。ただし，これら外貨建の持分法非適用非連結子会社株式もしくは関連会社株式またはその他有価証券については，その為替変動リスクをヘッジするために，デリバティブ取引等をヘッジ手段としてヘッジ取引を行った場合，ヘッジ会計の適用が認められる。この場合のヘッジ会計の方法は，繰延ヘッジの方法によるほか，これらの有価証券の価格変動のうち，為替相場の変動によるものおよびヘッジ手段から生じる換算差額等をともに当期の純損益に計上する「時価ヘッジ」と呼ばれる方法が認められている（金融商品会計基準32項ただし書き，金融商品実務指針160項）。

(4) 持分ヘッジ取引における文書化と有効性の評価

① ヘッジ会計の要件（一定の文書化など）

在外子会社等の持分ヘッジ取引についてヘッジ会計を適用する場合，充足すべきヘッジ会計の要件は，金融商品実務指針におけるヘッジ会計の適用要件に準拠することになる（外貨建実務指針35項）。具体的には，金融商品実務指針第141項から第159項，第313項から第323項などに従って，ヘッジ会計の要件を充たしていることが必要となってくる。

以下，その要件について，概略を確認する。

ⅰ）ヘッジ取引開始時に明確にすべき事項

企業は，ヘッジ取引の開始時において，以下の事項を正式な文書により明確にしなければならないとされている（金融商品実務指針143項）。

- ヘッジ手段とヘッジ対象
  なお，ヘッジ手段については，事前にその有効性を予測しておく必要がある[※]。
- ヘッジの有効性の評価方法[※]

[※] 在外子会社等の持分ヘッジ取引に係るヘッジ会計の適用において，有効性の評価を省略できるケースについては，「②有効性の評価の省略」を参照のこと。

ⅱ）リスク管理方針文書の作成

ⅲ）に記載するように，ヘッジ取引が企業のリスク管理方針に従ったものであることが，ヘッジ取引時に客観的に認められる必要があり，その前提として，リスク管理方針文書が作成されていることが求められる。

リスク管理方針は，取締役会等の経営意思決定機関で承認されることが想定され（金融商品実務指針314項），以下のようなリスク管理の基本的な枠組みが含まれている必要がある（金融商品実務指針147項）。

- 管理の対象とするリスクの種類と内容
- ヘッジ方針
- ヘッジ手段の有効性の検証方法　など

iii）リスク管理方針への準拠

ヘッジ取引がそのリスク管理方針に従ったものであることについて、ヘッジ取引時に、以下のいずれかの方法により客観的に認められる必要があるとされている（金融商品会計基準31項、金融商品実務指針144項）。

- リスク管理方針に従ったものであることが文書により確認できること
- リスク管理方針に関して明確な内部規程および内部統制組織が存在し、ヘッジ取引がこれに従って処理されることが期待されること

iv）ヘッジ取引時以降の有効性の評価（事後テスト）

一般的なヘッジ会計の適用に際して、企業は、ヘッジ取引時以降も継続して、その高い有効性が保たれていることを確認しなければならない（金融商品実務指針146項）。

ただし、在外子会社等の持分ヘッジに係るヘッジ会計の適用においては、有効性の評価を省略できるケースがある（②を参照のこと）。

② 有効性の評価の省略

外貨建実務指針第35項において、ヘッジ対象（在外子会社等への持分）とヘッジ手段（デリバティブ取引または外貨建金銭債務）が同一通貨である場合、有効性に関するテストを省略できる旨が定められている。

ただし、この場合であっても、ヘッジ手段から発生した換算差額等と、ヘッジ対象となる子会社等の持分から発生する為替換算調整勘定との比較を実施し、オーバーヘッジとなっている部分については、当期の純損益として処理する必要があるとされている。この点に係る実務上の取扱いについては、本章「3 持分ヘッジ取引に係る実務上の諸論点 (3)オーバーヘッジ部分の算定」で設例とともに解説している。

2　持分ヘッジ取引に係る基本的会計処理

 ポイント

- 持分への投資をヘッジ対象とした場合のヘッジ手段から生じた損益，評価差額または換算差額は，ヘッジ会計の要件などを充たしていることを前提に，連結財務諸表上，為替換算調整勘定に計上される。
- 個別財務諸表上では，連結財務諸表上為替換算調整勘定として処理することができるヘッジ手段に係る損益，評価差額または換算差額に関して，繰延ヘッジ損益として繰り延べることとなる。
- ヘッジ対象である持分投資を売却した場合，為替換算調整勘定または繰延ヘッジ損益として繰り延べた損益，評価差額または換算差額は，売却損益に含めて処理される。

本節では，持分ヘッジ取引に係る基本的な会計処理について，単純化した設例を基礎として解説する。

なお，応用的・実務的な論点については，本章「3　持分ヘッジ取引に係る実務上の諸論点」に記載しているので，そちらを参照されたい。

(1) 持分ヘッジ取引に係る連結財務諸表上の会計処理

ヘッジ会計の要件を充たしていることを前提に，ヘッジ手段であるデリバティブ取引または外貨建金銭債務から生じた損益，評価差額または換算差額は，連結財務諸表上，為替換算調整勘定に含めて表示される（外貨建会計基準注解注13）。

このように，ヘッジ手段から生じた換算差額等を為替換算調整勘定に表示することで，ヘッジ対象（在外子会社等への持分投資）から生じた為替換算調整勘定と連結貸借対照表の表示上も相殺され，ヘッジ効果が連結財務諸表に表されることになる。なお，これらの為替換算調整勘定は，連結財務諸表上，連結

包括利益計算書^(※)のその他の包括利益を通じて、連結貸借対照表のその他の包括利益累計額に表示される（包括利益会計基準7項、16項、企業会計基準第5号「貸借対照表の純資産の部の表示に関する会計基準」8項）。

(※) 2計算書方式を採用している場合。1計算書方式を採用している場合には、「連結損益及び包括利益計算書」となる（包括利益会計基準11項）。なお、本章のこれ以降も同様である。

(2) 持分ヘッジ取引に係る個別財務諸表上の会計処理

個別財務諸表上、子会社株式および関連会社株式の評価については、原則として、取得原価で据え置かれる（金融商品会計基準17項）。また、当該株式が外貨建である場合、取得原価を取得時の為替相場により換算することとされており（外貨建会計基準 一 2(1)③ ハ）、換算差額は生じない。このため、持分ヘッジ取引に係るヘッジ手段から生じた換算差額等について、ヘッジ会計を認める必要があるとされており（金融商品実務指針336項(3)）、個別財務諸表上は、繰延ヘッジ損益として処理される定めとなっている（金融商品実務指針168項また書き）（図表13-4参照）。

図表13-4　会計処理のまとめ（連結・個別）

区　分	ヘッジ対象の換算差額	ヘッジ手段の換算差額等
連結財務諸表	為替換算調整勘定	為替換算調整勘定
個別財務諸表	計上されていない	繰延ヘッジ損益

(3) 持分を売却した場合などの取扱い

① 連結財務諸表上の処理

ヘッジ対象の純損益認識時に繰延ヘッジ損益を純損益に計上するにあたり、繰延ヘッジ会計では、原則として、ヘッジ対象の損益区分と同一区分で表示することとされている（金融商品実務指針176項）。このため、在外子会社等の持分を売却したり、同社を清算することにより、為替換算調整勘定が実現した場合には、原則どおり、売却損益や清算損益と同じ表示区分（一般的には同一の

科目）でこれまで繰り延べてきた換算差額等を処理することになると考えられる。

② 個別財務諸表上の処理

個別財務諸表上，子会社株式等に係る為替差損益が実現した場合の繰延ヘッジ損益の純損益への振替えも，①の連結財務諸表における取扱いと同様である。すなわち，売却損益・清算損益の表示区分に合わせて，同一区分（同一科目）で表示することになると考えられる。

(4) 設例による解説

① 100％子会社に対する持分のヘッジ

まず，非常にシンプルな例として，100％子会社に対する投資について持分ヘッジ取引を行った場合の会計処理を，個別・連結のそれぞれで設例を元に見ていくこととする。

なお，為替換算調整勘定の実現の際の取扱いは②の設例13－3を，持分比率が100％以外のケースについては③・④の説明をご参照いただきたい。

設例13－2　持分ヘッジ取引の基本的会計処理①（100％持分のケース）

ポイント
- ヘッジ手段から生じた換算差額等は，ヘッジ会計の要件を充たしていることを前提に，個別財務諸表上で繰延ヘッジ損益に計上された後，連結財務諸表上で為替換算調整勘定へと振り替えられることになる。
- 借入金を用いてヘッジ取引を行う場合，通貨が同一であることを前提に，ヘッジ手段の元本と金額が一致している投資から生じる為替換算調整勘定は，ヘッジ手段の損益とマッチする。

前提条件
(1) P社（親会社）は，米国に連結子会社であるS社を有している。S社の株式

は同社の設立以来，P社がその100％を保有している。投資原価は10百万米ドル，日本円で1,200百万円（120円/米ドル）であり，過年度に減損処理は行っていない。

(2) P社，S社ともに3月決算とする。

(3) P社は，X1年3月末に，S社に対する持分投資のヘッジのために，借入（10百万米ドル，期間1年）を実行し，投資原価部分（10百万米ドル）を対象にヘッジ指定を行った。なお，ヘッジ会計の要件はすべて充たしているものとする。

(4) ヘッジ会計開始時およびヘッジ会計終了時（借入金返済時）のS社純資産額の状況は下表のとおりである。

≪S社純資産額の変動表≫

（外貨（米ドル）：百万米ドル，円貨：百万円）

	X1年3月末			X2年3月末		
	外貨	レート	円貨	外貨	レート	円貨
資本金	10	120	1,200	10	120	1,200
利益剰余金(※1)	15	−	1,650	20	−	2,100
株主資本合計	25	−	2,850	30	−	3,300
為替換算調整勘定(※2)		−	△350		−	△900
純資産合計	25	100	2,500	30	80	2,400

（※1）当期純利益は5百万米ドル×90円/米ドル（期中平均相場）＝450百万円とし，配当は行われていない前提とする。

（※2）ヘッジ会計反映前

(5) 簡便化のため，税効果会計は考慮しない。

会計処理（単位：百万円）

① X1年3月31日

[P社個別]

■借入れの実行

(借) 現金	1,000	(貸) 借入金	1,000

1,000百万円＝外貨建借入元本10百万米ドル×100円/米ドル（X1年3月末相場）

② X2年3月31日

[P社個別]

■借入金の返済

(借)	借入金	1,000	(貸)	現金	(※1)800
				為替差益	(※2)200

(※1) 800百万円＝外貨建借入元本10百万米ドル×80円/米ドル（X2年3月末相場）

(※2) 200百万円…（1,000－800）百万円（差額）

■繰延ヘッジ処理

(借)	為替差益	200	(貸)	繰延ヘッジ利益	200

換算差損益（200百万円）について「繰延ヘッジ会計」を適用し，振替え

[P社連結（繰延ヘッジ利益の為替換算調整勘定への振替え）]

(借)	繰延ヘッジ利益	200	(貸)	為替換算調整勘定 （当期発生額）	200

個別財務諸表上の繰延ヘッジ利益（200百万円）を為替換算調整勘定へと振替え

[当期発生の為替換算調整勘定（△550百万円）の内訳]

（外貨（米ドル）：百万米ドル，円貨：百万円）

内訳	①円貨	外貨	②前期末相場による換算	③当期末相場による換算	当期発生為替換算調整勘定(※)
資本金	1,200	10	1,000	800	△200
期首利益剰余金	1,650	15	1,500	1,200	△300
当期純利益	450	5	－	400	△50
合計	3,300	30	2,500	2,400	△550

(※) 前期末から残高のある資本金・期首利益剰余金については，③－②で，当期発生した項目である当期純利益については，③－①で算定

借入金（10百万米ドル）から生じた換算差額は200百万円の利益である。これに対し，当期発生の為替換算調整勘定の内訳の表において，ヘッジ対象とされる資本金（借入金と同額の10百万米ドル）から生じた為替換算調整勘定が△

200百万円となっており、借入金により、投資に係る為替リスクがヘッジされている実態を見て取ることができる。

また、この設例13-2の数値を前提に、連結貸借対照表の「その他の包括利益累計額」に表示される為替換算調整勘定は△700百万円（＝△900百万円（ヘッジ会計適用前の為替換算調整勘定）＋200百万円（ヘッジ手段から生じた利益））、連結包括利益計算書の「その他の包括利益」に表示される為替換算調整勘定は△350百万円（＝当期発生為替換算調整勘定△550百万円＋ヘッジ手段から生じた利益200百万円）となる。

② 100％子会社の持分売却の場合の取扱い（ヘッジ後の処理）

続いて、持分の売却時（為替換算調整勘定の実現時）にヘッジ手段の損益等がどのように取り扱われるかについて、設例13-2と同様にシンプルな設例により確認する。

設例13-3 持分ヘッジ取引の基本的会計処理②（持分の売却による実現）

ポイント
- 売却による為替換算調整勘定の実現により、連結財務諸表上為替換算調整勘定に含めて繰り延べられてきたヘッジ手段に係る換算差額等も、純損益に振り替えられる。
- 個別財務諸表上も、売却に合わせて、繰延ヘッジ損益を純損益に振り替える。

前提条件
(1) P社（親会社）は、設例13-2の持分ヘッジ取引に引き続き、X2年4月1日にその保有するS社持分のすべてを連結外部の第三者に売却した。
(2) 売却額は40百万米ドルであり、同日の直物為替相場は、X2年3月31日と同じ80円/米ドルとする。

《S社純資産額(再掲)》

(外貨(米ドル):百万米ドル,円貨:百万円)

	X2年3月末		
	米ドル	レート	円貨
資本金	10	120	1,200
利益剰余金	20	−	2,100
株主資本合計	30	−	3,300
為替換算調整勘定	−	−	△900
純資産合計	30	80	2,400

(3) 簡便化のため,設例13−2と同じく,税効果会計は考慮しない。

X2年4月1日の会計処理 (単位:百万円)

[P社個別]

■子会社株式(S社株式)の売却

(借) 現金	(※1)3,200	(貸) S社株式	(※2)1,200
		S社株式売却益	(※3)2,000

(※1) 3,200百万円=外貨建売却額40百万米ドル×80円/米ドル(X2年4月1日相場)
(※2) 1,200百万円=外貨建投資原価10百万米ドル×120円/米ドル(取得時相場)
(※3) 2,000百万円…(3,200−1,200)百万円(差額)

■繰延ヘッジ利益の振替え

(借) 繰延ヘッジ利益	200	(貸) S社株式売却益	200

前期末の繰延ヘッジ利益の残高を株式売却損益へと振り替える

[P社連結]

■開始仕訳

(借) 資本金	(※1)1,200	(貸) S社株式	(※2)1,200

(※1) 1,200百万円(資本金)…《S社純資産額(再掲)》の「円貨」欄より
(※2) 1,200百万円(S社株式)−外貨建投資原価10百万米ドル×120円/米ドル(取得時相場)

■S社株式売却に係る修正仕訳

(開始仕訳の振戻し)

| (借) S社株式 | 1,200 | (貸) 資本金 | 1,200 |

開始仕訳の振戻し

（貸借対照表の除外仕訳）

| 仕訳なし(注) |

(注) 本設例では，期首に売却した前提条件であるため，S社の個別財務諸表を取り込まないものとし，このため，貸借対照表の除外仕訳も計上されない。なお，期首の利益剰余金および為替換算調整勘定は，（売却前持分の評価）の仕訳で調整する。

（売却前持分の評価）

| (借) S社株式 | (※1) 1,200 | (貸) 利益剰余金期首残高 | (※2) 2,100 |
| 為替換算調整勘定
（期首残高） | (※3) 900 | | |

(※1) 1,200百万円＝（取得後利益剰余金2,100百万円＋取得後発生為替換算調整勘定△900百万円）×100%（売却前親会社持分比率）
(※2) 2,100百万円…設例13-2の《S社純資産額の変動表》のX2年3月末の利益剰余金「円貨」欄より×100%（売却前親会社持分比率）
(※3) 900百万円…設例13-2の《S社純資産額の変動表》のX2年3月末の為替換算調整勘定「円貨」欄より×100%（売却前親会社持分比率）

（株式売却損益の修正）

| (借) S社株式売却益 | (※1) 2,100 | (貸) S社株式 | (※2) 1,200 |
| | | 為替換算調整勘定
（組替調整額） | (※3) 900 |

(※1) 2,100百万円＝取得後利益剰余金2,100百万円×100%（売却持分比率）
(※2) 1,200百万円…（売却前持分の評価）の仕訳の「S社株式」
(※3) △900百万円＝取得後発生為替換算調整勘定△900百万円×100%（売却持分比率）

■持分ヘッジ取引に係る開始仕訳

| (借) 繰延ヘッジ利益 | 200 | (貸) 為替換算調整勘定
（期首残高） | 200 |

前期末の為替換算調整勘定への振替仕訳の引継ぎ

■売却による上記開始仕訳の振戻し

| (借) 為替換算調整勘定
（組替調整額） | 200 | (貸) 繰延ヘッジ利益 | 200 |

開始仕訳の振戻し

個別財務諸表上の処理である「子会社株式（S社株式）の売却」の仕訳で計上されている「S社株式売却益」（2,000百万円）は，外貨ベースの売却益（2,400百万円＝（40（売却額）－10（原価））百万米ドル×80円/米ドル）と為替差損（△400百万円＝投資原価10百万米ドル×（80－120）円/ドル）に分解できる。この為替差損（△400百万円）のうち，△200百万円を相殺するように，繰延ヘッジ利益から200百万円が振り替えられ，最終的なS社株式売却益の金額は2,200百万円となる。

また，連結財務諸表においては，連結仕訳により売却益が修正され（△2,100百万円），連結上の売却益は100百万円となる。この売却益は，売却額（3,200百万円）から売却時の純資産（2,400百万円）を差し引いて算出されるその他の包括利益累計額考慮前の売却益（800百万円）と，売却による為替差損の実現分である連結財務諸表上の為替換算調整勘定残高（ヘッジ反映後）（△700百万円）から構成されている。

③ 非支配株主が存在する子会社に対する持分のヘッジ

ここでは，100％子会社ではなく，60％の持分を有する子会社に対する投資をヘッジ対象とした場合の表示上の相違点を確認する。

非支配株主が存在する子会社の持分投資をヘッジ対象とした場合，持分ヘッジ取引は，当然に自社（親会社）の持分のみを対象に行われる。このため，連結貸借対照表の「その他の包括利益累計額」に表示される為替換算調整勘定は，ヘッジ会計適用前の為替換算調整勘定の親会社持分とヘッジ手段から生じた損益から構成される。その一方，連結包括利益計算書の「その他の包括利益」に表示される為替換算調整勘定には非支配株主に係るものも含むため，ヘッジ会計適用前の当期発生為替換算調整勘定（親会社持分および非支配株主持分）とヘッジ手段から生じた損益の双方から構成される。また，為替換算調整勘定として表示されるヘッジ手段から生じた損益は，すべて「親会社株主に係る包括利益」に含まれることになる（図表13－5参照）。

| 図表13-5 | 非支配株主が存在する子会社における為替換算調整勘定の表示 |

区分	ヘッジ会計適用前の為替換算調整勘定	ヘッジ手段の損益等
連結貸借対照表	親会社持分	親会社持分相当(※)
連結包括利益計算書	親会社持分および非支配株主持分	親会社持分相当(※)

(※) 親会社持分に対してのみ、ヘッジ手段を取得するため。

④ 持分法適用会社に対する持分のヘッジ

最後に、連結子会社ではなく、持分法適用会社に対する投資をヘッジ対象とした場合の表示上の相違点を確認する。

持分法適用会社の持分投資をヘッジ対象とした場合、持分ヘッジ取引は、当然に自社(投資会社または親会社)の持分のみを対象に行われる。このため、連結貸借対照表の「その他の包括利益累計額」に表示される為替換算調整勘定は、ヘッジ会計適用前の為替換算調整勘定の投資会社(親会社)持分とヘッジ手段から生じた損益から構成される。また、連結包括利益計算書の「その他の包括利益」に表示される「持分法適用会社に対する持分相当額」(為替換算調整勘定相当額)は、ヘッジ会計適用前の当期発生為替換算調整勘定(投資会社(親会社)持分)とヘッジ手段から生じた損益の双方から構成される(図表13-6参照)。

| 図表13-6 | 持分法適用会社における為替換算調整勘定の表示 |

区分	ヘッジ会計適用前の為替換算調整勘定	ヘッジ手段の損益等
連結貸借対照表	投資会社持分	投資会社持分相当(※1)
連結包括利益計算書	投資会社持分(※2)	投資会社持分相当(※1)(※2)

(※1) 投資会社持分に対してのみ、ヘッジ手段を取得するため。
(※2) 「持分法適用会社に対する持分相当額」として表示される。
(※3) 持分法適用会社が非連結子会社の場合、本図表で「投資会社」と記載している箇所は「親会社」と読み替える。

3　持分ヘッジ取引に係る実務上の諸論点

 ポイント

- 持分ヘッジ取引に係る具体的な会計処理や会計上の取扱いについては、現行の会計基準等上で明示的に定められていない部分もあり、実務への適用にあたっては、適切な判断が必要となってくることが考えられる。
- 会計処理のみならず、税務上の処理についても、慎重な検討が求められてくるとともに、税務上の処理を受けた税効果会計上の取扱いに関しても、留意が必要となる。

本節では、子会社等の持分ヘッジ取引を実務に適用する場合に論点となってくるであろう項目に関して、順に検討していく。

(1) 個別財務諸表におけるヘッジ会計の適用範囲

① 具体的な論点

設例13-2では、連結財務諸表、個別財務諸表のそれぞれにおける持分ヘッジ取引の基礎的な会計処理を検討した。当該設例では、ヘッジ手段として取得した借入金は外貨建の投資原価と同額であるものとし、取得後利益剰余金相当については、持分ヘッジ取引の対象とはしていなかった。

実務上は、投資原価相当だけでなく、取得後利益剰余金部分も持分ヘッジ取引の対象とすることが考えられるが、このとき、個別財務諸表の子会社株式には取得後利益剰余金相当額は含まれておらず、ヘッジ会計が適用できるかどうかが論点となる。

② 想定される状況

ここでの検討事項が具体的な論点となる状況とは、以下のような前提条件のケースが考えられる。

〔前提条件〕
- P社（親会社）は，米国に連結子会社であるS社（100％子会社）を有しており，投資原価は10百万米ドルとする（過年度に減損処理は行っていない）。
- P社は，S社に対する持分投資のヘッジのために，借入（20百万米ドル，期間1年）を実行し，投資原価部分（10百万米ドル）および取得後利益剰余金部分（10百万米ドル）を対象にヘッジ指定を行った。なお，ヘッジ会計の要件はすべて充たしているものとする。
- ヘッジ取引実行時点のS社の外貨建純資産は，資本金10百万米ドル，利益剰余金15百万米ドルである。

③ 論点の検討

本論点については，以下の2つの見解が考えられる。

〔考え方①〕個別財務諸表においては，取得後利益剰余金部分は持分ヘッジ取引の対象とはならず，連結財務諸表上は繰り延べたヘッジ手段の換算差額等を，個別財務諸表上では純損益に計上する考え方
〔考え方②〕個別財務諸表においても，連結財務諸表と同様，取得後利益剰余金部分も持分ヘッジ取引の対象となるものとし，対応するヘッジ手段の換算差額等を繰延ヘッジ損益として繰り延べる考え方

考え方①	個別財務諸表はヘッジ会計を適用しない考え方

この考え方は，個別財務諸表には取得後利益剰余金相当額が計上されておらず，子会社株式の帳簿価額が取得原価となっていることを根拠とする。すなわち，ヘッジ対象が認識されていない以上，ヘッジ会計を適用することはできないとするものである。

金融商品実務指針第336項(3)では，外貨建の子会社株式および関連会社株式の取得原価部分に対応する換算差損益が当期の純損益に計上されておらず，これに対するヘッジ手段に係る損益または評価差額にヘッジ会計を適用する必要があるとしている。この記述からも，繰延ヘッジ処理が行われる部分として，

子会社株式等の取得原価相当が想定されているように読み取れる。

すなわち、この考え方①は、会計基準の文言に忠実に従った会計処理ということができる。

| 考え方② | 個別財務諸表でもヘッジ会計を適用する考え方 |

前者の考え方では、連結財務諸表上は繰り延べられるヘッジ手段の換算差額等が、個別財務諸表上は純損益に計上されることになる。持分ヘッジ取引については、そもそも取得原価部分だけでなく、取得後利益剰余金部分も対象として行われる意図があることが通常であり、その場合に、取得後利益剰余金部分にヘッジ会計を適用できないと、個別財務諸表において、経営者がそもそも想定していない純損益のブレが生じることにもなりかねない。

このとき、金融商品会計基準には、予定取引（金融商品会計基準（注12））という考え方があり、この定めを用いて個別財務諸表上もヘッジ会計を適用できるものと整理することが考えられる。

個別財務諸表上、未認識となっている取得後利益剰余金相当の為替換算差額が実現するのは、売却または清算などのケースに限られるが、ここでは予定取引の考え方を準用し、個別財務諸表上、ヘッジ手段に係る損益を繰延ヘッジ損益として繰り延べることができると考えるものである。

なお、予定取引の実行可能性（金融商品会計基準（注12）参照）に関しては、一定の要件が設けられており、特に予定取引実行までの期間がおおむね1年以上の場合には、他の要素を充分に吟味することとされている（金融商品実務指針162項）。実務上、通常の予定取引の実行可能性の判断に際しては、1年が1つの目安として機能していることが考えられる（「金融商品会計に関するQ&A」Q55、Q55-2参照）。この場合、本件に係る個別財務諸表上の予定取引の実行可能性に関しては、当該ヘッジ取引について連結財務諸表上もヘッジ会計が認められていることなども考慮に入れ、ヘッジ会計を適用していくことが考えられるが、基準上のヘッジ会計の要件を満たしているかどうかについては、極めて慎重な判断が求められるのではないかと考えられる。

(2) 為替予約等をヘッジ手段とする場合の金利部分などの取扱い

① 為替予約をヘッジ手段とした場合の損益のマッチング

ⅰ）具体的な論点

設例13－2にあるとおり，借入金をヘッジ手段として用いた場合，税効果を無視すると，同一の想定元本，同一の通貨から生じる為替換算調整勘定と借入金の換算差額は，完全に相殺される関係にある。

一方，為替予約取引をヘッジ手段として用いた場合には，為替予約の時価の変動には，直物為替相場の変動による部分と，日本と外国の金利差相当部分が混在する。このことにより，為替換算調整勘定の金額と，為替予約の時価の変動が完全に相殺されないことになる。

ⅱ）想定する状況

為替予約を持分ヘッジ取引のヘッジ手段として用いたケースの相殺の関係について，簡単な設例で確認する。

設例13－4　持分ヘッジ取引のヘッジ手段に為替予約を用いた場合

ポイント

- 持分ヘッジ取引のヘッジ手段として為替予約を用いた場合，同一の想定元本，同一通貨であったとしても，為替換算調整勘定の発生額と為替予約の時価の変動は，通常完全には相殺されない。

前提条件

(1) 設例13－2の前提条件のうち，ヘッジ手段について，借入（10百万米ドル，期間1年）ではなく，為替予約（10百万米ドル，期間1年）を用いるものとする。

(2) 為替予約の相場は，予約締結時の直物為替相場が100円／米ドル，日本の金利が2％，米国の金利が5％であることを前提に（いずれも1年物とする），97.14円／米ドル[※]であるものとする。

(※) 97.14＝（100×1.02）÷1.05で算出される。

(3) 簡便化のため，設例13－2と同じく，税効果会計は考慮しない。

ヘッジ手段が借入金の場合のヘッジ対象とヘッジ手段の関係

(外貨（米ドル）：百万米ドル，円貨：百万円)

	X1年3月末			X2年3月末			
	外貨	レート	円貨	外貨	レート	円貨	変動額
ヘッジ対象（資本金相当）	10	120	1,200	10	120	1,200	
換算後		100	1,000		80	800	
為替換算調整勘定相当			△200			△400	△200
借入金	△10	100	△1,000	△10	80	△800	200
変動額相殺後							0

ヘッジ手段が為替予約の場合のヘッジ対象とヘッジ手段の関係（一部略）

(外貨（米ドル）：百万米ドル，円貨：百万円)

	X1年3月末			X2年3月末			
	外貨	レート	円貨	外貨	レート	円貨	変動額
為替換算調整勘定相当			△200			△400	△200
為替予約（時価）			0			171.4	171.4
変動額相殺後							△28.6

(※) 171.4百万円＝10百万米ドル×（97.14－80）円/米ドル

ⅲ）論点の検討

設例13－4にあるように，為替予約をヘッジ手段として利用した場合には，為替予約の時価変動に日米の金利差相当が含まれるため，為替換算調整勘定の変動と完全に相殺されないことになる。完全に相殺されないことにより，マイナスの為替換算調整勘定残高が残ることになるが，外貨建借入金をヘッジ手段としている場合と比較すると，ヘッジ手段が借入金の場合は日本円に比べて高金利（5％）の資金調達コストが全て支払利息として計上される一方，ヘッジ手段が為替予約の場合にはコストの一部が為替予約の時価変動に混入し，日米

の金利差の分だけ為替換算調整勘定が相殺されないことになる。

　基準上は，この金利部分も含めてヘッジ会計を適用することができるとされているが（金融商品実務指針157項参照），相殺されない為替換算調整勘定が生じることを避けるため，この金利部分について，為替予約の損益（時価変動）の構成要素を直物為替相場の変動による部分と金利相当部分に分けて，直物為替相場の変動による部分のみをヘッジ手段としてヘッジ指定することができる（金融商品実務指針171項①）。この考え方を用いた場合，直物為替相場の変動による部分（200百万円）は為替換算調整勘定（連結）または繰延ヘッジ損益（個別）に計上され，それ以外の金利相当部分（△28.6百万円）については，支払利息等，適切な勘定科目に表示し，純損益に計上することとなる。

② オプションの時間的価値の取扱い

　通貨オプション取引を用いている場合に，本源的価値の変動部分のみをヘッジ会計の対象とし，時間的価値の変動を当期の純損益に計上することができるのは，①に記載した定めと同様である（金融商品実務指針171項①）。この場合，オプション料のうち，時間的価値部分は為替換算調整勘定などとして繰り延べることなく，純損益に計上されていくこととなる。

(3) オーバーヘッジ部分の算定

① 連結財務諸表におけるオーバーヘッジ部分の算定

ⅰ）具体的な論点

　外貨建実務指針第35項では，持分ヘッジ取引において，ヘッジ対象とヘッジ手段が同一通貨である場合に，有効性の評価を省略できることとされている。ただし，その場合であっても，ヘッジ手段から発生する換算差額等がヘッジ対象となる子会社に対する持分から発生する為替換算調整勘定を上回った場合には，その超える額を当期の純損益として処理することとしている。

　ヘッジ手段から発生する換算差額等と為替換算調整勘定の比較の前提として，例えば，ヘッジ手段である借入金や為替予約の元本が，ヘッジ対象である子会

社の（外貨建）純資産を超えているような場合には，そもそもヘッジ指定ができないため（金融商品実務指針150項参照），純資産を超えるヘッジ手段に係る損益について，繰延処理を行えないことは当然である。

そのうえで，ヘッジ手段から発生する換算差額等と為替換算調整勘定の比較について，具体的にどのような方法で行うかが実務上は問題となってくる。

ⅱ）想定する状況

本論点を検討するために，具体的な設例で見ていくこととするが，その前提として，本論点に対する2つの考え方を紹介する。それぞれの考え方をお読みいただいたうえで，設例をご覧いただき，結果の違いをご確認されたい。

> 〔考え方①〕ヘッジ手段から発生する換算差額等と比較する為替換算調整勘定は，期末日時点の当該在外子会社等に係る為替換算調整勘定残高（親会社持分）であるとする考え方
> 〔考え方②〕ヘッジ手段から発生する換算差額等は当期に発生した（当期にその他の包括利益に計上された）為替換算調整勘定（のうち親会社持分）であるとする考え方

設例13-5　オーバーヘッジの判定プロセス

（ポイント）

- ヘッジ手段から生じた換算差額等を，B/Sベースの為替換算調整勘定と比較するのか，発生ベース（その他の包括利益ベース）の為替換算調整勘定と比較するのかにより，最終的な純損益に違いが出る。

（前提条件）

(1) P社（親会社）は，米国に連結子会社であるS社を有している。S社の株式は同社の設立以来，その100％を保有している。投資原価は10百万米ドル，日本円で1,200百万円（120円/米ドル）であり，過年度に減損処理は行っていない。
(2) P社，S社ともに3月決算とする。

(3) P社は，X1年3月末に，S社に対する持分投資のヘッジのために，借入（10百万米ドル，期間2年）を実行し，投資原価部分（10百万米ドル）を対象にヘッジ指定を行った。なお，ヘッジ会計の要件はすべて充たしているものとする。

(4) ヘッジ会計開始時および翌年度末のS社純資産額の状況は下表のとおりである。

《S社純資産額の変動表》

(外貨（米ドル）：百万米ドル，円貨：百万円)

	X1年3月末			X2年3月末		
	外貨	レート	円貨	外貨	レート	円貨
資本金	10	120	1,200	10	120	1,200
利益剰余金(※1)	20	-	2,100	25	-	2,500
株主資本合計	30	-	3,300	35	-	3,700
為替換算調整勘定(※2)		-	△900		-	△725
純資産合計	30	80	2,400	35	85	2,975

（※1）当期純利益は400百万円＝5百万米ドル×80円/米ドル（期中平均相場）とし，配当は行われていない前提とする。
（※2）ヘッジ会計反映前

(5) 簡便化のため，税効果会計は考慮しない。

《X1年3月末の為替換算調整勘定の分解（単位：百万円）》

諸資産（資本金相当）	800	資本金	1,200
		為替換算調整勘定	△400
諸資産（利益剰余金相当）	1,600	利益剰余金	2,100
		為替換算調整勘定	△500

資本金から生じる為替換算調整勘定△400百万円（外貨建資本金10百万米ドル×80円/米ドル（決算時相場）－発生時相場で換算した資本金1,200百万円）および利益剰余金から生じる為替換算調整勘定△500百万円（外貨建利益剰余金20百万米ドル×80円/米ドル（決算時相場）－発生時相場で換算して積み上げた利益剰余金2,100百万円）から構成される。

≪X2年3月末の為替換算調整勘定の分解(単位:百万円)≫

諸資産(資本金相当)	850	資本金	1,200
		為替換算調整勘定(期首)	△400
		為替換算調整勘定(当期発生)	50
諸資産(利益剰余金相当)	2,125	利益剰余金	2,500
		為替換算調整勘定(期首)	△500
		為替換算調整勘定(当期発生)	125

　資本金から生じる為替換算調整勘定△350百万円(外貨建資本金10百万米ドル×85円/米ドル(決算時相場)－発生時相場で換算した資本金1,200百万円)および利益剰余金から生じる為替換算調整勘定△375百万円(外貨建利益剰余金25百万米ドル×85円/米ドル(決算時相場)－発生時相場で換算して積み上げた利益剰余金2,500百万円)から構成される。

　ヘッジ手段から生じた換算差額は、△50百万円(=(80－85)円/米ドル×10百万米ドル)であり、これと比較すべき為替換算調整勘定がどれであるかが問題となる。

会計処理(単位:百万円)

| 考え方① | 為替換算調整勘定残高と比較する考え方 |

　この考え方では、ヘッジ手段から生じた換算差額△50百万円を為替換算調整勘定△725百万円と比較する。

　本設例では、ヘッジ取引開始後、為替相場が円安に振れたことにより借入金の換算差額は損失となっているが、為替換算調整勘定の累積残高は同様に損失方向(含み損)となっている。このため残高ベースで比較すると、為替換算調整勘定残高を上回るヘッジ手段の換算差額が生じていることから、換算差額は純損益に計上される。

(借) 為替差損	50	(貸) 借入金	50

50百万円=外貨建借入元本10百万米ドル×(80－85)円/米ドル

| 考え方② | 為替換算調整勘定発生額と比較する考え方 |

　この考え方では、ヘッジ手段から生じた換算差額△50百万円を資本金部分から当期に発生した為替換算調整勘定50百万円と比較する。

　この比較により、換算差額は為替換算調整勘定の範囲に収まっているため、ヘッジ会計を適用できる。

| (借) 為替換算調整勘定 (当期発生額) | 50 | (貸) 借入金 | 50 |

50百万円＝外貨建借入元本10百万米ドル×(80－85)円/米ドル

iii) 論点の検討

| 考え方① | 為替換算調整勘定残高と比較する考え方 |

　この考え方は、外貨建実務指針第35項の文言に忠実に従ったものである。

　外貨建実務指針第35項では、ヘッジ手段とヘッジ対象が同一通貨である場合に有効性の評価を省略できるとしているが、この有効性の評価に代えて、オーバーヘッジの判定を為替換算調整勘定と換算差額等とを比較することで簡便的に行おうとするものである。このため、外貨建実務指針の文言に従い、残高ベースの為替換算調整勘定と比較すると考えるものである。

| 考え方② | 為替換算調整勘定発生額と比較する考え方 |

　外貨建実務指針第35項では、ヘッジ手段の換算差額等と比較すべき為替換算調整勘定について、具体的にどの金額となるのかは明示していない。このとき、ヘッジ会計とは、ヘッジ対象に係る損益とヘッジ手段に係る損益を同一の会計期間に認識することにより、ヘッジの効果を会計（財務諸表）に反映させる会計処理を指す（金融商品会計基準29項）。ヘッジ対象に係る換算差額である為替換算調整勘定と、ヘッジ手段に係る換算差額である借入金の為替差損益も、同項の考え方に準じて、同一の会計期間に生じたもの同士を比較することが、ヘッジ会計の趣旨から適切であると考えられる。

設例13-5に照らすと，ヘッジ対象は投資原価部分全額としているため，ヘッジ指定を行った当期首からの為替換算調整勘定の変動額（資本金から生じる部分）について，借入金に係る換算差額と比較し，純損益計上額を算定することになると考えられる。

② オーバーヘッジ部分がある場合の個別財務諸表上の取扱い

①において，〔考え方①〕に従いオーバーヘッジ部分が発生した場合の個別財務諸表上の処理について，確認しておきたい。

金融商品実務指針第168項では，ヘッジ手段に係る換算差額等を，個別財務諸表上は繰延ヘッジ損益として繰り延べる定めとなっている。このとき，個別財務諸表において繰延処理を行うことができる換算差額等は，連結財務諸表において為替換算調整勘定として繰り延べられる金額を上限とすべきと考えられる。

連結財務諸表の作成は個別財務諸表が基礎となることから，基本的に，一定の状況を除いて，個別財務諸表と連結財務諸表の処理が整合することが想定されているものと考えられる（連結会計基準10項）。

個別財務諸表と連結財務諸表の純損益が相違するような，例えば未実現利益の消去や連結税効果は，実現要件の充足の相違や，一時差異の金額の相違など，個別と連結で異なる状況にあることを反映した処理であり，持分ヘッジ取引については，連単で状況の相違はない。このため，連結財務諸表上，ヘッジ手段から発生した換算差額等がヘッジ対象となる子会社に対する持分から発生した為替換算調整勘定を上回ったために純損益として処理した部分は，個別財務諸表上も同様に純損益として処理すべきと考えられる。

(4) 将来の持分取得を予定取引とするヘッジ会計

① 具体的な論点

金融商品実務指針第170項(2)では，予定取引（未履行の確定契約による取引および契約は成立していないが，取引予定時期，取引予定物件，取引予定量，

取引予定価格等の主要な取引条件が合理的に予測可能であり，かつ，それが実行される可能性が極めて高い取引（金融商品会計基準（注12）））の一形態として，棚卸資産や有形固定資産などの資産の取得が掲げられている。また，外貨建の固定資産購入に係る為替変動リスクに対して，外貨建預金等の外貨建金銭債権をヘッジ手段として用いることが示されている（金融商品実務指針165項(1)）。

これらに準じて，将来の持分の購入を予定取引として，持分ヘッジ取引が適用できるかどうかが論点となってくる。

② 想定される状況

ここでの検討事項が具体的な論点となる状況とは，以下のような前提条件のケースが考えられる。

〔前提条件〕
- P社（親会社）は，X1年4月1日に，米国に所在するS社の発行済株式総数の100％を購入する契約を締結した。購入金額は10百万米ドルである。
- 株式の引渡期日はX1年10月1日であり，同日以降，P社はS社を連結子会社として連結の範囲に含める予定である。
- P社は株式購入契約を締結したX1年4月1日に，借入（10百万米ドル，期間3年）を実行した。借り入れた金額は外貨預金（米ドル建）として保有し，子会社株式購入に係るキャッシュ・フローヘッジのためにヘッジ指定を行う。
- 一方，外貨建借入金について，X1年4月1日時点において，将来の持分投資をヘッジ対象としてヘッジ指定を行うことを想定している。

③ 論点の検討

本論点については，以下の2つの見解が考えられる。

〔考え方①〕将来の持分投資（予定取引）を前提とした持分ヘッジ取引は，予定取引として適格ではない。

> 〔考え方②〕将来の持分投資（予定取引）を前提とした持分ヘッジ取引について
> も，予定取引の趣旨を充たすため，ヘッジ会計が認められる。

考え方① 将来の持分投資にはヘッジ会計を適用しない考え方

　前者の考え方は，本取引が予定取引として掲げられている①直ちに純損益が発生する場合，②資産の取得，または③利付負債の発生（金融商品実務指針170項(1)～(3)）のいずれにも該当しないことが根拠となる。

　ヘッジ会計は，ヘッジ取引の経済的実態を財務諸表に反映するために特例として認められた会計処理であり，会計基準等に定められたものを除いて，拡大解釈すべきではないとも考えられる。また，持分投資による為替変動リスクは，その取得後に為替換算調整勘定として会計処理されるものであり，取得に係るキャッシュ・フローをヘッジする取引（今回の例では，外貨預金によりヘッジされる外貨建子会社株式取得に係るキャッシュ・フローのヘッジ取引）を除いては，ヘッジ会計の対象とはならないと考えられる。

考え方② 将来の持分投資にヘッジ会計を適用する考え方

　後者の考え方は，在外子会社等への投資についても，株式購入の契約時点から為替変動リスクを負っていることが根拠となる。例えば，100円/米ドルの時点で株式の購入契約を締結したものとする。通常は購入価額も決定していると考えると，円貨での購入価額は確定しており，同日以降の為替変動のリスクは，既に購入者が負っていることになる。このため，同日以降の投資に係る為替変動リスクをヘッジするためにヘッジ取引を行うことが考えられ，会計上は，予定取引の定義（金融商品会計基準（注12））自体は充たしていると思われることから，同日以降，予定取引に係るヘッジとして会計処理することが考えられる。

　なお，契約締結日から投資取得日までは，投資自体が連結財務諸表に含まれていないため，通常の予定取引に係る為替予約等の時価変動と同様，当該換算差額等を連単ともに繰延ヘッジ損益として処理することが考えられる。

(5) 決算期ズレの場合の取扱い

　親会社が3月決算である場合に，12月決算の在外子会社の決算に一定の調整を加えたうえで，連結決算に取り込んでいるケースが多く見られる（連結会計基準（注4）参照）。このように，連結決算日と連結決算に取り込まれる子会社の決算日が相違している場合に，持分ヘッジ取引を行っている場合の取扱いは明確化されていない。

　ヘッジ手段の換算差額等を為替換算調整勘定に表示できるとした定め（外貨建会計基準注解 注13）は，ヘッジ対象とヘッジ手段を同一の科目で表示することにより，そのヘッジ効果を連結財務諸表に適切に反映させるためと考えられる。

　したがって，在外子会社の決算日（例えば，12月末）の翌日から連結決算日（例えば，翌年3月末）までに生じたヘッジ手段である借入金に係る換算差額は，為替換算調整勘定として表示することが必ずしも適切ではないと思われ，在外子会社の決算日までに生じた借入金等のヘッジ手段の換算差額等（外貨建実務指針第35項の繰延べの要件を充たしているものに限る）のみ，為替換算調整勘定として表示することが適切であると考えられる（金融商品会計基準29項）。

　また，ヘッジ会計の事前の要件を充たしていることから，在外子会社の決算日の翌日から連結決算日までに生じたヘッジ手段に係る換算差額等も，予定取引に準じるものとして，繰延ヘッジ損益として繰延処理を行うことができるものと思われる（金融商品実務指針169項本文参照）（図表13-7参照）。

図表13-7　期ズレ子会社の持分ヘッジ取引の表示

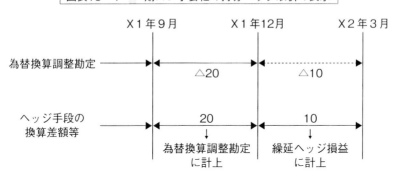

(6) 在外子会社からの配当金をヘッジ対象とする場合

　在外子会社からの外貨建の配当金をヘッジ対象として，これに対して為替予約等をヘッジ手段としてキャッシュ・フローを固定するヘッジ取引を行っているケースがあるものと考えられる。この場合，個別財務諸表では，ヘッジ会計の要件を充たしている限り，ヘッジ手段である為替予約等に係る損益または評価差額を繰延ヘッジ損益として繰り述べる。

　このような連結会社間取引をヘッジ対象として行われるヘッジ取引は，連結財務諸表では当該取引（ヘッジ対象）自体が相殺消去されるため，原則としてヘッジ関係がなかったものとして，ヘッジ対象の損益等を当期の純損益に計上する（金融商品実務指針163項本文）。ただし，適格な外貨建予定取引における為替変動リスクをヘッジするために保有するヘッジ手段に関しては，連結財務諸表上もヘッジ会計を適用することができるとされている（同ただし書き）。

　本項の論点である外貨建の受取配当金を予定取引とするヘッジ取引に関しては，親会社の個別財務諸表では配当金が損益に計上されるものの，子会社側では当該取引を資本取引として取り扱うものである。このため，子会社の個別財務諸表では配当金が利益剰余金から直接減額され，これを連結財務諸表においては配当決議時の為替相場で換算することから，連結ベースでの為替差額は為

替換算調整勘定に計上されていることになる（外貨建実務指針77項参照）。したがって，通常の損益取引をヘッジ手段とするヘッジ取引とは異なり，在外子会社からの外貨建の配当金をヘッジ対象とするヘッジ取引に関しては，連結財務諸表上，子会社に対する持分投資をヘッジ対象として改めてヘッジ指定することで，ヘッジ手段の損益または評価差額を為替換算調整勘定として計上することができるものと考えられる。

(7) 持分ヘッジ取引に係る税効果会計

① 持分ヘッジ取引に係る税務上の取扱い

持分ヘッジ取引は，連結財務諸表上，在外子会社等への持分投資をヘッジ対象として行われる取引である。また，個別財務諸表上は，連結財務諸表上でもヘッジ会計がヘッジ適格であることを前提に，繰延ヘッジ処理が行われる。

このとき，税務上の取扱いとしては，在外子会社は連結納税主体とはなり得ないため，連結納税の論点は生じず，あくまで親会社の単体申告上の問題に帰着することになる。前出のように，個別財務諸表上は会計上繰延ヘッジ処理として整理されているため，税務上も繰延ヘッジ処理の規定に従い，その要件を検討していくことになる。

② 持分ヘッジ取引に係る税効果会計の取扱い

ここでは，税務上も会計上と同様にヘッジ適格とされている状況を前提に，連結財務諸表上の税効果会計の取扱いを検討する。

ｉ）具体的な論点

個別財務諸表上，課税所得の計算に含まれていない繰延ヘッジ損益（ヘッジ手段に係る換算差額等）は，税効果会計の適用の対象となる（税効果会計基準第二 二 3ただし書き，企業会計基準適用指針第8号「貸借対照表の純資産の部の表示に関する会計基準等の適用指針」17項）。

連結財務諸表上，為替換算調整勘定に表示されるヘッジ手段に係る換算差額等も，個別財務諸表上の処理と同様，税効果会計を適用することになると考え

られるが，その一方，在外子会社等に対する持分投資それ自体から生じる為替換算調整勘定については，一義的に売却等の意思決定がない限り税効果を認識しないものとされているため，これらの関係が論点となる。

　ⅱ）想定する状況

　これまでの設例では，簡便化のため税効果を考慮しないものとしてきたが，ここでは税効果会計に係る論点（問題の所在）について，シンプルな設例で確認する。

設例13－6　持分ヘッジ取引と税効果会計（財税一致）

（ポイント）
- ヘッジ手段とヘッジ対象の税効果会計の関係を確認する。
- ヘッジ手段においてのみ税効果が認識される状況においては，連結財務諸表上，為替換算調整勘定の発生額に比して，相殺される個別財務諸表上の繰延ヘッジ損益（税効果考慮後のヘッジ手段の換算差額等）が小さくなるという関係にある。

（前提条件）
(1) P社は，X1年3月末に，在外子会社S社に対する持分投資のヘッジのために，外貨建借入を行った。なお，S社株式の売却予定はない。
(2) X2年3月期におけるヘッジ対象に係る為替換算調整勘定の発生額は△100百万円，借入金に係る換算差額は100百万円であるとする。
(3) P社の法定実効税率は30％とする。

（会計処理（単位：百万円））

[P社個別]

■繰延ヘッジ処理

（借）為替差益	(※1)100	（貸）繰延ヘッジ利益	(※2)70
		繰延税金負債	(※3)30

(※1) 借入金に係る換算差額の振替え
(※2) 70百万円=換算差額100百万円×(1-法定実効税率30%)
(※3) 30百万円=換算差額100百万円×法定実効税率30%

[P社連結]

■為替換算調整勘定への振替え

(借)	繰延ヘッジ損益	70	(貸)	為替換算調整勘定	100
	繰延税金負債	30		(当期発生額)	

ⅲ) 論点の検討

　在外子会社に対する持分投資は，その換算差額が為替換算調整勘定として計上される。この在外持分投資について，為替相場の変動による影響をヘッジするためヘッジ会計を適用した場合には，ヘッジ対象から生じる換算差額が為替換算調整勘定に表示されることに対応して，連結財務諸表上，ヘッジ手段から生じた損益，評価差額または換算差額を為替換算調整勘定に表示することとされ（外貨建会計基準注解 注13），これらは互いに打ち消し合う関係にある。

　また，子会社に対する投資は，その投資後において，子会社が計上する純損益，のれん償却額，為替換算調整勘定などによって，投資の連結貸借対照表価額が変動し，投資に係る一時差異として，必要に応じて税効果会計の対象となる。為替換算調整勘定についても，通常，在外子会社の投資から発生し，一時差異となるが，本件のように投資から生じる為替換算調整勘定がヘッジ手段により相殺されている場合には，相殺後の為替換算調整勘定が連結貸借対照表に計上されていることとなり，投資に係る一時差異が生じていないと見ることもできる。このように捉えた場合には，ヘッジ会計の要件を充たしている限り，ヘッジ対象たる投資から生じた換算差額とヘッジ手段たる借入金等から生じた換算差額等は相殺され，相殺部分からは一時差異が生じないため，税効果会計の対象とはならないと考えられる。

③ 税務上ヘッジ会計が適用されない場合の税金費用の表示

ここでは，②と異なり，税務上はヘッジ会計が適用されないことを前提に，発生した税金費用の取扱いを検討する。

設例13－7　持分ヘッジ取引と税金費用（財税不一致）

(ポイント)
- 税務上，ヘッジ会計を適用しなかった場合の税金費用の表示上の取扱いを確認する。

(前提条件)
(1) P社は，X1年3月末に，在外子会社S社に対する持分投資のヘッジのために，外貨建借入を行った。なお，S社株式の売却予定はない。
(2) X2年3月期におけるヘッジ対象に係る為替換算調整勘定の発生額は△100百万円，借入金に係る換算差額は100百万円であるとする。この借入金に係る換算差額100百万円が，税務上益金に算入されるものとする。
(3) P社の法定実効税率は30％とする。

(会計処理（単位：百万円）)

[P社個別]（理解のため，税効果仕訳と税金費用の仕訳を分けて示している）

（借）為替差益	100	（貸）繰延ヘッジ利益	100

換算差額の繰延ヘッジ利益への振替え

（借）法人税，住民税及び事業税	30	（貸）未払法人税等	30

30百万円＝益金算入額100百万円×法定実効税率30％

仮に，税務上はヘッジ会計の要件を充たさないものとして，当該繰延ヘッジ損益が課税所得の計算に含まれた場合，当期税金（原則として，会計上の繰延ヘッジ利益がプラスの場合には，税金費用（借方）が，マイナスの場合にはマイナスの税金費用（貸方））が発生する。このように，その他の包括利益（評

価・換算差額等)が課税所得に算入され,課税関係が生じた場合の税金費用の表示に係る取扱いは,わが国の会計基準上明示されていない。

国際会計基準(IAS)第12号「法人所得税」第61A項では,繰延税金(法人税等調整額)だけでなく,当期税金(法人税等)についても,その他の包括利益に関連して認識された税金費用は,その他の包括利益に表示することとされている。一方,日本基準上で当該税金費用については,以下の理由より,設例13－7の下側の仕訳にもあるとおり,(連結)損益計算書の「法人税,住民税及び事業税」として表示されるものと考えられる。

- 当期税金費用については,(連結)損益計算書の「法人税,住民税及び事業税」として表示することが一般に公正妥当と認められる会計慣行であると考えられること(企業会計原則 第二 八 参照)
- 開示規則上も,当期税金については(連結)損益計算書の「法人税,住民税及び事業税」として表示することが想定されていると考えられること(財務諸表等の用語,様式及び作成方法に関する規則95条の5第1項1号,連結財規65条1項1号,会社計算規則93条1項1号)
- 企業会計基準委員会(ASBJ)が,包括利益会計基準の公表時にHPに掲げた「包括利益の表示に関する会計基準(案)及び関連する会計基準等の修正(案)の公開草案に対するコメント」の「5.本公開草案についての主なコメントの概要とそれらに対する対応」No.20において,その他の包括利益に当期税金が生じることが想定されていないと示されていること(包括利益会計基準8項参照)

なお,上記1つ目および2つ目の箇条書きについて,平成25年に改正された連結会計基準(注9)の定めによると,支配の喪失を伴わない子会社株式の一部売却が行われた場合には,連結財務諸表上,子会社株式の売却価額と減少する親会社持分との差額に対応する当期税金費用も資本剰余金に計上することとされた。この他にも,連結子会社が保有する親会社株式を売却した場合の売却損益に係る当期税金についても資本剰余金として処理することとされており,当期税金のすべてが必ずしも(連結)損益計算書の「法人税,住民税及び事業税」として表示されている訳ではない。しかしながら,その他の包括利益に対

して課税された当期税金に係る会計基準の定めはなく、上記結論のとおり、現行では「法人税、住民税及び事業税」に表示することが適切と考えられる。なお、IFRSとの整合性の観点[1]などもあり、今後の会計基準の開発動向には留意しておきたい[2]。

---

1 「その他の包括利益への課税を例に 当期税金(法人税等)の会計処理・表示を考える」
　吉田剛著　旬刊経理情報　No.1378　平成26年4月20日号 61頁。
2 平成26年3月27日に開催された第284回企業会計基準委員会(ASBJ)の審議事項(5)
　-2のNo.55では、その他の包括利益に対して課税された場合の税金費用の表示が、現行の実務指針の課題として掲げられている。

第14章

開　示
（包括利益・組替調整額）

1　会計基準・開示規則における取扱い

 ポイント

- 為替換算調整勘定は，連結貸借対照表および連結株主資本等変動計算書上，親会社持分のみが，純資産の部のその他の包括利益累計額の内訳項目として表示される。
- 為替換算調整勘定は，連結包括利益計算書^(※)上，親会社持分および非支配株主持分の合計額が，その他の包括利益の内訳項目として表示される。

(※)　2計算書方式を採用している場合。1計算書方式を採用している場合には，「連結損益及び包括利益計算書」となる（包括利益会計基準11項）。なお，本章のこれ以降も同様である。

(1)　連結貸借対照表

①　表示および開示

ⅰ）表　示

為替換算調整勘定は，連結貸借対照表の純資産の部に，その他の包括利益累計額の内訳項目として表示される（企業会計基準第5号「貸借対照表の純資産の部の表示に関する会計基準」（以下，本章において「純資産表示会計基準」

という）4項，7項，8項）。

　その他の包括利益累計額は，これらに係る繰延税金資産または繰延税金負債の額を控除した金額を記載するため（純資産表示会計基準8項なお書き），為替換算調整勘定に税効果を認識した場合には，税効果控除後の純額により表示する。

　なお，純資産表示会計基準の「評価・換算差額等」という用語は，包括利益会計基準により「その他の包括利益累計額」と読み替えられている（包括利益会計基準2項，16項）。

ⅱ）親会社持分と非支配株主持分

　全面時価評価法により在外子会社の資産および負債について非支配株主持分割合を含めて時価評価を行うため，評価差額に係る為替換算調整勘定も非支配株主持分を含む全持分から発生する（外貨建実務指針75項）。

　その後，連結調整で非支配株主持分に振り替えられ，為替換算調整勘定は親会社持分のみが連結貸借対照表の純資産の部に計上される（外貨建実務指針41項）。

ⅲ）規則上の取扱い

　図表14-1では，平成26年3月に改正された連結財規に示されている連結貸借対照表の様式を掲げている。

図表14-1　連結財規　様式第四号（連結貸借対照表）（抜粋）

純資産の部		
株主資本		
資本金	×××	×××
資本剰余金	×××	×××
利益剰余金	×××	×××
自己株式	△×××	△×××
株主資本合計	×××	×××
その他の包括利益累計額		
その他有価証券評価差額金	×××	×××
繰延ヘッジ損益	×××	×××
土地再評価差額金	×××	×××

為替換算調整勘定	×××	×××
退職給付に係る調整累計額	×××	×××
………	×××	×××
その他の包括利益累計額合計	×××	×××
新株予約権	×××	×××
非支配株主持分	×××	×××
純資産合計	×××	×××
負債純資産合計	×××	×××

② 背　景

ⅰ）表示区分

　現行の会計基準では，資産とは財務諸表を報告する主体が支配している経済的資源であり，また，負債とは財務諸表を報告する主体が経済的資源を放棄したり引き渡したりする義務であると考え，これら資産性または負債性のいずれも有さないものを資産と負債との差額として純資産の部に表示することとされている（純資産表示会計基準19項，21項）。

　為替換算調整勘定は，在外子会社等の財務諸表の換算手続において貸借対照表項目の円貨への換算手続の結果発生するため，在外子会社等の経営成績とは無関係に発生するものであり（外貨建実務指針75項），また，親会社にとって在外子会社に対する投資持分から発生した為替換算差額であるが，いまだ連結上の純損益に計上されていないという性格を有する（外貨建実務指針42項）。このため，為替換算調整勘定は，純資産の部に表示されるその他の包括利益累計額を構成する。

ⅱ）親会社持分と非支配株主持分

　為替換算調整勘定の内容は，全面時価評価法により在外子会社の資産および負債について非支配株主持分割合を含めて時価評価を行うため，評価差額に係る為替換算調整勘定も非支配株主持分を含む全持分から発生することになる。このため，親会社が在外子会社の株式を追加取得または一部売却した場合，在外子会社の親会社持分（のれんの換算部分を除く）と非支配株主持分額との振替額は一致する（外貨建実務指針75項）。

また，為替換算調整勘定として連結貸借対照表に表示される金額は親会社持分だけである（外貨建実務指針41項）。これは，現行の会計基準では，実務上在外子会社の株主資本勘定をすべて取得時または発生時の為替相場により換算した後の株主資本勘定に基づいて連結修正手続を行うことが一般的であるため，為替換算調整勘定には非支配株主持分が含まれるという考え方を採用して，連結調整によりこれを非支配株主持分に振り替えるためである。一方，在外子会社の株主資本勘定の換算に際して，親会社持分割合については取得時または発生時の為替相場で換算し，非支配株主持分割合については毎期決算時の為替相場で換算するため，在外子会社の財務諸表の換算手続において発生する為替換算調整勘定には非支配株主持分は含まれないという考え方もあるが，この考え方は採用されていない（外貨建実務指針74項）。

(2) 連結包括利益計算書

① 表示および開示

ⅰ) 表 示

連結包括利益計算書におけるその他の包括利益には，親会社株主に係る部分と非支配株主に係る部分が含まれる（包括利益会計基準5項）。連結包括利益計算書上，為替換算調整勘定はその他の包括利益の内訳項目として区分して表示する（包括利益会計基準7項）。

なお，持分法を適用する被投資会社の為替換算調整勘定に対する投資会社の持分相当額は，為替換算調整勘定には含めず，すべてのその他の包括利益項目の持分相当額と一括して区分表示する（包括利益会計基準7項）。持分法適用会社から生じる為替換算調整勘定に関しては，本章「3　第1章から第13章までの論点に係る表示・開示 (2) 持分法会計と為替換算調整勘定（第9章）」を参照されたい。

ⅱ) 税効果の取扱い

その他の包括利益の内訳項目としての為替換算調整勘定は，税効果を控除した後の金額で表示する。ただし，各内訳項目を，税効果を控除する前の金額で

表示して,それらに関連する税効果の金額を一括して加減する方法で記載することができる。いずれの場合も,その他の包括利益の各内訳項目別の税効果の金額を注記する(包括利益会計基準8項)。

ⅲ) 組替調整額

当期純利益を構成する項目のうち,当期または過去の期間にその他の包括利益に含まれていた部分は,組替調整額としてその他の包括利益の内訳項目ごとに注記し,税効果額の注記と併せて記載することができる(包括利益会計基準9項)。

ⅳ) 親会社持分と非支配株主持分の付記

前述のとおりその他の包括利益には,親会社株主に係る部分と非支配株主に係る部分が含まれるため(包括利益会計基準5項),内訳として,包括利益のうち親会社株主に係る金額および非支配株主に係る金額を付記する(包括利益会計基準11項)。

ⅴ) 規則上の取扱い

図表14-2では,平成26年3月に改正された連結財規に示されている連結包括利益計算書の様式を掲げている。

図表14-2　連結財規　様式第五号の二(連結包括利益計算書)

【連結包括利益計算書】		(単位:　円)
	前連結会計年度 (自　平成　年　月　日 至　平成　年　月　日)	当連結会計年度 (自　平成　年　月　日 至　平成　年　月　日)
当期純利益(又は当期純損失)	×× ×	×× ×
その他の包括利益		
その他有価証券評価差額金	×× ×	×× ×
繰延ヘッジ損益	×× ×	×× ×
為替換算調整勘定	×× ×	×× ×
退職給付に係る調整額	×× ×	×× ×
持分法適用会社に対する持分相当額	×× ×	×× ×
…………	×× ×	×× ×

その他の包括利益合計	×××	×××
包括利益	×××	×××
（内訳）		
親会社株主に係る包括利益	×××	×××
非支配株主に係る包括利益	×××	×××

② 背　景

ⅰ）包括利益を表示する目的

　包括利益会計基準が適用される前には，その他の包括利益累計額の当期変動額と当期純利益との合計額を表示する定めはなかった（包括利益会計基準18項）。

　包括利益を表示する目的は，期中に認識された取引および経済的事象（資本取引を除く）により生じた純資産の変動を報告することである。包括利益の表示によって提供される情報は，投資家等の財務諸表利用者が企業全体の事業活動について検討するのに役立つことが期待されるとともに，貸借対照表との連携を明示することを通じて，財務諸表の理解可能性と比較可能性を高め，また，国際的な会計基準とのコンバージェンスにも資するものとされている（包括利益会計基準21項）。

ⅱ）組替調整額等

　国際的な会計基準では，その他の包括利益の内訳項目の分析を容易にする観点から，その他の包括利益に関連する税効果額および当期または過去の期間にその他の包括利益に含められた項目の当期純利益への組替調整額の開示を求めていることから，同様の開示を注記事項として求めるものとされた（包括利益会計基準30項）。

　為替換算調整勘定に関する組替調整額は，子会社に対する持分の減少（全部売却および清算を含む）に伴って取り崩されて当期純利益に含められた金額による（包括利益会計基準31項(3)）。

ⅲ）持分法適用会社の取扱い

　持分法の適用における被投資会社のその他の包括利益に対する投資会社の持分相当額については，国際会計基準では一括して区分表示することを求めていることから，それと同様の表示方法によることとされた。当該持分相当額は，被投資会社において税効果を控除した後の金額であるが，被投資会社の税金は連結財務諸表には表示されないため，包括利益会計基準第8項による税効果の金額の注記の対象には含まれないこととなる（包括利益会計基準32項）。

(3) 連結株主資本等変動計算書

① 表示および開示

ⅰ）表示区分

　連結株主資本等変動計算書の表示区分は，連結貸借対照表の純資産の部の表示区分に従うため（企業会計基準第6号「株主資本等変動計算書に関する会計基準」（以下，本章において「株主資本等変動計算書会計基準」という）4項），為替換算調整勘定は純資産の部のその他の包括利益累計額に表示される（純資産表示会計基準4項，7項，8項）。

ⅱ）残高および変動額の記載

　連結株主資本等変動計算書に表示される各項目の当期首残高および当期末残高は，前期および当期の連結貸借対照表の純資産の部における各項目の期末残高と整合したものでなければならない（株主資本等変動計算書会計基準5項）。

　為替換算調整勘定は，当期首残高，当期変動額および当期末残高に区分し，当期変動額は純額で表示する。ただし，当期変動額について主な変動事由ごとにその金額を表示（注記による開示を含む）することができる（株主資本等変動計算書会計基準8項）。

ⅲ）規則上の取扱い

　連結財規上，その他の包括利益累計額は科目ごとの記載に代えて，合計額により当連結会計年度期首残高，当連結会計年度変動額および当連結会計年度末残高に区分して記載することができる。この場合には，科目ごとのそれぞれの

金額を注記する必要がある（連結財規74条）。

図表14－3では，連結財規に示されている連結株主資本等変動計算書の様式を掲げている。

図表14－3　連結財規　様式第六号（連結株主資本等変動計算書）（抜粋）

当連結会計年度（自　平成　　年　　月　　日　至　平成　　年　　月　　日）

	その他の包括利益累計額						非支配株主持分	純資産合計
	その他有価証券評価差額金	繰延ヘッジ損益	土地再評価差額金	為替換算調整勘定	退職給付に係る調整累計額	その他の包括利益累計額合計		
当期首残高	×××	×××	×××	×××	×××	×××	×××	×××
当期変動額								
……								×××
株主資本以外の項目の当期変動額（純額）	×××	×××	×××	×××	×××	×××	×××	
当期変動額合計	×××	×××	×××	×××	×××	×××	×××	×××
当期末残高	×××	×××	×××	×××	×××	×××	×××	×××

② 背　景

ⅰ）株主資本等変動計算書の記載項目

株主資本等変動計算書に記載すべき項目の範囲については，純資産の部のうち，株主資本のみとする考え方もあるが，資産と負債の差額である純資産について，国際的な会計基準では，株主資本以外の項目についても，一会計期間の変動を開示する考え方であるため，国際的な会計基準との調和を重視すべきとの考えに基づき，純資産の部のすべての項目とする考え方を採用している（株主資本等変動計算書会計基準20項）。

ⅱ）変動内容の記載

その他の包括利益累計額の残高が大きい場合には，その変動が将来の株主資本の変動に大きな影響を与える可能性があり，その変動事由を示すことも財務諸表利用者にとって有用な場合があるとの意見があることも，純資産の部のすべての項目とする考え方を採用している根拠の１つである（株主資本等変動計算書会計基準20項）。

このように，国際的調和等の観点から株主資本等変動計算書に記載すべき項目の範囲を純資産の部のすべての項目とする一方で，株主資本とそれ以外の項目とでは一会計期間における変動事由ごとの金額に関する情報の有用性が異なること，および株主資本以外の各項目を変動事由ごとに表示することに対する事務負担の増大などを考慮し，表示方法に差異を設けている。

具体的には，株主資本の各項目については，変動事由ごとにその金額を表示することとし，株主資本以外の各項目は，原則として，当期変動額を純額で表示することとされた。ただし，これは純資産の部における株主資本以外の各項目について変動事由ごとにその金額を表示することを妨げる趣旨ではないため，重要性等を勘案のうえ，株主資本以外の各項目についても主な変動事由およびその金額を株主資本等変動計算書に表示（注記による開示を含む）することができる（株主資本等変動計算書会計基準21項）。

2　数値例による解説

 ポイント

- 子会社取得後，純資産を換算する取得時または発生時の為替相場と，資産および負債を換算する決算時の為替相場が相違するため，為替換算調整勘定が発生する。
- 連結貸借対照表および連結株主資本等変動計算書の為替換算調整勘定は親会社持分に係る当期末残高および当期変動額が表示されるが，連結包括利益計算書では非支配株主持分に係る当期変動額を含んだ合計額が表

示される。
- 子会社等の株式の売却の意思が明確な場合に税効果を認識する。
- 持分変動によっても支配関係が継続される場合，為替換算調整勘定の減少は，組替調整額の対象とならない。

以下の設例では，X1年12月31日，X2年12月31日，X3年12月31日のP社の開示について解説する。

設例14−1　為替換算調整勘定の開示と計算書間の関係

（前提条件）

(1) P社の連結財務諸表を作成する。なお，P社の資本金は10,100百万円，資本剰余金は1,000百万円，利益剰余金は各期末ともゼロとする。
(2) S社はP社の米国所在の連結子会社である。
(3) A社はP社の同じく米国所在の持分法適用関連会社である。
(4) 在外子会社の資産および負債は決算時の為替相場で換算し，収益および費用は期中平均相場で換算する。なお，為替相場は以下のとおりとする。

（単位：円/米ドル）

年度	期中平均相場	決算時の為替相場
X0	−	70
X1	80	90
X2	100	110
X3	120	130

(5) 法定実効税率は30％とする。

第14章 開示（包括利益・組替調整額）

X0年の取引等

≪期中取引≫

X0年12月31日，P社はS社株式の80％を5,600百万円で取得して子会社とした。

≪連結手続≫

X0年12月31日，S社の外貨建貸借対照表を円換算する。取得日と期末日が同日で，純資産を換算する取得時または発生時の為替相場と，資産および負債を換算する決算時の為替相場が一致するため，為替換算調整勘定は生じない。

■S社の貸借対照表（X0年12月31日）

（外貨（米ドル）：百万米ドル，円貨：百万円）

科目	外貨	レート	円貨	科目	外貨	レート	円貨
資産	100	70	7,000	資本金	50	70	3,500
				利益剰余金	50	70	3,500

X1年の取引等

≪期中取引≫

X1年12月31日，P社はA社株式の20％を4,500百万円で取得して関連会社とし，持分法を適用する。

≪連結手続≫

① X1年12月31日，S社の外貨建貸借対照表を円換算すると，純資産を換算する取得時または発生時の為替相場と，資産および負債を換算する決算時の為替相場が相違するため，為替換算調整勘定が2,100百万円生じる。なお，利益剰余金4,300百万円は前期末残高3,500百万円に親会社株主に帰属する当期純利益を期中平均相場で換算した800百万円（＝10百万米ドル×80円/米ドル）を加算して求められる。

■S社の貸借対照表（X1年12月31日）

(外貨（米ドル）：百万米ドル，円貨：百万円)

科目	外貨	レート	円貨	科目	外貨	レート	円貨
資産	110	90	9,900	資本金	50	70	3,500
				利益剰余金	60	－	4,300
				為替換算調整勘定	－	－	2,100

② 発生した為替換算調整勘定2,100百万円のうち，420百万円（＝2,100百万円×20％）は非支配株主持分へ振り替えられる。

③ X1年12月31日，A社の外貨建貸借対照表を円換算する。取得日と期末

X1年12月期の持分計算表等（単位：百万円）

摘要	(1)純資産の部				(2)持分計算表（資本金・利益剰余金（期首）を除く）				
	①資本金・利益剰余金（期首）	②利益剰余金（当期純利益）	③為替換算調整勘定	純資産計（※1）	④親会社持分比率 80%			非支配株主持分	
					⑤利益剰余金（当期純利益） ②×④	為替換算調整勘定		⑧利益剰余金（当期純利益） ②×(1-④)	⑨為替換算調整勘定 ③×(1-④)
						⑥連結会社 ③×④	⑦持分法		
X0/12/31 純資産残高	7,000			7,000					
当期変動額									
S社個別F/S・連結処理									
利益計上		800		800	640			160	
為調発生			2,100	2,100		1,680			420
変動額合計	0	800	2,100	2,900	640	1,680	0	160	420
X1/12/31純資産残高	7,000	800	2,100	9,900					

【解説】
1　純資産の部：在外子会社・関連会社の外貨建個別財務諸表を円換算して作成する。
2　持分計算表：純資産の部を，持分比率により親会社持分と非支配株主持分に区分する。
3　連結包括利益計算書：包括利益は非支配株主への帰属分を含んだ額が表示されるため，当期純利益は⑤＋⑧，為替換算調整勘定は⑥＋⑨になる。持分法適用会社に係るその他の包括利益は「持分法適用会社に対する持分相当額」（⑦）として区分掲記される。
4　包括利益の（内訳）金額：親会社株主に係る包括利益は，親会社株主に帰属する額のみが表示されるため，利益剰余金（当期純利益）は⑤，為替換算調整勘定は⑥＋⑦となる。
　　非支配株主に係る包括利益は，同様に非支配株主に帰属する額のみが表示されるため，利益剰余金（当期純利益）は⑧，為替換算調整勘定は⑨となる。

日が同日で，純資産を換算する取得時または発生時の為替相場と，資産および負債を換算する決算時の為替相場が一致するため，為替換算調整勘定は生じない。

■A社の貸借対照表（X1年12月31日）

（外貨（米ドル）：百万米ドル，円貨：百万円）

科目	外貨	レート	円貨	科目	外貨	レート	円貨
資産	100	90	9,000	資本金	50	90	4,500
				利益剰余金	50	90	4,500

④ 連結貸借対照表に計上される為替換算調整勘定は1,680百万円（＝2,100百万円×80％）となる。

(3)連結包括利益計算書				(4)包括利益の（内訳）金額			
当期純利益	その他の包括利益		包括利益計 (※1)	親会社株主に係る包括利益			非支配株主に係る包括利益 (※2)
	為替換算調整勘定	持分法		株主資本	その他の包括利益累計額	計	
				利益剰余金（当期純利益）	為替換算調整勘定（※2）		
⑥+⑧	⑥+⑨	⑦		⑤	⑥+⑦	⑧+⑨	
800			800	640		640	160
	2,100		2,100		1,680	1,680	420
800	2,100	0	2,900	640	1,680	2,320	580

（※1）「包括利益」は，純資産の変動額のうち，資本取引によらない部分である。本設例では資本取引はないため，純資産の変動額2,900と包括利益は一致する。
　また，X1年12月31日の連結貸借対照表の純資産の部は，子会社・関連会社に係る純資産の部9,900からP社投資原価5,600を控除し，P社資本金10,100と資本剰余金1,000を加算した15,400になる。

（※2）親会社株主に係る包括利益に含まれる為替換算調整勘定相当1,680は，連結株主資本等変動計算書のその他の包括利益累計額における為替換算調整勘定の当期変動額と一致する。また，非支配株主に係る包括利益580は，連結株主資本等変動計算書の非支配株主持分における当期変動額と一致する。

会計処理(単位:百万円)

[開始仕訳]

(借) 資本金	3,500	(貸) S社株式	5,600
利益剰余金期首残高	3,500	非支配株主持分	1,400

[当期純利益の非支配株主持分への振替え]

(借) 非支配株主に帰属する当期純利益	160	(貸) 非支配株主持分	160

160百万円=10百万米ドル×80円/米ドル(期中平均相場)×20%(非支配株主持分比率)

[為替換算調整勘定の非支配株主持分への振替え]

(借) 為替換算調整勘定 (連結株主資本等変動計算書)	420	(貸) 非支配株主持分	420

420百万円=2,100百万円×20%(非支配株主持分比率)

≪連結財務諸表等≫

[連結貸借対照表(抜粋)(単位:百万円)]

	前連結会計年度 (X0年12月31日)	当連結会計年度 (X1年12月31日)
純資産の部		
株主資本		
資本金	10,100	10,100
資本剰余金	1,000	1,000
利益剰余金	−	640
株主資本合計	11,100	11,740
その他の包括利益累計額		
為替換算調整勘定	−	1,680
その他の包括利益累計額合計	−	1,680
非支配株主持分	1,400	1,980
純資産合計	12,500	15,400

S社の外貨建貸借対照表を円換算したときに認識される為替換算調整勘定2,100百万円のうち、420百万円(=2,100百万円×20%)は連結調整で非支配株

主持分へ振り替えられるため，連結貸借対照表に為替換算調整勘定として計上されるのは1,680百万円（＝2,100百万円－420百万円）となる。非支配株主持分として計上されている1,980百万円のうち，420百万円が為替換算調整勘定相当である。なお，残りは取得時に認識した非支配株主持分1,400百万円および当期純利益を非支配株主持分に振り替えた非支配株主に帰属する当期純利益160百万円（＝10百万米ドル×80円/米ドル×20％）で構成される。

[連結包括利益計算書（単位：百万円）]

	当連結会計年度 （自　X1年1月1日 　至　X1年12月31日）
当期純利益	800
その他の包括利益	
為替換算調整勘定	2,100
その他の包括利益合計	2,100
包括利益	2,900
（内訳）	
親会社株主に係る包括利益	2,320
非支配株主に係る包括利益	580

S社の外貨建貸借対照表を円換算したときに認識される為替換算調整勘定2,100百万円が，前期末には為替換算調整勘定がないため，すべて当期に発生した為替換算調整勘定として表示される。親会社株主に係る包括利益2,320百万円のうち1,680百万円，非支配株主に係る包括利益580百万円のうち420百万円が為替換算調整勘定相当である。なお，親会社株主に係る包括利益のうち640百万円，非支配株主に係る包括利益のうち160百万円は当期純利益相当である。

[連結株主資本等変動計算書（抜粋）（単位：百万円）]

当連結会計年度（自Ｘ１年１月１日　至Ｘ１年12月31日）

	株主資本				その他の包括利益累計額		非支配株主持分	純資産合計
	資本金	資本剰余金	利益剰余金	株主資本合計	為替換算調整勘定	その他の包括利益累計額合計		
当期首残高	10,100	1,000	－	11,100	－	－	1,400	12,500
当期変動額								
親会社株主に帰属する当期純利益			640	640				640
株主資本以外の項目の当期変動額（純額）					1,680	1,680	580	2,260
当期変動額合計			640	640	1,680	1,680	580	2,900
当期末残高	10,100	1,000	640	11,740	1,680	1,680	1,980	15,400

　連結株主資本等変動計算書に表示される為替換算調整勘定の当期首残高および当期末残高は，前期および当期の連結貸借対照表の純資産の部における各項目の期末残高と整合させ，当期首残高，当期変動額および当期末残高に区分し，当期変動額1,680百万円は純額で表示する。ただし，当期変動額について主な変動事由ごとにその金額を表示することもできる。

[注記（単位：百万円）]

　組替調整額の注記は，税効果額の注記と併せて記載することが認められており（包括利益会計基準９項），以下の例では併せて記載する。

	当連結会計年度 （自　X1年1月1日 至　X1年12月31日）
為替換算調整勘定	
当期発生額	2,100
組替調整額	－
税効果調整前	2,100
税効果額	－
為替換算調整勘定	2,100
その他の包括利益合計	2,100

　連結包括利益計算書の表示の通り，S社の外貨建貸借対照表を円換算したときに認識される為替換算調整勘定2,100百万円をすべて当期発生額として注記する。X1年12月期には在外子会社の支配の喪失がなく，注記すべき組替調整額はない。また，売却の計画等もなく，注記すべき税効果額もない。

（X2年の取引等）

≪期中取引≫

なし

≪連結手続≫

① X2年12月31日，S社の外貨建貸借対照表を円換算すると，純資産を換算する取得時または発生時の為替相場と，資産および負債を換算する決算時の為替相場が相違するため，為替換算調整勘定が4,400百万円生じる。なお，利益剰余金5,300百万円は前期末残高4,300百万円に親会社株主に帰属する当期純利益を期中平均相場で換算した1,000百万円（＝10百万米ドル×100円/米ドル）を加算して求められる。

X2年12月期の持分計算表等（単位：百万円）

摘要	(1)純資産の部				(2)持分計算表（資本金・利益剰余金（期首）を除く）				
			④親会社持分比率	80%					
	①資本金・利益剰余金（期首）（※1）	②利益剰余金（当期純利益）	③為替換算調整勘定	純資産計（※2）	親会社持分			非支配株主持分	
					⑤利益剰余金（当期純利益）	為替換算調整勘定		⑧利益剰余金（当期純利益）	⑨為替換算調整勘定
						⑥連結会社	⑦持分法		
					②×④	③×④	③	②×(1－④)	③×(1－④)
X1/12/31 純資産残高	7,800		2,100	9,900					
当期変動額									
S社個別F/S・連結処理									
利益計上		1,000		1,000	800			200	
為調発生			2,300	2,300		1,840			46
為調の税効果認識			△132	△132		△132			
A社持分法処理		200	420	620	200		420		
変動額合計	0	1,200	2,588	3,788	1,000	1,708	420	200	46
X2/12/31純資産残高	7,800	1,200	4,688	13,688					

【解説】

X1年12月31日の持分計算表等の解説を参照のこと。

（※1）X1年12月期の持分計算表等の①および②の期末残高（7,000および800）の合計が，本表の①の期首残高となっている。

（※2）「包括利益」は，純資産の変動額のうち，資本取引によらない部分である。本設例では資本取引はないため，純資産の変動額3,766と包括利益は一致する。

また，X2年12月31日の連結貸借対照表の純資産の部は，子会社・関連会社に係る純資産の部13,666からP社投資原価5,600を控除し，P社資本金10,100と資本剰余金1,000を加算した19,166にな

第14章 開示(包括利益・組替調整額)

(3)連結包括利益計算書				(4)包括利益の(内訳)金額				
当期純利益	その他の包括利益		包括利益計(※1)	親会社株主に係る包括利益				非支配株主に係る包括利益(※3)
	為替換算調整勘定	持分法		株主資本	その他の包括利益累計額		計	
				利益剰余金(当期純利益)	為替換算調整勘定(※3)			
⑥+⑧	⑥+⑨	⑦		⑤	⑥+⑦			⑧+⑨
1,000			1,000	800			800	200
	2,300		2,300		1,840		1,840	460
	△132		△132		△132		△132	
200		420	620	200	420		620	
1,200	2,168	420	3,788	1,000	2,128		3,128	660

る。

(※3) 親会社株主に係る包括利益に含まれる為替換算調整勘定相当2,128は,連結株主資本等変動計算書のその他の包括利益累計額における為替換算調整勘定の当期変動額と一致する。また,非支配株主に係る包括利益660は,連結株主資本等変動計算書の非支配株主持分における当期変動額と一致する。

■S社の貸借対照表（X2年12月31日）

（外貨（米ドル）：百万米ドル，円貨：百万円）

科目	外貨	レート	円貨	科目	外貨	レート	円貨
資産	120	110	13,200	資本金	50	70	3,500
				利益剰余金	70	−	5,300
				為替換算調整勘定	−	−	4,400

② 為替換算調整勘定4,400百万円のうち，880百万円（＝4,400百万円×20％）は非支配株主持分へ振り替えられる。さらに，S社株式を10％売却することを決定したことにより，繰延税金負債を132百万円（＝4,400百万円×10％×30％）認識するため，為替換算調整勘定から振り替える。

③ X2年12月31日，A社の外貨建貸借対照表を円換算すると，純資産を換算する取得時または発生時の為替相場と，資産および負債を換算する決算時の為替相場が相違するため，為替換算調整勘定が2,100百万円発生する。なお，利益剰余金5,500百万円は前期末残高4,500百万円に親会社株主に帰属する当期純利益を期中平均相場で換算した1,000百万円（＝10百万米ドル×100円／米ドル）を加算して求められる。

■A社の貸借対照表（X2年12月31日）

（外貨（米ドル）：百万米ドル，円貨：百万円）

科目	外貨	レート	円貨	科目	外貨	レート	円貨
資産	110	110	12,100	資本金	50	90	4,500
				利益剰余金	60	−	5,500
				為替換算調整勘定	−	−	2,100

④ 為替換算調整勘定2,100百万円のうち，420百万円（＝2,100百万円×20％）を持分法で取り込む。

第14章 開示（包括利益・組替調整額）

会計処理（単位：百万円）

[開始仕訳]

（借）	資本金	3,500	（貸）	S社株式	5,600
	利益剰余金期首残高	3,660		非支配株主持分	1,980
	為替換算調整勘定 （期首残高）	420			

[当期純利益の非支配株主持分への振替え]

（借）	非支配株主に帰属する当期純利益	200	（貸）	非支配株主持分	200

200百万円＝10百万米ドル×100円／米ドル（期中平均相場）×20％（非支配株主持分比率）

[為替換算調整勘定の非支配株主持分への振替え]

（借）	為替換算調整勘定 （連結株主資本等変動計算書）	460	（貸）	非支配株主持分	460

460百万円＝（4,400－2,100）百万円×20％（非支配株主持分比率）

[為替換算調整勘定に係る税効果仕訳]

（借）	為替換算調整勘定 （当期発生額）	132	（貸）	繰延税金負債	132

132百万円＝（4,400－880）百万円÷80％（親会社持分比率）×売却予定持分比率10％×法定実効税率30％

[持分法適用会社の為替換算調整勘定の取込み]

（借）	A社株式	420	（貸）	為替換算調整勘定 （持分法適用会社に対する 持分相当額：当期発生額）	420

420百万円＝2,100百万円×20％（投資会社持分比率）

≪連結財務諸表等≫
[連結貸借対照表(抜粋)(単位:百万円)]

	前連結会計年度 (X1年12月31日)	当連結会計年度 (X2年12月31日)
純資産の部		
株主資本		
資本金	10,100	10,100
資本剰余金	1,000	1,000
利益剰余金	640	1,640
株主資本合計	11,740	12,740
その他の包括利益累計額		
為替換算調整勘定	1,680	3,808
その他の包括利益累計額合計	1,680	3,808
非支配株主持分	1,980	2,640
純資産合計	15,400	19,188

　S社の外貨建貸借対照表を円換算したときに認識される為替換算調整勘定4,400百万円のうち,880百万円(=4,400百万円×20%)は非支配株主持分へ振り替えられる。

　さらにS社株式を10%売却することを決定したことにより,繰延税金負債が132百万円(=4,400百万円×10%×30%)認識されるため,同額を為替換算調整勘定から繰延税金負債へ振り替える。

　次に,A社の外貨建貸借対照表を円換算すると,為替換算調整勘定が2,100百万円発生しているため,P社持分相当の420百万円(=2,100百万円×20%)を持分法で取り込む。

　したがって,連結貸借対照表に為替換算調整勘定として計上されるのは3,808百万円となる。

[為替換算調整勘定の内訳(X2年12月31日)]

S社	S社の貸借対照表を円換算したときの為替換算調整勘定	4,400
	非支配株主持分へ振替え(X1およびX2年分)	△880
	売却予定の10%について税効果を認識	△132

A社　持分法で取込み（X2年分）	420
連結貸借対照表上の為替換算調整勘定	3,808

　非支配株主持分2,640百万円のうち，460百万円（＝（X2年末S社の貸借対照表を円換算したときの為替換算調整勘定4,400百万円－X1年末S社の貸借対照表を円換算したときの為替換算調整勘定2,100百万円）×20％）は，当期に発生した為替換算調整勘定の振替分である。

[非支配株主持分の内訳（X2年12月31日）]

S社　連結時の純資産	1,400
利益剰余金の期首残高（X1年分）	160
為替換算調整勘定の期首残高（X1年分）	420
非支配株主に帰属する当期純利益（X2年分）	200
為替換算調整勘定（X2年分）	460
連結貸借対照表上の非支配株主持分	2,640

[連結包括利益計算書（単位：百万円）]

	前連結会計年度 （自　X1年1月1日 至　X1年12月31日）	当連結会計年度 （自　X2年1月1日 至　X2年12月31日）
当期純利益	800	1,200
その他の包括利益		
為替換算調整勘定	2,100	2,168
持分法適用会社に対する持分相当額	－	420
その他包括利益合計	2,100	2,588
包括利益	2,900	3,788
（内訳）		
親会社株主に係る包括利益	2,320	3,128
非支配株主に係る包括利益	580	660

　包括利益は，以下のように親会社株主持分および非支配株主持分からなり，それぞれの合計額が内訳として付記される。

	親会社株主	非支配株主	計
当期純利益	1,000 (※1)	200 (※2)	1,200
その他の包括利益			
為替換算調整勘定	1,708 (※3)	460 (※4)	2,168
持分法適用会社に対する持分相当額	420 (※5)	−	420
包括利益	3,128	660	3,788

(※1) S社純利益のP社持分相当とA社純利益のP社持分相当の合計
　S社（10百万米ドル×100円/米ドル×80%）＋A社（10百万米ドル×100円/米ドル×20%）
(※2) S社の非支配株主に帰属する当期純利益
　10百万米ドル×100円/米ドル×20%
(※3) S社から発生した為替換算調整勘定のP社持分相当から、認識した税効果を差し引いた金額
　（4,400−2,100）百万円×80%−4,400百万円×10%×30%
(※4) S社から発生した為替換算調整勘定の非支配株主持分相当
　（4,400−2,100）百万円×20%
(※5) A社から発生した為替換算調整勘定のP社持分相当
　2,100百万円×20%

[連結株主資本等変動計算書（抜粋）（単位：百万円）]

当連結会計年度（自X2年1月1日　至X2年12月31日）

	株主資本				その他の包括利益累計額		非支配株主持分	純資産合計
	資本金	資本剰余金	利益剰余金	株主資本合計	為替換算調整勘定	その他の包括利益累計額合計		
当期首残高	10,100	1,000	640	11,740	1,680	1,680	1,980	15,400
当期変動額								
親会社株主に帰属する当期純利益			1,000	1,000				1,000

株主資本以外の項目の当期変動額（純額）				2,128	2,128	660	2,788
当期変動額合計			1,000	1,000	2,128	2,128	660	3,788
当期末残高	10,100	1,000	1,640	12,740	3,808	3,808	2,640	19,188

連結株主資本等変動計算書に表示される為替換算調整勘定の当期首残高1,680百万円および当期末残高3,808百万円は，前期および当期の連結貸借対照表の純資産の部における各項目の期末残高と整合させ，当期首残高，当期変動額および当期末残高に区分し，当期変動額2,128百万円は純額で表示する。ただし，当期変動額について主な変動事由ごとにその金額を表示することもできる。

[注記（単位：百万円）]

組替調整額の注記は，税効果額の注記と併せて記載することが認められており（包括利益会計基準9項），以下の例では併せて記載する。

	前連結会計年度 （自　X1年1月1日 至　X1年12月31日）	当連結会計年度 （自　X2年1月1日 至　X2年12月31日）
為替換算調整勘定		
当期発生額	2,100	2,300
組替発生額	－	－
税効果調整前	2,100	2,300
税効果額	－	△132
為替換算調整勘定	2,100	2,168
持分法適用会社に対する持分相当額		

当期発生額	-	420
組替調整額	-	-
持分法適用会社に対する持分相当額	-	420
その他の包括利益合計	2,100	2,588

連結包括利益計算書の為替換算調整勘定2,168百万円および持分法適用会社に対する持分相当額に含まれる為替換算調整勘定相当420百万円の合計2,588百万円を注記する。X2年12月期には在外子会社の支配の喪失がなく，注記すべき組替調整額はない。ただし，売却の計画があるので，△132百万円（＝△4,400百万円×10％×30％）を税効果額として注記する。

X3年の取引等

≪期中取引≫

X3年1月1日，P社はS社株式の10％を700百万円で売却した。P社によるS社の支配は継続する。

≪連結手続≫

① X3年12月31日，S社の外貨建貸借対照表を円換算すると，純資産を換算する取得時または発生時の為替相場と，資産および負債を換算する決算時の為替相場が相違するため，為替換算調整勘定が6,900百万円発生する。なお，利益剰余金6,500百万円は前期末残高5,300百万円に親会社株主に帰属する当期純利益を期中平均相場で換算した1,200百万円（＝10百万米ドル×120円/米ドル）を加算して求められる。

■S社の貸借対照表（X3年12月31日）

(外貨（米ドル）：百万米ドル，円貨：百万円)

科目	外貨	レート	円貨	科目	外貨	レート	円貨
資産	130	130	16,900	資本金	50	70	3,500
				利益剰余金	80	－	6,500
				為替換算調整勘定	－	－	6,900

② X3年12月31日，A社の外貨建貸借対照表を円換算すると，純資産を換算する取得時または発生時の為替相場と，資産および負債を換算する決算時の為替相場が相違するため，為替換算調整勘定が4,400百万円発生する。なお利益剰余金6,700百万円は前期末残高5,500百万円に親会社株主に帰属する当期純利益を期中平均相場で換算した1,200百万円（＝10百万米ドル×120円/米ドル）を加算して求められる。

■A社の貸借対照表（X3年12月31日）

(外貨（米ドル）：百万米ドル，円貨：百万円)

科目	外貨	レート	円貨	科目	外貨	レート	円貨
資産	120	130	15,600	資本金	50	90	4,500
				利益剰余金	70	－	6,700
				為替換算調整勘定	－	－	4,400

③ 発生した為替換算調整勘定4,400百万円のうち，880百万円（＝4,400百万円×20％）を持分法で取り込む。

（会計処理（単位：百万円））

[開始仕訳]

（借）	資本金	3,500	（貸）	S社株式	5,600
	利益剰余金期首残高	3,860		繰延税金負債	132
	為替換算調整勘定 （期首残高）	1,012		非支配株主持分	2,640

X3年12月期の持分計算表等（単位：百万円）

摘要	(1)純資産の部					⑤親会社持分比率	(2)持分計算 親会社株主
	①資本金・利益剰余金（期首）	②利益剰余金（当期純利益）	③為替換算調整勘定	④為替換算調整勘定（税効果）	純資産計（※3）		⑥資本金・利益剰余金（期首）①×⑤
X2/12/31純資産残高（S社）	8,800		4,400	△132	13,068	80%	7,040
X2/12/31純資産残高（A社）	200		420		620		200
X2/12/31純資産残高計	9,000		4,820	△132	13,688		7,240
当期変動額							
S社個別F/S・連結処理							
持分変動（※2）				132	132	△10%	△880
利益計上		1,200			1,200	70%	
為調発生			2,500		2,500	70%	
為調の税効果認識							
A社持分法処理		240	460		700		
変動額合計	0	1,440	2,960	132	4,532		△880
X3/12/31純資産残高	9,000	1,440	7,780	0	18,220	70%	6,360

摘要	(3)連結包括利益計算書					包括利益計	子会社・関連会社包括利益（※3）
	当期純利益			その他の包括利益			
	親会社	子会社・関連会社（A）	計	為替換算調整勘定（B）	持分法（C）		(A)+(B)+(C)
	⑬-⑩	⑦+⑪		⑧+⑫	⑨		
X2/12/31純資産残高							
当期変動額							
S社個別F/S・連結処理							
持分変動（※2）							
利益計上	1,200		1,200			1,200	1,200
為調発生				2,500		2,500	2,500
為調の税効果認識							
A社持分法処理		240	240		460	700	700
変動額合計	1,200	240	1,440	2,500	460	4,400	4,400
X3/12/31純資産残高							

（※1）持分計算表に記載されている算式は、「持分変動」「為調の税効果認識」を除く項目に関する算式である。
（※2）持分変動欄の金額については、期首残高（S社）に持分比率変動割合（＝△10%÷80%）を乗じて算定している。なお、持分変動は非支配株主との取引であるため、連結包括利益計算書の表示には含まれない。
（※3）「包括利益」は、純資産の変動額のうち、資本取引によらない部分である。したがって、包括利益4,400に非支配株主との取引によって増加した純資産額854（＝非支配株主持分1,320－資本剰余金180－為替換算調整勘定286）を加算した金額は、連結貸借対照表の純資産の当期変動額5,254と一致する。また、X3年12月31日の連結貸借対照表の純資産の部は、子会社・関連会社に係る純資産の部18,220から、P社における投資原価4,900を控除し、P社資本金10,100、資本剰余金820と持分変動差額180を加算した24,420になる。
（※4）親会社株主に係る包括利益に含まれる為替換算調整勘定相当2,210から持分変動による減少286を引いた1,924は、連結株主資本等変動計算書のその他の包括利益累計額における為替換算調整勘定の当期変動額と一致する。
（※5）持分計算表の為替換算調整勘定（親会社持分）および非支配株主持分計は、連結株主資本等変動計算書の当期首残高、当期変動額およ

第14章 開示（包括利益・組替調整額）

表（※1）

持分				非支配株主持分				親会社株主持分・非支配持分計	⑬投資原価(S社)
⑦利益剰余金（当期純利益）②×⑤	為替換算調整勘定（※5）		⑨持分法 ③	⑩資本金・利益剰余金（期首）①×(1-⑤)	⑪利益剰余金（当期純利益）②×(1-⑤)	⑫為替換算調整勘定 ③×(1-⑤)	非支配株主持分計（※5）		
	⑧連結会社 (③×⑤)+④								
	3,366	420		10,406 620	1,760	880	2,640	13,046 620	5,600
	3,366	420		11,026	1,760	880	2,640	13,666	5,600
	△286			△1,166	880	440	1,320	154	△700
840				840		360	360	1,200	
	1,750			1,750		750	750	2,500	
240		460		700				700	
1,080	1,464	460		2,124	880	360 1,190	2,430	4,554	△700
1,080	4,830	880		13,150	2,640	360 2,070	5,070	18,220	4,900

4) 包括利益の（内訳）金額

親会社株主に係る包括利益					非支配株主に係る包括利益			純資産計	子会社・関連会社純資産計
株主資本			その他の包括利益累計額	計（※4）	利益剰余金(F)（当期純利益）	為替換算調整勘定(G)	計		
利益剰余金（当期純利益）			為替換算調整勘定(E) ⑧+⑨						(D)+(E)+(F)+(G)
親会社 ⑬-⑩	子会社・関連会社(D) ⑦	計			⑪	⑫			
	840	840		840	360		360	1,200	1,200
			1,750	1,750		750	750	2,500	2,500
	240	240	460	700				700	700
	1,080	1,080	2,210	3,290	360	750	1,110	4,400	4,400

び当期末残高と一致する。

【解説】
(1) 純資産の部：在外子会社・関連会社の外貨建個別財務諸表を円換算してから作成する。
(2) 持分計算表：純資産の部を，持分比率により親会社持分と非支配株主持分に区分する。
(3) 連結包括利益計算書：連結包括利益は非支配株主への帰属分を含んだ額が表示されるため，利益剰余金（当期純利益）は⑦+⑪，為替換算調整勘定は⑧+⑫になる。持分法適用会社に係るその他の包括利益は「持分法適用会社に対する持分相当額」として区分掲記される。
(4) 連結包括利益計算書に付記される包括利益の（内訳）金額：親会社株主に係る包括利益は，親会社株主に帰属する額のみが表示されるため，利益剰余金（当期純利益）は⑦，為替換算調整勘定は⑧+⑨となる。また，非支配株主に係る包括利益は，同様に非支配株主に帰属する額のみが表示されるため，利益剰余金（当期純利益）は⑪，為替換算調整勘定は⑫となる。

［当期純利益の非支配株主持分への振替え］

| （借）非支配株主に帰属する当期純利益 | 360 | （貸）非支配株主持分 | 360 |

360百万円＝10百万米ドル×120円/米ドル（期中平均相場）×30％（非支配株主持分比率）(※)
(※) X3年1月1日にS社株式を売却しているので，期中の非支配株主持分比率は30％となる。

［為替換算調整勘定の非支配株主持分への振替え］

| （借）為替換算調整勘定
（連結株主資本等変動計算書） | 750 | （貸）非支配株主持分 | 750 |

750百万円＝（6,900－4,400）百万円×30％（非支配株主持分比率）

［S社株式売却による持分変動（X3年1月1日）］

| （借）S社株式　　　　　　　(※1) | 700 | （貸）非支配株主持分　　　(※2) | 880 |
| 　　　資本剰余金　　　　　　(※3) | 180 | | |

| （借）繰延税金負債　　　　　(※4) | 132 | （貸）非支配株主持分　　　(※5) | 440 |
| 　　　為替換算調整勘定　　　(※6)
　　　（連結株主資本等変動計算書） | 308 | | |

(※1) 700百万円＝5,600百万円÷80％（売却前親会社持分比率）×10％（売却持分比率）
(※2) X3年1月1日に売却しているため，X3年1月1日時点の株主資本に対する10％を振り替える。
　　　880百万円＝（資本金3,500百万円＋利益剰余金5,300百万円）×10％（売却持分比率）
(※3) 差額となる。当該数値例では該当がないが，仮にP社個別で株式売却損益を計上した場合は，これも資本剰余金に振り替える。
(※4) 132百万円＝4,400百万円×10％（売却持分比率）×法定実効税率30％
(※5) X3年1月1日に売却しているため，X3年1月1日時点の為替換算調整勘定に対する10％を振り替える。
　　　440百万円＝為替換算調整勘定4,400百万円×10％（売却持分比率）
(※6) 308百万円＝4,400百万円×10％（売却持分比率）×（1－法定実効税率30％）

［持分法適用会社の為替換算調整勘定の取込み］

| （借）A社株式 | 460 | （貸）為替換算調整勘定（持分法適用会社に対する持分相当額：当期発生額） | 460 |

460百万円＝（4,400－2,100）百万円×20％（投資会社持分比率）

≪連結財務諸表等≫
[連結貸借対照表（抜粋）（単位：百万円）]

	前連結会計年度 (X2年12月31日)	当連結会計年度 (X3年12月31日)
純資産の部		
株主資本		
資本金	10,100	10,100
資本剰余金	1,000	820
利益剰余金	1,640	2,720
株主資本合計	12,740	13,640
その他の包括利益累計額		
為替換算調整勘定	3,786	5,710
その他の包括利益累計額合計	3,786	5,710
非支配株主持分	2,640	5,070
純資産合計	19,166	24,420

　S社の外貨建貸借対照表を円換算したときに認識される為替換算調整勘定の変動額2,500百万円（＝6,900百万円－4,400百万円）のうち，750百万円（＝2,500百万円×30％）は非支配株主持分へ振り替えられる[※1]。

　さらにS社株式を10％売却したため，308百万円（＝(4,400－880)百万円÷80％×10％×70％）が非支配株主持分へ振り替えられる[※2]。

　次に，A社の外貨建貸借対照表を円換算すると，為替換算調整勘定が2,300百万円（＝4,400百万円－2,100百万円）変動しているため，P社持分相当の460百万円（＝2,300百万円×20％）を持分法で取り込む[※3]。

　したがって，連結貸借対照表に為替換算調整勘定として計上されるのは5,710百万円となる。

[為替換算調整勘定の内訳（X3年12月31日）]

S社	S社の貸借対照表を円換算したときの為替換算調整勘定	6,900
	非支配株主持分へ振替え（X1およびX2年分）	△880
	売却予定の10％について税効果を認識	△132
	非支配株主持分へ振替え（X3年分）	△750 (※1)
	持分変動（X3年分）	△308 (※2)
A社	持分法で取込み（X2年分）	420
	持分法で取込み（X3年分）	460 (※3)
	連結貸借対照表上の為替換算調整勘定	5,710

非支配株主持分5,070百万円のうち，750百万円（＝2,500百万円×30％）は当期に発生した為替換算調整勘定の振替分である(※4)。

[非支配株主持分の内訳（X3年12月31日）]

S社	連結時の純資産	1,400
	利益剰余金の期首残高（X1年分）	160
	為替換算調整勘定の期首残高（X1年分）	420
	利益剰余金の期首残高（X2年分）	200
	為替換算調整勘定の期首残高（X2年分）	460
	非支配株主に帰属する当期純利益（X3年分）	360
	為替換算調整勘定（X3年分）	750 (※4)
	持分変動（X3年分）	1,320
	連結貸借対照表上の非支配株主持分	5,070

[連結包括利益計算書（単位：百万円）]

	前連結会計年度 （自　X2年1月1日 至　X2年12月31日）	当連結会計年度 （自　X3年1月1日 至　X3年12月31日）
当期純利益	1,200	1,440
その他の包括利益		
為替換算調整勘定	2,168	2,500
持分法適用会社に対する持分相当額	420	460
その他の包括利益合計	2,588	2,960
包括利益	3,788	4,400
（内訳）		
親会社株主に係る包括利益	3,128	3,290
非支配株主に係る包括利益	660	1,110

包括利益は，以下のように親会社株主持分および非支配株主持分からなり，それぞれの合計額が内訳として付記される。

	親会社株主	非支配株主	計
当期純利益	1,080 (※1)	360 (※2)	1,440
その他の包括利益			
為替換算調整勘定	1,750 (※3)	750 (※4)	2,500
持分法適用会社に対する持分相当額	460 (※5)	－	460
包括利益	3,290	1,110	4,400

（※1）S社純利益のP社持分相当とA社純利益のP社持分相当の合計。
　　S社（10百万米ドル×120円/米ドル×70％）＋A社（10百万米ドル×120円/米ドル×20％）
（※2）S社の非支配株主に帰属する当期純利益
　　10百万米ドル×120円/米ドル×30％
（※3）S社から発生した為替換算調整勘定のP社持分相当（6,900－4,400）×70％
（※4）S社から発生した為替換算調整勘定の非支配株主持分相当
　　（6,900－4,400）百万円×30％
（※5）A社から発生した為替換算調整勘定のP社持分相当
　　（4,400－2,100）百万円×20％

[連結株主資本等変動計算書（抜粋）（単位：百万円）]

当連結会計年度（自Ｘ３年１月１日　至Ｘ３年12月31日）

	株主資本				その他の包括利益累計額		非支配株主持分	純資産合計
	資本金	資本剰余金	利益剰余金	株主資本合計	為替換算調整勘定	その他の包括利益累計額合計		
当期首残高	10,100	1,000	1,640	12,740	3,808	3,808	2,640	19,188
当期変動額								
非支配株主との取引による増減		△180		△180				△180
親会社株主に帰属する当期純利益			1,080	1,080				1,080
株主資本以外の項目の当期変動額（純額）					1,902	1,902	2,430	4,332
当期変動額合計		△180	1,080	900	1,902	1,902	2,430	5,232
当期末残高	10,100	820	2,720	13,640	5,710	5,710	5,070	24,420

　連結株主資本等変動計算書に表示される為替換算調整勘定の当期首残高3,808百万円および当期末残高5,710百万円は，前期および当期の連結貸借対照表の純資産の部における各項目の期末残高と整合させ，当期首残高，当期変動額および当期末残高に区分し，当期変動額1,902百万円は純額で表示する。ただし，当期変動額について主な変動事由ごとにその金額を表示することができる。

[注記（単位：百万円）]

組替調整額の注記は，税効果額の注記と併せて記載することが認められており（包括利益会計基準9項），以下の例では併せて記載する。

	前連結会計年度 （自　X2年1月1日 至　X2年12月31日）	当連結会計年度 （自　X3年1月1日 至　X3年12月31日）
為替換算調整勘定		
当期発生額	2,300	2,500
組替調整額	−	−
税効果調整前	2,300	2,500
税効果額	△132	−
為替換算調整勘定	2,168	2,500
持分法適用会社に対する持分相当額		
当期発生額	420	460
組替調整額	−	−
持分法適用会社に対する持分相当額	420	460
その他の包括利益合計	2,588	2,960

連結包括利益計算書の為替換算調整勘定2,500百万円および持分法適用会社に対する持分相当額に含まれる為替換算調整勘定相当460百万円の合計2,960百万円を注記する。X3年12月期には在外子会社株式の売却があるが，支配は継続しているので，非支配株主持分に振り替えるために減少させた為替換算調整額は，当期純利益を構成しない。よって，注記の組替調整額の対象とはならず，連結株主資本等計算書における当連結会計年度の増減として表示される（資本連結実務指針42項）。

3 第1章から第13章までの論点に係る表示・開示

 ポイント

- 持分変動による為替換算調整勘定の減少について，支配を喪失する場合は，組替調整額として注記するが，支配が継続する場合は，組替調整額の対象とならない。
- 持分法適用会社の為替換算調整勘定は，連結包括利益計算書上，持分法適用会社に対する持分相当額として一括して区分表示される。
- 子会社等の株式の売却の意思が明確な場合に限り，為替換算調整勘定に関する税効果は認識される。

(1) 持分変動（第3章）

持分変動により支配を喪失した場合，為替換算調整勘定のうち持分比率の減少割合相当額は，株式売却損益を構成する（外貨建実務指針42－2項）。これは当期純利益を構成するので，為替換算調整勘定に関する組替調整額として，注記する（包括利益会計基準9項，31項(3)）。

一方，持分変動によっても支配関係が継続する場合，為替換算調整勘定のうち親会社の持分比率の減少割合相当額は資本剰余金に含めて計上する（外貨建実務指針42－3項）。これは当期純利益を構成するものではないため，為替換算調整勘定に関する組替調整額の対象とはならず，連結株主資本等変動計算書における当連結会計年度の増減として表示する（資本連結実務指針42項）。なお，その後，連結範囲から除外する場合でも，連結財務諸表上で資本剰余金として計上する（資本連結実務指針49－2項）。

(2) 持分法会計と為替換算調整勘定（第9章）

連結包括利益計算書上，持分法を適用する被投資会社のその他の包括利益に

対する投資会社の持分相当額は，一括して区分表示されるため（包括利益会計基準7項），連結包括利益計算書において表示される為替換算調整勘定には，持分法適用会社の為替換算調整勘定に対する投資会社の持分相当額は含まれない。

一方で，連結貸借対照表および連結株主資本等変動計算書において表示される為替換算調整勘定には，持分法適用会社の為替換算調整勘定の投資会社持分相当額が含まれる。

このため，持分法適用会社から為替換算調整勘定が発生する場合，連結貸借対照表上の為替換算調整勘定は連結株主資本等変動計算書の当期末残高と一致するが，その当期変動額は，たとえ非支配株主が存在しない場合であっても，連結包括利益計算書に表示される為替換算調整勘定とは一致しない。

(3) 為替換算調整勘定に係る税効果（第10章）

在外子会社等の財務諸表の換算において発生する為替換算調整勘定により，子会社等への投資の連結貸借対照表上の価額が親会社の個別貸借対照表上の投資簿価を下回るまたは上回ることがある。この差額は将来減算一時差異または将来加算一時差異である（連結税効果実務指針7項，9項）。

為替換算調整勘定は，子会社等への投資に係る一時差異を構成することとなる。為替換算調整勘定に対する税効果は，主に投資会社が株式を売却することによって実現するものであるため，子会社等の株式の売却の意思が明確な場合に税効果を認識し，それ以外の場合には認識しないものとされている。税効果を認識する場合には，連結貸借対照表の純資産の部に計上される為替換算調整勘定は，それに対応して認識された繰延税金資産および繰延税金負債に見合う額を加減して計上する。なお，為替換算調整勘定は，発生時に連結財務諸表上損益計上されていないが，当該為替換算調整勘定の実現額は，子会社等の株式の売却時に個別決算上の売却損益に含めて計上されることになる（ただし，支配が継続する場合は除く）（連結税効果実務指針38-2項）。

その他の包括利益の内訳項目としての為替換算調整勘定は，税効果を控除し

た後の金額で注記する。ただし，各内訳項目を税効果を控除する前の金額で表示して，それらに関連する税効果の金額を一括して加減する方法で記載することができる。いずれの場合も，その他の包括利益の各内訳項目別の税効果の金額を注記する（包括利益会計基準8項）。

第15章

為替換算調整勘定の
残高検証方法

1 連結貸借対照表上の為替換算調整勘定残高の検証方法

 ポイント

- 為替換算調整勘定の変動と為替相場変動との整合性を検証する。
- 為替換算調整勘定の当期変動額を概算で計算することにより検証する。
- 概算による差異原因を特定する。

　為替換算調整勘定残高の検証としては，為替相場変動との相関を分析することができる。すなわち，連結貸借対照表の純資産の部に計上された為替換算調整勘定は，在外子会社等に対する投資持分から発生した為替換算差額であるが，いまだ連結上の純損益に計上されていないという性格を有するため（外貨建実務指針42項），仮に円安が進めば在外子会社に対する投資から未実現の為替差益が発生することとなり，その外貨建財務諸表の換算から生じる為替換算調整勘定は，貸方に計上されることとなる。

　さらに，以下のように為替換算調整勘定の当期変動額を概算で計算することにより検証できる。

(1) 在外子会社の損益計算書が期中平均相場で換算されるケース

① 検証方法

連結貸借対照表の為替換算調整勘定の変動が、在外子会社の純資産の変動の為替影響と整合していることを確認する。つまり、下記のⅰ）およびⅱ）が一致することを確認する。

ⅰ）期首から期末への連結貸借対照表の為替換算調整勘定の変動
ⅱ）下記 a および b の合計に期中平均持分比率を乗じたものの各在外子会社合計

  a 在外子会社の純資産期首残高に、決算時の為替相場と前期決算時の為替相場の差額を乗じた金額
  b 期首から期末への在外子会社の純資産変動に、決算時の為替相場と期中平均相場の差額を乗じた金額

設例15-1　為替換算調整勘定変動額の検証

ポイント

- 連結貸借対照表の為替換算調整勘定の変動が、在外子会社の純資産の変動の為替影響と整合していることを確認する。

A社　純資産の部（外貨：百万米ドル）

	当期首	当期末
資本金	10	10
利益剰余金	90	140
為替換算調整勘定	－	－
	100	150

第15章 為替換算調整勘定の残高検証方法

為替相場表

(単位：円/米ドル)

当期首	期中平均	当期末
100	110	120

A社　純資産の部（円貨：百万円）

	当期首	当期末
資本金	800	800
利益剰余金	6,000	11,500（※3）
為替換算調整勘定	3,200（※4）	5,700（※4）
	10,000（※1）	18,000（※2）

検証結果

ⅰ)		2,500	（※5）
ⅱ)	a	2,000	（※6）
	b	500	（※7）
	a＋b	2,500	

（※1）当期首外貨建純資産100百万米ドル×100円/米ドル（当期首相場）
（※2）当期末外貨建純資産150百万米ドル×120円/米ドル（当期末相場）
（※3）6,000百万円＋(140－90)百万米ドル×110円/米ドル（期中平均相場）
（※4）差額
（※5）当期首為替換算調整勘定5,700百万円－当期末為替換算調整勘定3,200百万円
（※6）当期首外貨建純資産100百万米ドル×(120(当期末相場)－100(当期首相場))円/米ドル
（※7）外貨建純資産(当期末150－当期首100)百万米ドル×(120(当期末相場)－110(期中平均相場))円/米ドル

　設例では、A社の利益剰余金が親会社株主に帰属する当期純利益により増加したと考えて単純に期中平均相場で換算しているのでⅰ）とⅱ）は完全に一致する。

　しかし、実務では差異が生じることがあり、以下で解説する。

② 差異原因の分析
ⅰ）資本取引

在外子会社の資本項目は，過去の取得時または発生時の為替相場で換算されており，これらが変動するような取引が発生すると，過去の取得時または発生時の為替相場の影響が純資産の変動に含まれるため，上記の検証結果に差異が生じる。特に，減資等で資本項目が減少するケースでは，過去の取得時または発生時の為替相場と期中平均相場の乖離が大きい可能性があり，その場合差異が大きくなる。一方で，増資の場合は，取得時または発生時の為替相場が当期の為替相場であるため，通常は期中平均相場との乖離が少なく，差異は小さいと考えられる。

したがって，為替換算調整勘定の検証においては，まず，当期に重要な在外子会社の資本取引が発生しているかどうかを確認して，この為替換算調整勘定への影響額を把握しておく必要がある。

ⅱ）孫会社から発生する為替換算調整勘定

在外子会社がさらに子会社（親会社から見た孫会社）を連結していて，在外子会社の機能通貨と孫会社のそれが異なる場合は，在外子会社の連結貸借対照表に孫会社財務諸表の換算から発生する為替換算調整勘定が計上される。しかし，上述の検証は，親会社が直接に保有する子会社を連結する連結決算時の分析方法であるため，孫会社を連結している在外子会社が存在する場合には，当該子会社の連結財務諸表に反映されている為替の影響を除いて分析する必要がある。また，予期せぬ差異が生じた場合に，孫会社の取得あるいは処分の状況，または孫会社財務諸表の換算方法の正確性等を子会社に確認することが検証の効果的な活用方法となる。

ⅲ）持分変動

連結貸借対照表に計上される為替換算調整勘定は親会社持分相当であり，非支配株主持分相当は非支配株主持分に含まれて計上されている。上述の検証では，簡便的に親会社持分として期中平均持分比率を使用している。このため，期中に著しい持分変動が生じている場合には，例えば，変更前と変更後を別個

(2) 在外子会社の損益計算書が決算時の為替相場で換算されるケース

① 検証方法

連結貸借対照表の為替換算調整勘定の変動が，在外子会社の純資産の変動の為替影響と整合していることを確認する。つまり，下記のⅰ）およびⅱ）が一致することを確認する。

ⅰ）期首から期末への連結貸借対照表の為替換算調整勘定の変動

ⅱ）在外子会社の純資産期末残高に決算時の為替相場と前期決算時の為替相場の差額を乗じた金額に，期中平均持分比率を乗じたものの各在外子会社合計

② 差異原因の分析

ⅰ）資本取引

在外子会社の資本項目は取得時または発生時の為替相場で換算される。在外子会社の資本項目が変動するような取引が発生すると，取得時または発生時の為替相場で換算される資本項目の変動が純資産の変動として現れるため，乖離が生じる。特に減資等で資本項目が減少するケースでは，取得時または発生時の為替相場と決算時の為替相場が乖離することが考えられるので，検証結果も乖離する傾向にある。

逆に，増資等の場合は，取得時または発生時の為替相場が当期の為替相場であるため，決算時の為替相場との乖離が少ないと考えられるので，乖離は生じにくい。

したがって，乖離が生じた場合は，まず減資等の資本項目が減少するような資本取引が影響していないか確認する必要がある。そこで，減資等による純資産変動が乖離分に相当するか確認することになる。

(3) 持分法適用会社の検証

持分法適用会社への投資から発生する為替換算調整勘定に関しても，同様の検証が実施可能である。

2 開示の整合性の検証

 ポイント

- 連結貸借対照表，連結包括利益計算書^(※)および連結株主資本等変動計算書の間において，整合すべき為替換算調整勘定の金額を確認する。
- 為替換算調整勘定に関する注記と連結財務諸表の整合性を確認する。

(※) 2計算書方式を採用している場合。1計算書方式を採用している場合には，「連結損益及び包括利益計算書」となる（包括利益会計基準11項）。なお，本章のこれ以降も同様である。

(1) 為替換算調整勘定の連結財務諸表間における整合性

為替換算調整勘定は，在外子会社等に対する投資持分から発生した為替換算差額であるが，いまだ連結上の純損益に計上されていないという性格を有し（外貨建実務指針42項），連結貸借対照表，連結包括利益計算書および連結株主資本等変動計算書ならびに注記事項の広範囲に影響を及ぼすため，金額の整合性を確かめることによって，これを為替換算調整勘定の金額の検証に利用することができる。

① 為替換算調整勘定残高が，連結貸借対照表と連結株主資本等変動計算書で一致しているか。
② 非支配株主持分に含まれる為替換算調整勘定相当額が連結貸借対照表と連結株主資本等変動計算書とにおいて一致しているか。
③ 連結包括利益計算書に付記される親会社株主に係る包括利益のうち，為替換算調整勘定相当額が，連結株主資本等変動計算書に表示される為替換

算調整勘定の株主資本以外の項目の当期変動額（純額）と一致しているか。ただし，「包括利益」とは，純資産の変動額のうち，純資産に対する持分所有者との直接的な取引（いわゆる資本取引）によらない部分をいうため，純資産に対する持分所有者との直接的な取引が発生している場合は，その影響額が両者の差額となる。
④ 連結包括利益計算書に付記される非支配株主に係る包括利益に含まれる為替換算調整勘定相当額が，連結株主資本等変動計算書に表示される非支配株主持分の株主資本以外の項目の当期変動額（純額）に含まれる為替換算調整勘定相当額と一致しているか。ただし，純資産に対する持分所有者との直接的な取引が発生している場合は，その影響額が両者の差額となる。
⑤ 連結包括利益計算書の為替換算調整勘定が，組替調整額および税効果額の注記と一致しているか。
⑥ 連結包括利益計算書の持分法適用会社に対する持分相当額が，組替調整額および税効果額の注記と一致しているか。

なお，連結キャッシュ・フロー計算書の現金及び現金同等物に係る換算差額は，外貨建の現金及び現金同等物に係る為替差損益の額であるため（連結キャッシュ・フロー実務指針15項），表示上で為替換算調整勘定と直接的に一致するものではない。

(2) 数値例による解説

以下では，「第14章 開示（包括利益・組替調整額） 2 数値例による解説」のX3年末の開示金額を用いて具体的に解説する。

[連結貸借対照表（抜粋）（単位：百万円）]

連結貸借対照表が連結株主資本等変動計算書と整合していることを確認する（①，②）。

	前連結会計年度 （X2年12月31日）	当連結会計年度 （X3年12月31日）	
純資産の部			
株主資本			
資本金	10,100	10,100	
資本剰余金	1,000	820	
利益剰余金	1,640	2,720	
株主資本合計	12,740	12,740	
その他の包括利益累計額			
為替換算調整勘定	3,786	5,710	①
その他の包括利益累計額合計	3,786	5,710	
非支配株主持分	2,640	5,070	②
純資産合計	19,166	24,420	

[連結包括利益計算書（単位：百万円）]

連結包括利益計算書が連結株主資本等変動計算書および注記と整合していることを確認する（③，④，⑤，⑥）。

	前連結会計年度 （自　X2年1月1日 至　X2年12月31日）	当連結会計年度 （自　X3年1月1日 至　X3年12月31日）	
当期純利益	1,200	1,440	
その他の包括利益			
為替換算調整勘定	2,168	2,500	⑤
持分法適用会社に対する 　持分相当額	420	460	⑥
その他の包括利益合計	2,588	2,960	
包括利益	3,788	4,400	
（内訳）	⎡親会社株主に帰属する当期純利益　1,080＝S社(1,200−360)＋A社240 ⎣為替換算調整勘定　2,210＝S社(2,500−750)＋A社460　③		
親会社株主に係る包括利益	3,128	3,290	
非支配株主に係る包括利益	660	1,110	④

[連結株主資本等変動計算書(抜粋)(単位:百万円)]

連結株主資本等変動計算書が連結貸借対照表および連結包括利益計算書と整合していることを確認する(①, ②, ③, ③´, ④, ④´)。

当連結会計年度(自X3年1月1日 至X3年12月31日)

	株主資本				その他の包括利益累計額		非支配株主持分	純資産合計
	資本金	資本剰余金	利益剰余金	株主資本合計	為替換算調整勘定	その他の包括利益累計額合計		
当期首残高	10,100	1,000	1,640	12,740	3,808	3,808	2,640	19,188
当期変動額								
非支配株主との取引による増減		△180		△180				△180
親会社株主に帰属する当期純利益			1,080	1,080				1,080
株主資本以外の項目の当期変動額(純額)					1,902 ③´	1,902	2,430 ④´	4,332
当期変動額合計		△180	1,080	900	1,902	1,902	2,430	5,232
当期末残高	10,100	820	2,720	13,640	5,710 ①	5,710	5,070 ②	24,420

純資産に対する持分所有者との直接的な取引による部分　　　△308 (*1)　1,320 (*2)
純資産に対する持分所有者との直接的な取引によらない部分　2,210 ③　1,110 ④
当期変動額　　　　　　　　　　　　　　　　　　　　　　1,902 ③´　2,430 ④´

(*1) S社株式売却により減少した為替換算調整勘定である。
(*2) S社株式売却により増加した非支配株主持分である。
(*1, *2) S社株式売却は非支配株主との取引であるので,包括利益に含まれず連結包括利益計算書との差となる。

[注記(単位:百万円)]

注記が連結包括利益計算書と整合していることを確認する(⑤および⑥)。

	前連結会計年度 (自 X2年1月1日 至 X2年12月31日)	当連結会計年度 (自 X3年1月1日 至 X3年12月31日)	
為替換算調整勘定			
当期発生額	2,300	2,500	
組替調整額	−	−	
税効果調整前	2,300	2,500	
税効果額	△154	−	
為替換算調整勘定	2,146	2,500	⑤
持分法適用会社に対する 持分相当額			
当期発生額	420	460	
組替調整額	−	−	
持分法適用会社に対する 　持分相当額	420	460	⑥
その他の包括利益合計	2,566	2,960	

以上のように,為替換算調整勘定は連結貸借対照表,連結包括利益計算書,連結株主資本等変動計算書および注記と関連し,広く影響を及ぼすので整合性に留意する必要がある。

●参考文献

井上定子「外貨換算会計の研究」　千倉書房
佐和　周「海外進出・展開・撤退の会計・税務Q&A」　中央経済社
新日本有限責任監査法人／森・濱田松本法律事務所／新日本アーンスト アンド ヤング税理士法人（編著）「過年度遡及処理の会計・法務・税務（第2版）」　中央経済社
伊藤　眞「外貨建取引・通貨関連デリバティブの会計実務（第2版）」　中央経済社
荻　茂生・長谷川芳孝「ヘッジ取引の会計と税務（第5版）」　中央経済社
伊藤　眞・荻原正佳（編著）「改訂8版 金融商品会計の完全解説」　財経詳報社
持永勇一（編著）「外貨実務指針の完全解説」　財経詳報社
新日本有限責任監査法人（編）「連結財務諸表の会計実務（第2版）」中央経済社
新日本有限責任監査法人（編）「ケース別 債務超過の会計実務」中央経済社
新日本有限責任監査法人（編）「決算期変更・期ズレ対応の実務Q&A」中央経済社
新日本有限責任監査法人（編）「設例でわかる 包括利益計算書のつくり方（第2版）」中央経済社
Ernst & Young LLP（編著）「International GAAP® 2015」Volume 3, John Wiley & Sons Ltd.
アーンスト・アンド・ヤングLLP（編著）「IFRS国際会計の実務 International GAAP®2013〔上巻〕Japan Edition4」レクシスネクシス・ジャパン
JICPAジャーナル　平成7年8月号　第一法規出版

<編集責任者>	山岸　聡	(第Ⅲ監査事業部)	
<執筆者>	蟻川　元	(第Ⅱ監査事業部)	第2章，第4章1
	石田　猛士	(第Ⅲ監査事業部)	第12章
	小河原　達矢	(第Ⅲ監査事業部)	第8章，第10章
	栗原　優貴	(第Ⅲ監査事業部)	第3章
	栗山　裕司	(第Ⅱ監査事業部)	第5章，第6章，第7章1・2，第11章
	今野　光晴	(第Ⅲ監査事業部)	第14章，第15章
	田所　聡史	(第Ⅲ監査事業部)	第1章，第9章
	吉田　剛	(会計監理部)	序章，第4章2，第7章3，第13章，コラム
<全体レビューア>	田中　清人	(第Ⅲ監査事業部)	
	堀　健	(第Ⅱ監査事業部)	
<レビュー担当>	織田　幸浩	(第Ⅲ監査事業部)	
	千葉　保志	(第Ⅲ監査事業部)	
	平野　英史	(第Ⅲ監査事業部)	
	松村　信	(第Ⅱ監査事業部)	
	宮﨑　徹	(第Ⅲ監査事業部)	
	茂木　哲也	(金融部)	
	山賀　信哉	(第Ⅲ監査事業部)	
	吉田　剛	(会計監理部)	
<編集>	吉田　剛	(会計監理部)	
<事例分析協力>	増田　直	(ナレッジ本部)	
	織田　裕美	(ナレッジ本部)	

※上記は，部署の記載がない者を除きいずれも新日本有限責任監査法人所属，公認会計士
　（五十音順）

【編者紹介】

EY | Assurance | Tax | Transactions | Advisory

新日本有限責任監査法人について

　新日本有限責任監査法人は，EYメンバーファームです。全国に拠点を持つ日本最大級の監査法人業界のリーダーです。監査及び保証業務をはじめ，各種財務アドバイザリーの分野で高品質なサービスを提供しています。EYグローバルネットワークを通じ，日本を取り巻く経済活動の基盤に信頼をもたらし，より良い社会の構築に貢献します。詳しくは，www.shinnihon.or.jpをご覧ください。

EYについて

　EYは，アシュアランス，税務，トランザクション及びアドバイザリーなどの分野における世界的なリーダーです。私たちの深い洞察と高品質なサービスは，世界中の資本市場や経済活動に信頼をもたらします。私たちはさまざまなステークホルダーの期待に応えるチームを率いるリーダーを生み出していきます。そうすることで，構成員，クライアント，そして地域社会のために，より良い社会の構築に貢献します。

　EYとは，アーンスト・アンド・ヤング・グローバル・リミテッドのグローバルネットワークであり，単体，又は複数のメンバーファームを指し，各メンバーファームは法的に独立した組織です。アーンスト・アンド・ヤング・グローバル・リミテッドは，英国の保証有限責任会社であり，顧客サービスは提供していません。詳しくは，ey.comをご覧ください。

　本書は一般的な参考情報の提供のみを目的に作成されており，会計，税務及びその他の専門的なアドバイスを行うものではありません。新日本有限責任監査法人及び他のEYメンバーファームは，皆様が本書を利用したことにより被ったいかなる損害についても，一切の責任を負いません。具体的なアドバイスが必要な場合は，個別に専門家にご相談ください。

為替換算調整勘定の会計実務(第2版)

2013年2月20日	第1版第1刷発行		
2014年8月30日	第1版第4刷発行		
2015年3月25日	第2版第1刷発行		
2025年1月25日	第2版第11刷発行		

編 者 新日本有限責任監査法人

発行者 山 本 継

発行所 ㈱中央経済社

発売元 ㈱中央経済グループ
　　　　パブリッシング

〒101-0051 東京都千代田区神田神保町1-35
電話 03(3293)3371(編集代表)
　　 03(3293)3381(営業代表)
https://www.chuokeizai.co.jp

印刷・製本/㈱デジタルパブリッシングサービス

Ⓒ 2015 Ernst & Young ShinNihon LLC.
All Rights Reserved.
Printed in Japan

＊頁の「欠落」や「順序違い」などがありましたらお取り替えいたしますので発売元までご送付ください。(送料小社負担)
ISBN978-4-502-13621-4 C3034

JCOPY〈出版者著作権管理機構委託出版物〉本書を無断で複写複製(コピー)することは,著作権法上の例外を除き,禁じられています。本書をコピーされる場合は事前に出版者著作権管理機構(JCOPY)の許諾をうけてください。
JCOPY〈https://www.jcopy.or.jp　eメール:info@jcopy.or.jp〉

―■おすすめします■―

学生・ビジネスマンに好評
■最新の会計諸法規を収録■

新版 会計法規集

中央経済社編

会計学の学習・受験や経理実務に役立つことを目的に，最新の会計諸法規と企業会計基準委員会等が公表した会計基準を完全収録した法規集です。

《主要内容》

会計諸基準編＝企業会計原則／外貨建取引等会計基準／研究開発費等会計基準／税効果会計基準／減損会計基準／自己株式会計基準／一株当たり当期純利益会計基準／役員賞与会計基準／純資産会計基準／株主資本等変動計算書会計基準／事業分離等会計基準／ストック・オプション会計基準／棚卸資産会計基準／金融商品会計基準／関連当事者会計基準／四半期会計基準／リース会計基準／工事契約会計基準／持分法会計基準／セグメント開示会計基準／資産除去債務会計基準／賃貸等不動産会計基準／企業結合会計基準／連結財務諸表会計基準／研究開発費等会計基準の一部改正／変更・誤謬の訂正会計基準／包括利益会計基準／退職給付会計基準／原価計算基準／監査基準 他

会 社 法 編＝会社法・施行令・施行規則／会社計算規則

金 融 商 品 取 引 法 編＝金融商品取引法・施行令／企業内容等開示府令／財務諸表等規則・ガイドライン／連結財務諸表規則・ガイドライン／四半期財務諸表等規則・ガイドライン／四半期連結財務諸表規則・ガイドライン 他

関 連 法 規 編＝税理士法／討議資料・財務会計の概念フレームワーク 他

■中央経済社■